Aufstieg zum Industriemeister

– Betriebswirtschaftliches und Rechtsbewusstes Handeln

Arbeitsmappe für die Vorbereitung auf die Prüfung der Industriemeister/innen

Nach dem neuen Rahmenstoffplan und den neuen Lernzielen

2. Auflage

Arbeitskreis Georg Schuhmann

Leitung und Lektorat:

Georg Schuhmann; Diplom-Wirtschaftspädagoge, Studiendirektor, Mannheim

Autoren:

Helmut Preis, Dipl.-Hdl., Dipl.-Betriebswirt (FH)
Eike Brüggemann, Dipl.-Wirtsch.-Ing.

VERLAG EUROPA-LEHRMITTEL · Nourney, Vollmer GmbH & Co. KG
Düsselberger Straße 23 · 42781 Haan-Gruiten

Europa-Nr.: 80356

Was Sie von dieser Mappe erwarten können

- Sie haben eine Arbeitsmappe erworben, mit der wir anspruchsvollen Leuten helfen möchten, leichter zu lehren und zu lernen. Dieses Arbeitsmaterial wurde in vielen Seminaren zur Vorbereitung auf die Prüfung erprobt und laufend verbessert.
- Sie sollen (sehr) gute Ergebnisse bei Ihrer Prüfung erreichen.
- Genauso wichtig ist uns, Ihnen Hilfen für Ihre anspruchsvolle Aufgabe zu geben, betriebs- und volkswirtschaftliche Zusammenhänge zu erkennen, um für Ihr Unternehmen Kosten zu sparen.

Die methodisch-didaktische Aufbereitung ergänzt die Arbeit des Dozenten. Eine abwechslungsreiche Darstellungsweise erleichtert das Selbststudium.

Jedes Kapitel beginnt mit der lebendigen Darstellung einer konkreten Situation, an der die Problematik deutlich werden soll.

- Jedes Kapitel wird **auf das Wesentliche konzentriert** angeboten und durch besonders wichtige bzw. aktuelle Themen ergänzt.
- Konkrete **Beispiele** können Sie sicher bei der Prüfung und im Betrieb anwenden.
- **Grafische Darstellungen** und **Farbsymbole** erleichtern Ihnen das Verständnis und erhöhen die Behaltensquote.
- Fachwissenschaftliche Aussagen finden Sie in die **Sprache** des gebildeten Laien übersetzt.

Wir übernehmen in dieser Ausbildermappe alle Inhalte des Rahmenstoffplans und der Lernziele, die von BIBB und DIHT herausgegeben wurden.

Jeder Themenkreis schließt mit Fragen ab, die Ihrer Selbstkontrolle und der Wiederholung dienen. Ein Lösungsheft dazu ist entbehrlich, weil sich die Antworten eindeutig aus dem Text ergeben.
Bei den kreativen und aktiven Arbeitsformen können Sie die **Anwendung** der erworbenen Kenntnisse, Fähigkeiten und Fertigkeiten im Betrieb trainieren.

Die **2. Auflage** wurde aktualisiert und berücksichtigt die aktuelle Gesetzeslage.
Wir wünschen Ihnen viel Erfolg.

Mannheim, im Frühjahr 2013   Georg Schuhmann

Vorwort

- Die meisten bisherigen Vorbereitungswerke für angehende Meister haben zwei auffällige Eigenschaften: Sie sind entweder inhaltlich sehr stark überladen und/oder methodisch-didaktisch mangelhaft aufbereitet.
- Das vorliegende Buch bietet **gestrafft und leicht verständlich** alle notwendigen Informationen.
- Mit dem vorliegenden Werk **gewinnen Sie Sicherheit**, weil es dem neuen Rahmenstoffplan und den neuen Lernzielen entspricht, von der Realität des Betriebes ausgeht und Impulse für Ihr konkretes Handeln in der Praxis anbietet. Es vermittelt nicht nur Wissen, sondern auch Können.

Professor Dr. Karl Kollnig

2. Auflage 2013

Druck   5 4 3 2 1

Alle Drucke derselben Auflage sind parallel einsetzbar, da sie bis auf die Behebung von Druckfehlern untereinander unverändert sind.

ISBN 978-3-8085-8037-0

© 2013 by Verlag Europa-Lehrmittel, Nourney, Vollmer GmbH & Co. KG, 42781 Haan-Gruiten
http://www.europa-lehrmittel.de
Satz und Druck: Tutte Druckerei & Verlagsservice GmbH, 94121 Salzweg

Inhalt

Betriebswirtschaftliches Handeln

Anhang Betriebswirtschaftliches Handeln

Rechtsbewusstes Handeln

Anhang Rechtsbewusstes Handeln

Betriebswirtschaftliches Handeln

Situation

> *Unser Betrieb stellt Produkte mit hoher Qualität her. Aber er produziert nach Meinung der Unternehmensleitung unwirtschaftlich. Die Kosten der Herstellung der Produkte sind höher als der auf dem Markt erzielbare Preis. Die Geschäftsführung möchte verhindern, dass die Produktion ins Ausland verlegt wird. Darum prüft sie Möglichkeiten, die Kosten für die einzelnen Produkte zu senken, ohne die Qualität zu vermindern. Die Meister sollen dazu einen wesentlichen Beitrag leisten, auf die sie vorbereitet werden müssen. Es genügt hier nicht, technisch erfahren und eben ein Meister zu sein. Sie müssen lernen, betriebswirtschaftlich zu denken, zu handeln und die Zusammenhänge der betrieblichen Aufgaben zu erkennen.*

1 Ökonomisches Handeln – volkswirtschaftliche Zusammenhänge – soziale Wirkungen

1.1 Unternehmensformen und deren Weiterentwicklung

Situation

1.1.1 Unternehmensformen

> *Herr Jansen ist unser Abteilungsleiter. Er bespricht mit uns oft Probleme die während der Arbeit auftreten. Dabei sagt er einmal Betrieb, dann wieder Unternehmen. Jedes Mal geschieht das in einem anderen Sinne. Was ist nun ein Betrieb und was eine Unternehmung?*

Der Betrieb ist die technisch-organisatorische Einheit, in der Arbeitskräfte mit Hilfe von Produktionsfaktoren Produkte oder auch Dienstleistungen nach wirtschaftlichen Gesichtspunkten erzeugen, die auf dem Markt abgesetzt werden sollen.

Unter **Produktionsfaktoren** verstehen wir hier

– **menschliche Arbeit**, z. B. Vorbereiten, Fertigen, Steuern, Überwachen

– **Betriebsmittel**, z. B. Maschinen, Werkzeuge, Hilfsmittel

– **Werkstoffe**, z. B. Rohstoffe, Hilfsstoffe, Baugruppen oder Einzelteile

Das **Unternehmen** ist die juristisch-finanzielle Einheit, in der ein Unternehmer die finanziellen Mittel zur Verfügung stellt. Die Unternehmung tritt als juristische Person mit einem Firmennamen auf. Sie hat vertragliche und gesetzliche Rechte und Pflichten z. B. gegenüber Kunden, Lieferanten, Banken, Behörden. Ein Betrieb ist an einen Ort gebunden. Die Unternehmung erstreckt sich auf alle zugehörigen Unternehmensteile, z. B. Hauptverwaltung und Zweigbetriebe. Daraus folgt, dass das Unternehmen dem Betrieb übergeordnet ist und dass ein Unternehmen mehrere Betriebe an verschiedenen Orten haben kann.

● Rechtsformen der Unternehmung

Personengesellschaft	Kapitalgesellschaft	sonstige Unternehmen
– Gesellschaft des BGB (GbR) – **OHG** – Offene Handelsgesellschaft – **KG** – Kommanditgesellschaft – Stille Gesellschaft	**GmbH** – Gesellschaft mit beschränkter Haftung **KGaA** – Kommanditgesellschaft auf Aktien **AG** – Aktiengesellschaft	– Stiftungen – Genossenschaften

Abb. 1: Wichtigste Rechtsformen

	Einzelunternehmung	Stille Gesellschaft	OHG	KG	AG	GmbH	Genossenschaft
Gründung	Alleinunternehmer	Aufnahme eines stillen Gesellschafters	mindestens 2 Gesellschafter	mindestens 2 Gesellschafter – ein Vollhafter (Komplementär) – ein Teilhafter (Kommanditist)	eine/mehrere Person(en); mindestens 50.000 EUR Grundkapital	meist 2 Pers., auch „Einmann-Gesellschaft" zulässig; mind. 25.000 EUR Stammkapital	mindestens 3 Personen
Geschäftsführung (Mitarbeit)	selbstständiger Unternehmer	stiller Gesellschafter ist von der Mitarbeit ausgeschlossen	alle Gesellschafter sind zur Mitarbeit verpflichtet	Vollhafter handeln; Teilhafter sind von der Mitarbeit ausgeschlossen	Vorstand und Aufsichtsrat handeln; Aktionäre sind von der Mitarbeit ausgeschlossen	Geschäftsführer handeln; Gesellschafter sind von der Mitarbeit ausgeschlossen	Vorstand handelt
Finanzierung	Eigen- und Fremdkapital	einschließlich Einlage des Gesellschafters	Einlagen der Gesellschafter	Einlagen der Gesellschafter	Anteile (Aktien) der Aktionäre (Grundkapital)	Geschäftsanteile (Stammkapital)	Geschäftsanteile
Haftung	allein und unbeschränkt (Geschäfts- und Privatvermögen)	Inhaber haftet unbeschränkt; Gesellschafter mit Einlage	alle Gesellschafter haften – unbeschränkt – unmittelbar – solidarisch	Komplementär haftet unbeschränkt, Kommanditist haftet mit Einlage	Aktionäre haften mit dem Nennwert der Aktien	Haftung in Höhe der Stammeinlage	Haftung mit dem Geschäftsanteil bzw. nach Satzung
Gewinnverteilung	allein	nach Vertrag	4 % von der Kapitaleinlage, Rest nach Köpfen **oder** nach Vertrag	nach Vertrag, Einlage und Mitarbeit	Gewinnanteil (Dividende)	nach Geschäftsanteil	nach Geschäftsanteil
Verlustbeteiligung	allein	nach Vertrag	alle Gesellschafter gleichmäßig	in angemessenem Verhältnis	kein Verlustanteil, bei Konkurs evtl. Verlust des Aktienanteils	nach Geschäftsanteil	nach Geschäftsanteil

Abb. 2: Merkmale und Arten der wichtigsten Rechtsformen

● **Sachleistungs- und Dienstleistungsbetriebe**

Die grundsätzliche Einteilung der Betriebe in Produktionsbetriebe (auch Sachleistungsbetriebe genannt) und Dienstleistungsbetriebe ergibt sich aus der Aufgabenstellung.

▶ **Produktionsbetriebe**

– Verbrauchsgüterbetriebe (Konsumgüterindustrie), das sind z. B. Kleider- und Lebensmittelfabriken
– Rohstoffgewinnnungsbetriebe, z. B. Bergbau, Landwirtschaft, Forstwirtschaft
– Produktionsmittelbetriebe (Investitionsgüterindustrie), z. B. Maschinenbau.

▶ **Dienstleistungsbetriebe**

– Banken (z. B. Sparkassen, Volksbanken)
– Versicherungen
– Handelsbetriebe, z. B. Groß- und Einzelhändler
– Verkehrsbetriebe, z. B. Deutsche Bahn AG, Lufthansa AG

Manche nennen den Betrieb auch Firma. Dies ist ein juristischer Begriff für den Namen des Betriebes. Die rein technische Seite nennen wir Fabrik oder Werk.

● **Handwerks- und Industriebetriebe**

Die wesentlichen Unterscheidungsmerkmale zwischen Handwerks- und Industriebetrieb sind die Größe und die Art der Arbeit.

▶ **Handwerksbetriebe** sind im Allgemeinen kleine Betriebe, in denen der Meister oft allein oder mit einigen Arbeitskräften meist auf Bestellung überwiegend kleine Mengen herstellt oder Arbeiten außerhalb des Betriebes durchführt. Er setzt auch ein verhältnismäßig geringes Kapital ein, hat wenige Maschinen, aber in der Regel viele Werkzeuge. Er hat auch keine große Verwaltungs- und Abrechnungsarbeit, da er seine Leistung oder die erstellten Waren meistens direkt an den Verbraucher abgibt. Typisch sind z. B. Betriebe wie Gipser-, Maler- und Automechanikerwerkstätten.

▶ Ein **Industriebetrieb** benötigt größere Kapitalien, viele Maschinen, Arbeitsteilung, Lagerung, Fertigung, ein ausgebautes Rechnungswesen und viele Wiederverkäufer. Die Unterschiede sind gleitend und der Übergang ist schwer abgrenzbar. Auch innerhalb von Betrieben können Sie kleine "Handwerksbetriebe" finden. Beispiele sind die Reparaturabteilung oder die Gebäudeinstandhaltung. Die Industriebetriebe sind der Industrie- und Handelskammer angeschlossen und können nach dem Handelsrecht bei den Amtsgerichten ins Handelsregister eingetragen werden. Handwerksbetriebe dagegen sind bei der Handwerkskammer eingetragen und können grundsätzlich nur von Handwerksmeistern geleitet werden. Ausnahmen von dieser generellen Regelung sind in § 7 der Handwerksordnung vorgesehen, z. B. für Personen, die eine Ausnahmebewilligung oder eine Ausübungsberechtigung haben.

1.1.2 Konzentrationsformen der Wirtschaft

● **Richtungen der Zusammenschlüsse**

Um in der Gemeinschaft Ziele zu erreichen, die zuvor unerfüllbar waren, schließen sich Unternehmen zusammen. Es gibt z. B. folgende Formen:

– **horizontale Zusammenschlüsse.** Hier schließen sich Unternehmen gleicher Produktions- oder Handelsstruktur zusammen

– **vertikale Zusammenschlüsse.** Unternehmen vor- und nachgelagerter Produktions- oder Handelsstufen

– **diagonale Zusammenschlüsse.** Hier besteht keine wirtschaftliche Verbindung zwischen den Tätigkeitsgebieten der Unternehmungen

● Rechtliche Formen

– die **Kooperation**: Die rechtliche Stellung und weitgehend auch die wirtschaftliche Selbstständigkeit der Unternehmen bleiben erhalten.

– die **Konzentration**: Hier wird die wirtschaftliche Selbstständigkeit der Partner eingeschränkt bzw. aufgegeben. Die rechtliche Selbstständigkeit der Unternehmen bleibt erhalten (Konzern) oder wird aufgegeben (Fusion).

– das **Kartell**: Ziel ist eine horizontale Zusammenarbeit auf vertraglicher Grundlage. Die wirtschaftliche und rechtliche Selbstständigkeit der Unternehmen bleibt erhalten. Kartelle bezwecken die Beeinflussung des Marktes durch Beschränkungen des Wettbewerbs. Daher sind Kartelle nach dem Gesetz gegen Wettbewerbsbeschränkungen (GWB) grundsätzlich verboten.
Nach dem Gegenstand des Zusammenschlusses lassen sich Preiskartelle (z. B. Höchst- oder Mindestpreisvereinbarungen), Rabattkartelle (z. B. einheitliche Rabattvereinbarungen), Konditionenkartelle (z. B. Vereinbarung von Geschäfts-, Lieferungs- und Zahlungsbedingungen), Normen- und Typenkartelle (z. B. Vereinbarung einer einheitlichen Normung von Produktteilen oder Typung von Endprodukten), Spezialisierungskartelle (z. B. zur Aufteilung von Produkten auf einzelne Produzenten), Quotenkartelle (z. B. Aufteilung von Produktionsmengen), Gebietskartelle (z. B. regionale Aufteilung von Absatzmärkten) und Sydikate (z. B. Vereinbarung gemeinsamer Beschaffungs- oder Absatzwege) unterscheiden.
Vor einem Unternehmenszusammenschluss wird die Kartellbehörde nach dem GWB den Zusammenschluss hinsichtlich der Wettbewerbsverträglichkeit prüfen. Dabei unterscheidet man anmeldepflichtige Kartelle (§ 9 GWB) sowie erlaubnispflichtige Kartelle (§ 11 GWB).

– der **Konzern**: Hier liegt ein Zusammenschluss vor, bei dem die rechtliche Selbstständigkeit der einzelnen Unternehmen bestehen bleibt. Sie verlieren jedoch ihre wirtschaftliche Unabhänigkeit und stehen unter einheitlicher Leitung.

– der **Trust**: Dies ist der engste Zusammenschluss. Es entsteht durch die Verschmelzung (Fusion) von Unternehmen, die ihre rechtliche und wirtschafliche Selbstständigkeit aufgeben. Die Leitung erfolgt durch eine Zentrale.

– das **Konsortium**: Die Bildung bedeutet horizontale Zusammenarbeit auf vertraglicher Grundlage (z. B. Banken bei der Gründung einer Ag).

– die **Interessengemeinschaft**: Sie ist auf Wahrung bestimmter gemeinschaftlicher Interessen gerichtet (z. B. gemeinsame Forschung und Entwicklung).

1.1.3 Internationalisierung und Globalisierung

Die Internationalisierung und Globalisierung bewirkt einen sich schnellen Wandel der Unternehmenswelt mit einer internationalen Vernetzung. Fördernd für diesen Wandel sind die modernen Informations- und Kommunikationstechnologien, die es ermöglichen, weit entfernte Märkte schnell und kostengünstig anzusprechen und damit mit den in diesen Märkten zu korrespondieren. Da auch diese Firmen in den lokalen Markt einwirken können, bedeutet dies einen verschärften Wettbewerb. Begleitet wird diese Entwicklung durch Veränderungen auf dem Arbeitsmarkt, in der Gestaltung der Produkte und durch die Technisierung. Der hohe Wettbewerbsdruck erfordert Flexibilität in der Marktanpassung, z. B. durch kurze Lieferzeiten und Innovationen. Weiterhin bedingt sie einen hohen Bedarf an Ausbildung und Schulung, z. B. bei den neuen Medien.

Fragen

1.1 Wodurch unterscheidet sich eine Firma von einem Betrieb?

1.2 Kann es in einem Industriebetrieb auch Dienstleistungsbetriebe geben?

Wenn ja, nennen Sie Beispiele.

1.3 Sie haben nur wenig mehr als 50.000,– € Kapital. Die Tätigkeiten Ihres Betriebes erfolgen meist auf Bestellung und außerhalb des Betriebes.

a) Welche Art von Betrieb haben Sie?

b) Welche Rechtsform wählen Sie, um die Haftung zu beschränken?

1.4 Warum ist das Kapital kein betriebswirtschaftlicher Produktionsfaktor?

1.5 Stellt das Kartell eine Konzentration dar? Begründen Sie Ihre Antwort.

1.2 Hauptfunktionen des Industriebetriebes

● **Funktionen des Industriebetriebes und ihre Wechselwirkungen**

In einem Industriebetrieb gibt es innerbetriebliche und außerbetriebliche **Tätigkeitsgebiete**, kaufmännische und verwaltungstechnische, fertigungs- und arbeitstechnische. Es gibt also **Sachaufgaben** des Beschaffens, des Fertigens und des Absetzens sowie **soziale Aufgaben**, außerdem das Leiten, Koordinieren und Überwachen aller Sachfunktionen.

Um die Aufgaben effektiv und wirtschaftlich durchführen zu können, müssen sie festgelegt, beschrieben und abgegrenzt sein. Sowohl fachlich, wie auch organisatorisch. Diese Aufgaben und Tätigkeitsgebiete bezeichnen wir auch als Funktionen. Sehr häufig decken sich auch die Funktions- mit den Abteilungsbezeichnungen, soweit es sich um die Hauptfunktionen handelt. Zu beachten ist bei der Gestaltung der organisatorischen Beziehungen, dass zwischen den einzelnen Funktionen Zusammenhänge und Wechselwirkungen bestehen. Wenn innerhalb einer Funktion Veränderungen vorgenommen werden, um z. B. die Wirtschaftlichkeit zu verbessern, können sich diese auf nachfolgende Funktionen auswirken und die erzielten Verbesserungen wieder unwirksam werden lassen. Erhöhen wir z. B. die Arbeitsgeschwindigkeit an Maschinen in der Produktion, dann wird ein erhöhter Bedarf im Transport erforderlich.

▶ **Leitung**. Die Aufgabe einer Leitung ist es, ihr unterstellte Funktionen im Betrieb zu lenken, zu koordinieren und zu überwachen. Leitung gibt es auf allen Ebenen des Unternehmens. Die oberste Ebene muss alle im Betrieb vorkommenden Aufgaben strukturieren und so gestalten, dass die Unternehmensziele effektiv erreicht werden.

▶ **Entwicklung**. Sie nimmt die Anregungen für ein neues Produkt auf, entwickelt es und übergibt den Prototyp und die Rohzeichnungen an die Konstruktion. Diese arbeitet den Entwurf durch und erstellt die Unterlagen für die Herstellung des Produktes, z. B. Zeichnungen und Stücklisten.

▶ **Beschaffung**. Sie beschafft die Produktionsfaktoren für den Einsatz in allen betrieblichen Funktionsbereichen, d. h. Personal, Betriebsmittel und Werkstoffe.

▶ **Fertigung**. Sie wird auch als Produktion bezeichnet. Es ist der Bereich, in dem die Produkte hergestellt werden.

▶ **Absatz**. Er befasst sich mit der Übermittlung von Gütern und Dienstleistungen zum Kunden. Dazu muss er Absatzmärkte erschließen und pflegen. Unterteilt wird das Gebiet des Absatzes meist noch in Marktforschung, Werbung und Vertrieb.

▶ **Verwaltung**. Sie umfasst die sozialen Aufgaben des Leitens, Koordinierens und Überwachens, außerdem das Personal-, Finanz- und Buchhaltungswesen. Der Betrieb muss funktionell auch aus der Sicht des Marktes betrachtet werden, also mit dem Beschaffungs-, Absatz-, Arbeits-, und Kapitalmarkt. Im Kreislauf der Wirtschaft ist der Betrieb sowohl Anbieter bzw. Verkäufer, als auch Kunde. Als Kunde kauft er Material und Betriebsmittel auf dem Markt. Im Gegenzug ist er durch den Verkauf von Waren Anbieter. Eine weitere Verbindung ergibt sich dadurch, dass er Arbeitskräfte einstellt und über die Auszahlung der Löhne Kaufkraft schafft. Andererseits benötigt er Kapital vom Markt, mit dem er seine Investitionen finanzieren kann.

Fragen

> 1.6 Sie sollen einen Funktionsbereich Fertigung in Ihrem Betrieb verbessern und damit verändern. Was müssen Sie dabei noch beachten?
>
> 1.7 Herr Müller behauptet, der Betrieb sei im Kreislauf der Wirtschaft nur Anbieter von Waren. Stimmt das? Was antworten Sie ihm?

1.3 Produktionsfaktor Arbeit

Wir sollen Analysen bei den Produktionsfaktoren (z. B. Arbeit, Betriebsmittel, Werkstoffe) durchführen. Welchen Stellenwert messen Sie dem Produktionsfaktor menschliche Arbeitsleistungen zu?

1.3.1 Formen der menschlichen Arbeit

Für den Begriff Arbeit gibt es die verschiedensten Inhalte. Sie kennen den Begriff aus der Physik. Aber diese Definition wäre hier zu eng gefasst. Wir müssen im Sinne der Arbeit als Produktionsfaktor zwei Definitionen beachten:

- Im Rahmen der **Ergonomie** wird unter Arbeit die Summe von Energie verstanden, die während der Tätigkeit umgesetzt bzw. vom Menschen verbraucht wird.

- Aus der Sicht des Arbeitsprozesses betrachten wir die Arbeit als Beitrag Herstellung von Gütern und Dienstleistungen. Das bedeutet, dass wir als Arbeit jede Tätigkeit des Menschen betrachten, die der Erfüllung einer Arbeitsaufgabe dient. Formen der menschlichen Arbeit können sein:
  - Manuelle oder körperliche
  - Geistige oder nichtkörperliche
  - Dispositive und operative
  - Selbstständige und unselbstständige

◆ Manuelle oder körperliche Arbeit

Für die Arbeitsgestaltung oder für die Entlohnung unterscheiden wir in körperlicher und nichtkörperlicher Arbeit. **Körperliche Arbeit** wird im Prinzip mit der **Muskelarbeit** gleichgesetzt und aufgrund der Beanspruchung des Körpers weiter in folgende Arten untergliedert: normale, schwere und einseitige dynamische Muskelarbeit einerseits und statische Arbeit andererseits.

◆ Geistige oder nichtkörperliche

Wenn wir von **geistiger** oder **nichtkörperlicher Arbeit** sprechen, denken wir an die Auswirkung der sensorischen, mentalen, psychischen, gedanklichen und geistigen Komponenten der Arbeit. Sie sind bei vielen Tätigkeiten von geringem Einfluss, verbrauchen jedoch auch Energien im menschlichen Körper. Bei langer Tätigkeitsdauer, Arbeit unter Zeitdruck oder erhöhter Verantwortung bringen sie eine erhebliche zusätzliche Beanspruchung.

◆ Dispositive und operative

Dispositive Arbeit ist im Allgemeinen planende, leitende und steuernde Arbeit. Ihr Ziel ist die Umsetzung der vorgegebenen Aufgaben und Programme. Die operative Arbeit ist die ausführende bzw. objektbezogene Arbeitsleistung.

◆ Selbstständige und unselbstständige

Bei der selbstständigen Arbeit wird die Tätigkeit in Eigenverantwortung ausgeführt, wie z. B. in der handwerklichen Tätigkeit. Die Art der Ausführung der Arbeit wird vom Mitarbeiter selbst bestimmt. Unselbstständige Arbeit erfolgt auf Anweisung und wird durch vorher festgelegte Arbeitselemente bestimmt, z. B. durch den Fertigungsplan.

1.3.2 Bedingungen der menschlichen Arbeitsleistung und deren Einflussfaktoren

● Beurteilungsmerkmale der menschlichen Arbeit

Neben dieser einfachen Untergliederung müssen wir noch weitere Aspekte der Arbeit betrachten. Wir bezeichnen gewöhnlich auch Tätigkeiten als Arbeit, die auf Ertrag oder Entlohnung gerichtet sind. Um aber eine arbeits- und leistungsgerechte Entlohnung zu gewährleisten, muss die Arbeit quantitativ messbar und qualitativ bewertbar sein.

Wir müssen also die Arbeit quantitativ und qualitativ unterscheiden. Quantitativ erfassen wir sie durch Zeit, Menge oder Zahl mehr oder minder genau. Sie qualitativ zu bewerten, ist schon schwerer. Zwar gibt es für bestimmte Merkmale die Möglichkeit sie zu messen, zum Beispiel Rauheit oder Passgenauigkeit, im Allgemeinen können wir aber den qualitativen Anteil nur beurteilen, nicht genau messen. Denken Sie hierbei an die Güte einer Schweißnaht oder den Verschleiß an Werkzeugen. Für die Beurteilung werden deshalb auch meist Kriterien festgelegt, mit denen wir vergleichen.

▶ Ein ganz wesentlicher Aspekt bei der menschlichen Arbeit ist die **Leistung**. Wollen wir Arbeitsabläufe bestmöglich ausführen oder eine höchstmögliche Produktivität erzielen? Ist die Produktivität höchstes Ziel, müssen eine Reihe Voraussetzungen erfüllt sein:

  - die Arbeitsplätze und Arbeitsabläufe müssen bestmöglich gestaltet sein,
  - der arbeitende Mensch muss motiviert sein, die höchstmögliche Leistung zu erbringen.

6

Anreize zur Steigerung der Motivation sind neben guten Arbeitsbedingungen und einem guten Betriebsklima auch eine leistungsgerechte Entlohnung. Hinzu kommt die gute Betreuung sowie die Mitwirkung an Planungen oder Entscheidungen, die ihn betreffen.

Soll eine Leistung zustande kommen, dann muss sowohl eine Leistungsforderung seitens des Arbeitgebers vorliegen, als auch ein Leistungsangebot seitens des Arbeitnehmers. Dazu gehört, dass der Arbeitnehmer für die angebotene Arbeit befähigt ist, dass er sie im geforderten Sinne ausführen kann und gewillt ist, sie auszuführen. Hierbei spielen neben den organisatorischen Voraussetzungen noch eine Reihe von Einflüssen eine Rolle, die durch den Menschen bedingt sind, oder auf ihn einwirken.

Leistungsangebot des Menschen			
Leistungsfähigkeit		Leistungsbereitschaft	
Eigenschaften und Grundfähigkeiten	Erworbene Kenntnisse und Fähigkeiten	Physiologisch	Psychologisch
– Anlagen- und geschlechts- spezifische Unterschiede (Grundstruktur des Menschen) – Gesundheit – Training – Alter	– Ausbildung – Erfahrung – Übung	– Tages-, wochen- und jahreszeit- liche Schwan- kungen – Wetter – Physikalische Umgebung (Lärm, Klima, usw.) – Hormonelle Schwankungen	– Einstellung zur Arbeit – Stimmungslage – Arbeitsumge- bung – Personale Umgebung – Privatsphäre

Abb. 1 zeigt die Einflüsse auf das Leistungsangebot des Menschen.

Wir können leicht aus dieser Abb. 1 erkennen, dass **Leistungsfähigkeit** und **Leistungsbereitschaft** keine konstanten Größen sind, und dass sich das Leistungsangebot mit der Zeit verändert. Damit entsteht ein grundlegendes Problem. Die Zeiten für das Ausführen einer bestimmten Arbeitsaufgabe sind oft sehr unterschiedlich, selbst bei gleicher Arbeitsmethode, gleichem Arbeitsverfahren und gleichen Arbeitsbedingungen. Der Grund liegt z. B. in den unterschiedlichen Fähigkeiten, Kenntnissen und Konditionen.

Situation

Wenn das so ist, wie können Sie dann aber die Arbeitsleistung gerecht beurteilen?
Und welche Sollleistung erwarten Sie? In welcher Zeit soll ein Werkstück gefertigt werden und wie können Sie die Arbeit gerecht entlohnen?

▶ Um Leistungen zu bewerten oder in Lohn umzusetzen, müssen wir sie mit einer Bezugsleistung vergleichen. Diese Bezugsleistung muss so festgelegt werden, dass sie von jedem, der im erforderlichen Maß geeignet, geübt und voll eingearbeitet ist, auf die Dauer im Mittel der Schichtzeit erbracht werden kann. Jetzt haben wir eine Möglichkeit, alle beobachteten beeinflussbaren Ist-Mengen-Leistungen zu der beeinflussbaren Bezugsleistung ins Verhältnis zu setzen und so den menschlichen Leistungsgrad zu beurteilen. Rechnen wir die beim persönlichen Leistungsgrad gemessene Zeit in die Zeit um, die bei einer Normalleistung von 100 % erzielt worden wäre, erhalten wir die Zeitvorgabe, die als Basis zur Entlohnung verwendet wird.

Beispiel: Ein Arbeiter schraubt in einer Stunde 20 Tischplatten auf ein Gestell. Sein Leistungsgrad wird mit 125 % beurteilt. Die Bezugsleistung, der ja eine Normalleistung von 100 % entspräche, würde danach sein:

$$\frac{20 \text{ Tischplatten/h}}{125\,\%} \cdot 100\,\% = 16 \text{ Tischplatten/h}$$

1.8 Eine Arbeitskraft muss während der Arbeit einen Gegenstand festhalten, damit dieser von einer anderen bearbeitet werden kann. Ist dies für ihn eine Arbeit aus der Sicht des Arbeitsprozesses?

1.9 Sie wollen als Meister in Ihrem Betrieb die Produktivität steigern, was müssen Sie unternehmen?

1.10 Warum reicht die Leistungsbereitschaft einer Arbeitskraft nicht allein aus, dass eine Leistung erbracht wird?

1.11 Eine Arbeitskraft schleift in einer Stunde 50 Wellen. Ihr Leistungsgrad wird mit 140 % beurteilt. Wie hoch ist ihre Bezugsleistung?

1.3.3 Das Arbeitssystem in Bezug auf die menschliche Arbeit

Um die vielfältigen Aufgaben in einem Betrieb erfüllen zu können, müssen Menschen, Betriebsmittel und Arbeitsgegenstände unter der Einwirkung von Umwelteinflüssen zusammenwirken. Das bezeichnen wir nach DIN 19226 als System. Ist der Zweck die Erfüllung von Arbeitsaufgaben, so können wir von Arbeitssystemen sprechen.

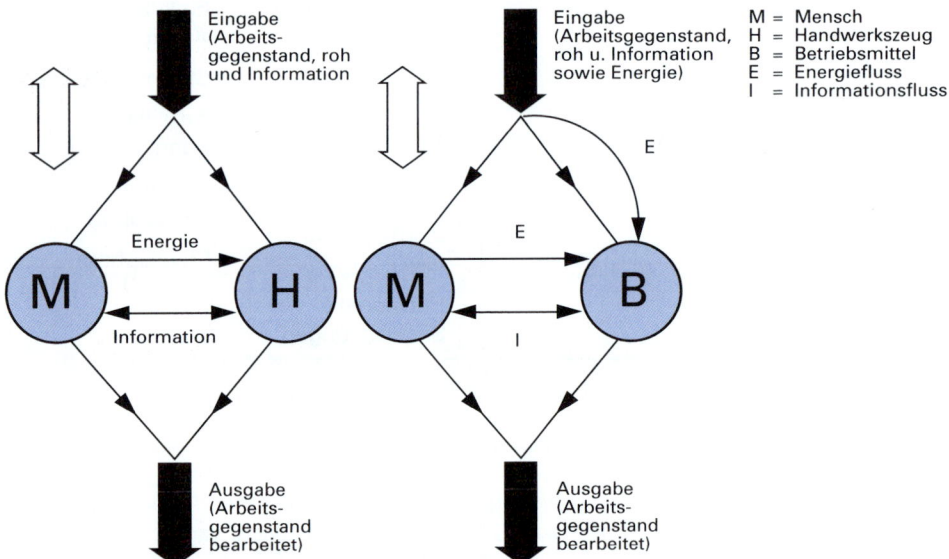

Abb. 3: Systemelemente eines Arbeitssystems

Um die gegenseitigen Abhängigkeiten der Systemelemente untersuchen zu können, beschreiben Arbeitsstudien die Arbeitssysteme mit Hilfe von sieben Systemelementen:

Arbeitsaufgabe	Mit ihr wird das Arbeitssystem bestimmt und sein Zweck festgelegt. Beispiele: Maschine montieren, Welle fräsen, Material einkaufen.
Eingabe	Sie besteht im Allgemeinen aus Gegenständen, Informationen und Energie. Beispiele: Rohlinge, Schrauben, Lack, Zeichnungen für den Meister, Strom. Sie kann aber auch – insbesondere in Bereichen außerhalb eines Industriebetriebes – aus Menschen bestehen. Beispiele: Der Mensch beim Friseur oder beim Arzt.
Mensch	Der im System wirkende Mensch. Beispiele: Der Schleifer, der Meister, der Arbeitsvorbereiter.
Betriebsmittel	Unter Betriebsmittel verstehen wir hier alle beweglichen und unbeweglichen Mittel und Gegenstände, die an der Erfüllung der Arbeitsaufgabe beteiligt sind. Beispiele: Werkzeugmaschinen, Arbeitsraum, Werkzeuge, Fördermittel.
Arbeitsablauf	Hierunter wird die räumliche und zeitliche Folge des Zusammenwirkens von Mensch und Betriebsmittel mit der Eingabe verstanden, um diese gemäß der Aufgabe in die Ausgabe zu verändern.

Umwelteinflüsse Diese können als Einflüsse physikalischer, organisatorischer, sozialer oder wirtschaftlicher Natur auf das Arbeitssystem einwirken oder auch von ihm erzeugt werden. Beispiele: Schwingungen, Lärm (physikalische Einflüsse), Pausen- und Erholungsgestaltung, Materialflussgestaltung (organisatorische Einflüsse), Entlohnungsverfahren, Betriebsklima (soziale Einflüsse).

1.3.4 Beurteilungsmerkmale des menschlichen Leistungsgrades

Den Leistungsgrad beurteilen wir im Allgemeinen während einer Zeitaufnahme. Das geschieht so, dass wir das Erscheinungsbild des Bewegungsablaufes beobachten und mit dem Bild eines vorgestellten Bewegungsablaufes vergleichen. Daraus schließen wir auf die mutmaßlich erreichte Leistung im Verhältnis zur Bezugsleistung.

Der **Leistungsgrad** drückt das Verhältnis von beeinflussbarer Ist-Mengen-Leistung zur beeinflussbaren Bezugsmengenleistung in Prozent aus. Darum können wir den Leistungsgrad nur bei Vorgängen beurteilen, die beeinflussbar sind. Sind Tätigkeiten teilmechanisiert, dann ist das nur eingeschränkt möglich. Haben wir vollmechanisierte oder durch den Arbeitsprozess bestimmte Tätigkeiten, ist ein Leistungsgradbeurteilen nicht möglich. Hier müssen wir eventuell auf technische Formeln zurückgreifen. Der Leistungsgrad ist auch ein Maß für den Einsatz oder Intensität und die Wirksamkeit der menschlichen Kräfte im Arbeitsvollzug.

◆ Die **Intensität** wird sichtbar in der Bewegungsgeschwindigkeit und in der körperlichen und geistigen Anspannung, mit der die Arbeit ausgeführt wird.

◆ Die **Wirksamkeit** zeigt sich in der Beherrschung des Arbeitsvorganges durch die Arbeitskraft.

Aufgaben

> 1.12 Eine Arbeitsaufgabe wird so beschrieben: > Mit LKW angeliefertes Material ausladen lassen. Stückzahl und Hauptabmessungen lt. Lieferschein kontrollieren <. Bestimmen Sie für diese Arbeitsaufgabe den Inhalt der sieben Systemelemente.
>
> 1.13 Ein Arbeitsvorgang an einer Maschine besteht zu 60 % aus Tätigkeiten die mechanisiert sind. Kann für den ganzen Arbeitsvorgang ein Leistungsgrad beurteilt werden oder nur für einen Teil?

1.4 Produktionsfaktor Betriebsmittel

1.4.1 Auswirkungen von Investitionen auf Mitarbeiter und Produktionsablauf

Situation

> *Betriebsmittel gewinnen doch immer mehr an Bedeutung, vor allem zur Substitution der menschlichen Arbeit. Welche Auswirkungen hat das z. B. auf die Mitarbeiter, den Produktionsablauf oder die Kosten?*

● Begriffe

Betriebsmittel bedeuten Investitionen in unterschiedlichen Arten und Höhen. Zu den Betriebsmitteln im weitesten Sinne rechnen wir alle beweglichen und unbeweglichen Einsatzmittel, die den Menschen bei der Leistungserstellung unterstützen und den Produktionsablauf kürzer und flexibler gestalten sollen. Dazu gehören:

- Grundstücke und Gebäude
- Energieerzeugungsanlagen
- Betriebs- und Geschäftsausstattungen

Wir arbeiten aber im Betrieb im Allgemeinen mit dem engeren Begriff für Betriebsmittel:

- Fertigungsmittel
  - ● Werkzeugmaschinen
  - ● Werkzeuge und Vorrichtungen

- maschinelle Anlagen, z. B. Lackieranlagen
- Modelle und Formen
  - Mess- und Prüfgeräte
  - Fahrzeuge und Transportmittel anderer Art
  - Lagereinrichtungen usw.
  - Büromöbel, -maschinen, -geräte

● Der **Produktionsfaktor Betriebsmittel** hat in den Betrieben eine sehr große Bedeutung. Er war ursprünglich als ein Hilfsmittel für die Arbeitskräfte gedacht, um ihnen schwere Arbeit zu erleichtern oder sie von monotonen Tätigkeiten zu befreien. Der Betrieb stellt aber enorm hohe Ansprüche an die Arbeitsanforderungen, vor allem in den Bereichen der Großserien- und Massenfertigung, z. B. an die Arbeitsgenauigkeit, die Qualität sowie die hohen Mengenleistungen. Dadurch werden die Betriebsmittel zu einem Ersatz der menschlichen Arbeit. Eine Substitution findet auch dort statt, wo z. B. die Kosten je Stunde beim Betriebsmittel niedriger sind, als die Arbeitskosten je Stunde bei der Arbeitskraft.

1.4.2 Notwendigkeit von Investitionen

Durch die technische Entwicklung ist heute der Bedarf an Investitionen stark gestiegen. Die Wettbewerbsbedingungen erfordern immer kürzere Lieferzeiten. Die Anforderungen an Mengen und Qualität sind enorm gestiegen. Dies kann durch menschliche Arbeitskraft nicht allein erfüllt werden. Das bedingt, dass in vielen Fertigungszweigen heutzutage immer mehr Betriebsmittel eingesetzt werden müssen. Dadurch wird die Produktion im Verlaufe der zunehmenden Automatisierung immer stärker anlagen- und somit kapitalintensiv. Die Preise für Betriebsmittel sind heute sehr hoch. Das bedeutet, dass auch die Kosten je Stunde stark gestiegen sind. Das erfordert eine hohe Auslastung der Betriebsmittelkapazität, wenn möglich, nahe an 100 % bzw. intensive Arbeitsgestaltungsmaßnahmen. Hier sind u. a. auch die Meister gefordert.

Aufgabe

1.14 Die Preise für Betriebsmittel sind heute sehr hoch. Das führt zu hohen Kosten in der Fertigung. Welche Aufgaben ergeben sich daraus für den Meister?

1.4.3 Bedeutung der Kapazitätsauslastung aus betriebswirtschaftlicher Sicht

Situation

„Sie sprachen gerade in Verbindung mit den Betriebsmitteln von der Kapazität. Was verstehen wir hier unter Kapazität, welche Bedeutung hat sie?"

Unter **Kapazität** verstehen wir das Leistungsvermögen der Betriebsmittel.

Wir unterscheiden folgende Begriffe:

- **quantitative Kapazität**, das heißt die Mengenleistung in einer bestimmten Zeiteinheit.
- **qualitative Kapazität**. Die Fähigkeit bestimmte Forderungen an die Qualität der Ausführung zu erfüllen, wie Funktion, Maßgenauigkeit, Fehlerfreiheit usw.
- **maximale Kapazität** (oder technische Kapazität), das maximal zulässige Leistungsvermögen
- **wirtschaftliche Kapazität**, die Kapazität mit dem wirtschaftlichsten Einsatz, d. h. mit den geringsten Kosten je produzierte Einheit. (Siehe auch Kapitel Kostenrechnung).

Situation

Wieso steigen die Kosten für die Betriebsmittel/Std.? Wenn die Maschine im Betrieb steht, dann kostet sie doch nichts mehr? Es fallen höchstens noch die Kosten für Wartung, Energie und Reparaturen an.

Es ist ein Irrtum, dass eine Maschine keine Kosten verursacht, wenn sie nicht produziert. Wie Sie im Kapitel Kostenrechnung noch sehen werden, treten auch bei Nichtnutzung der Maschine erhebliche Kosten auf, z. B. die Abschreibungen, die durch Wertminderungen infolge technischer oder wirtschaftlicher Veralterung entstehen oder entgangene Gewinne durch nicht produzierte und damit nicht verkaufte Produkte. Das bedeutet, dass die Kapazität möglichst zu 100 % genutzt wird. Zunächst ist eine gute Datenerfassung und Datenauswertung erforderlich, z. B. bei der Zuordnung der Aufträge auf die einzelnen Kapazitätseinheiten oder bei der Berechnung der Kosten für die Kapazitätsstunde (z. B. Machinenstundensatz, Kosten je nichtgenutzte Kapazitätsstunde).

Es gibt weitere Möglichkeiten, die Nutzungszeit möglichst hoch zu halten:

- gute Terminsteuerung
- keine Wartezeiten für Menschen und Maschinen
- intensive und regelmäßige Instandhaltung
- Vermeiden von Verlusten bei der Nutzung der Kapazität
- rechtzeitige Lieferung von Material, Werkzeugen und Vorrichtungen
- Vermeiden von Ausschuss und Nacharbeit
- gute Wartung und Instandhaltung der Maschinen

Das sind überwiegend Vorkommnisse, bei denen der Meister eine große Einwirkungsmöglichkeit hat. Das gilt auch für die Instandhaltung. Wir verstehen unter Instandhaltung alle Maßnahmen, die das Ziel haben, die Leistungsbereitschaft und Leistungsfähigkeit von Betriebsmitteln aufrecht zu erhalten. Dazu unterteilen wir die Instandhaltung in folgende Bereiche:

- die **Inspektion**: Sie soll die Betriebssicherheit gewährleisten und Mängel frühzeitig erkennen.
- die **Instandsetzung**: Sie soll die Betriebsfähigkeit durch Reparatur wieder herstellen.

Wie Sie sicher selbst schon festgestellt haben, fallen Maschinen immer dann aus, wenn sie dringend benötigt werden. Um das zu vermeiden, oder wenigstens auf ein Minimum zu reduzieren, wenden wir die **vorbeugende Instandhaltung** an. Wir führen schon eine Instandhaltung durch, bevor das Betriebsmittel die Instandhaltung fordert, z. B. durch vorzeitiges Auswechseln von Verschleißteilen. Wichtig ist, dass hierfür regelmäßige Inspektionen durchgeführt werden und die Lebensdauer der einzelnen Teile bekannt ist.

Frage

> 1.15 In Ihrem Betrieb wurde eine vorbeugende Instandhaltung eingeführt. Welche Voraussetzungen müssen Sie schaffen, dass sie wirksam wird?

1.4.4 Probleme der Substitution menschlicher Arbeit durch Betriebsmittel

Die Substitution hat eine Reihe von Auswirkungen. Daher ist der Einsatz von Betriebsmitteln und technischer Arbeitsmittel nicht ganz problemlos und erfordert die Beachtung mehrerer Komponenten im sozialen, humanen, ökonomischen und organisatorischen Bereich. So verlagern sich zum Beispiel die Kosten immer mehr zu den Kapazitätskosten, d. h. also zu den Fixkosten. Der Einsatz der Betriebsmittel muss wirtschaftlich sein, d. h., die Kosten pro produzierte Einheit müssen niedriger sein, als bei menschlichem Einsatz. Das führt zur Freisetzung von Arbeitskräften mit all den bekannten Problemen. Diese Entwicklung bedeutet auch, dass sich die Tätigkeiten stark verändern, die mit dem Einsatz der Betriebsmittel und der Nutzung ihrer Kapazität verbunden sind. Das gilt sowohl für die Arbeitsplanung, die Arbeitssteuerung als auch für die Da-tenermittlung und Datenverarbeitung.

Die qualitativen Anforderungen der Arbeitskräfte an Kenntnisse und Erfahrungen verlagern sich. Es gehen Handarbeitsplätze verloren. Dafür werden Einsteller für die Maschinen erforderlich oder mehr Kräfte für die Auftragsplanung und -steuerung. Dadurch entsteht ein erhöhter Bedarf an Umsetzungen bzw. Umschulungen, wenn Arbeitskräfte nicht freigestellt werden sollen.

Zu beachten ist auch die erhöhte Belastung der Umwelt durch die Betriebsmittel, z. B. durch Lärm oder Schwingungen. Durch hohe Rüst- bzw. Umrüstzeiten wird die Flexibilität vermindert und erfordert eine genaue Auftragssteuerung, da die Verluste durch nichtgenutzte Kapazität infolge der hohen Maschinenstudensätze hoch sein können.

Es ergeben sich für die Arbeitskräfte aber auch Vorteile. Die körperlichen Belastungen werden geringer, z. B. beim Transport. Die Monotonie bei der Arbeit wird weniger und durch mehr „Kopfarbeit" ersetzt. Dies gibt eine Möglichkeit für höhere Verdienste.

1.5 Die Bedeutung der Werkstoffe in der Produktion

Neulich wurde uns gesagt, dass die Materialkosten in den meisten Betrieben sehr hoch sind. Daran ist doch die Bedeutung dieses Produktionsfaktors erkennbar. Auch hier haben wir Schwierigkeiten mit den Begriffen. Einmal sagen wir Material, dann wieder Werkstoff. Sind beide Begriffe gleich?

1.5.1 Roh-, Hilfs- und Betriebsstoffe

Im betrieblichen Alltag sprechen wir mal von Material und mal von Werkstoff. Im Allgemeinen benutzen wir den Begriff Material für alle realen Sachgüter, einschließlich der Energieträger, die im Produktionsprozess eingesetzt und verbraucht werden. Werkstoff sind wie Hilfsstoffe und Betriebsstoffe nur ein Teil des Materials.

● **Werkstoff** ist das Material, welches zur Herstellung eines Teils, einer Baugruppe oder eines Erzeugnisses unmittelbar verwendet wird und nach der Herstellung im Produkt nachweisbar ist.

Es gibt folgende Werkstoffe:

▶ **Rohstoffe** als Materialien, die durch Form- oder Substanzveränderung in das Produkt eingehen. Dabei kann es sich sowohl um Stoffe im Urzustand (z. B. Erze, Fasern, Rundholz), als auch um Stoffe im Zustand einer vorbereitenden Grundbehandlung handeln (z. B. Garne, Stahlmasseln).

▶ **Halbzeuge** als Materialien, die bereits aufbereitet oder vorgeformt sind, wie Bleche, Drähte.

● **Normteile**, wie Schrauben, Splinte, Wellen, Knöpfe.

● **Hilfsstoff** ist das Material, das zur Herstellung eines Teils, einer Baugruppe oder eines Erzeugnisses nur mittelbar benötigt wird und nur in unbedeutenden Mengen nachweisbar ist, z. B. Lötmittel, Klebestoffe, Farbe für Farbmarkierungen, Schweißelektroden.

● **Betriebsstoff** ist zur Herstellung eines Teils, einer Baugruppe oder eines Erzeugnisses erforderlich. Es geht aber nicht mehr in das Erzeugnis ein. Es ist jedoch notwendig, um die Herstellung zu ermöglichen. Dazu gehören Schmieröle, Kühlmittel, Härtebäder, Putzwolle.

● **Energieträger**, wie Gas, Strom, Dampf, Wasser, erfüllen an sich die Kennzeichnung der Betriebsstoffe, erfordern aber eine andere Planung und Beschaffung.

1.5.2 Wirtschaftliche Probleme der Werkstoffe

Der Materialdisponent überwacht laufend die Beschaffung und Lagerung des Materials und die entstehenden Kosten. Was hat der Meister damit zu tun?

Der Anteil des Produktionsfaktors Material ist bei den meisten Produktionsbetrieben groß. Das bedeutet, dass damit auch der Anteil der Materialkosten an den Gesamtkosten hoch ist und deshalb eine ständige Analyse und Überwachung erfordert.

Die Disposition muss folgendes sicherstellen:

- Die Werkstoffe müssen in der richtigen Qualität, zum richtigen Zeitpunkt und in der richtigen Menge beschafft und bereitgestellt werden.

- Die Beschaffungs- und Lagerkosten müssen niedrig sein.
- Die Werkstoffverluste dürfen nicht hoch sein.

1.5.3 Werkstoffverlust-Rohstoffwiedergewinnung

Materialverluste müssen nach Menge und Ursache erfasst und vermindert werden:

- **Ausschuss**, z. B. durch schlechtes Werkzeug, falsche Bearbeitung, Zeichnungsfehler, Unterweisungsfehler oder Materialfehler.
- **Lagerverluste** infolge falscher Lagerung oder durch die Veralterung infolge zu hoher Lagerbestände oder falscher Lagerdisposition.
- **Materialabfälle**, z. B. durch Zerspanung oder durch falsche Vormaße.

Ein weiteres Problem sind die **Materialzeiten**, besonders die Liegezeiten:

- im Lager durch falsche Materialdisposition,
- im Produktionsprozess durch zu hohe Losgrößen,
- im Bearbeitungsprozess durch Ausfallzeiten an den Maschinen.

Liegezeiten sind deshalb zu beachten, weil durch sie Kapital gebunden wird. Dadurch wird die Finanzflexibilität eingeschränkt. Es entstehen Zinsverluste. Rohstoffe werden immer knapper und damit auch teurer. Die Entsorgung von Abfällen wird in Bezug auf Kosten und Umweltbelastung immer problematischer. Damit werden **Wiedergewinnung** und **Wiederverwendung** von Rohstoffen, d. h. das Recycling immer wichtiger. Das gilt auch im Rahmen wirtschaftlicher und ökologischer Zielsetzungen.

Formen des Recyclings:

- Wiederverwendung, z. B. der wiederholte Einsatz von Verpackungsmaterial
- Weiterverwendung, z. B. die Verwendung eines Senfglases als Trinkglas
- Wiederverwertung, z. B. Altglaseinsatz bei der Glasherstellung
- Weiterverwertung, z. B. Herstellen von Kartonagen aus Altpapier

Aufgaben

1.17 In einem Betrieb werden die Materialverluste regelmäßig erfasst.

Nach einer Analyse gliedern sie sich wie folgt auf:

a) Teile sind außer Maß und nicht mehr verwendbar.
b) Teile müssen noch einmal überarbeitet werden.
c) Beim Drehen fallen Späne an.
d) Im Lager sind Teile entwendet worden.
Bestimmen Sie, um welche Materialverlustart es sich jeweils handelt.

1.18 Um welche Formen des Recycling handelt es sich in den folgenden Fällen:

a) Altes gebrauchtes Blech wird entrostet, gerichtet und verwendet.
b) Altes Holz wird zerspant und zu Spanplatten verarbeitet.
c) Aluminiumausschuss wird wieder eingeschmolzen.

2 Betriebliche Aufbau- und Ablauforganisation

2.1 Grundstrukturen

● Begriff und Aufgaben der Organisation

Wir möchten gern wissen, nach welchen Kriterien eine Organisation gestaltet wird, und wie wir Aufbau- und Ablauforganisation voneinander abgrenzen sollen. Betriebe sind doch in ihren Aufgaben und dadurch in ihren Erscheinungsformen sehr unterschiedlich. Das heißt doch, dass die Organisationsstrukturen angepasst und damit unterschiedlich sein müssen. Gibt es trotzdem allgemeingültige Grundsätze?

Situation

Die **Organisation** umfasst die Gesamtheit der vorausschauenden Regelungen für ein Unternehmen, durch die das betriebliche Geschehen geordnet und in seinem formalen Aufbau und Ablauf langfristig festgelegt wird. Ziel ist die sinnvolle und zweckmäßige Zusammenarbeit von Menschen und Sachmitteln (z. B. Werkzeuge, Maschinen). Die Organisation bildet nur den Rahmen, in dem die Zielsetzung des Unternehmens durch die Planung und die Verwirklichung erfüllt werden kann. Wir müssen zwischen der statischen Form, der Aufbauorganisation und der dynamischen Form, der Ablauforganisation unterscheiden.

● Aufbau- und Ablauforganisation

● In der **Aufbauorganisation** untersuchen und gestalten wir den langfristigen Betriebsaufbau, d. h. die Betriebsgliederung in Organisationseinheiten (Stellen, Instanzen, Abteilungen), die Aufgabenzerlegung und Funktionsverteilung auf diese Einheiten.

● Die **Ablauforganisation** (Arbeitsorganisation) dagegen befasst sich mit der Bestgestaltung und zeitbezogenen Verknüpfung der Arbeitsabläufe. In der Ablauforganisation werden die kurzfristigen Regelungen für das Erfüllen von Arbeitsaufgaben getroffen. Ziel ist das laufende Anpassen an die Veränderungen in den betrieblichen Aufgabenstellungen, das Bestgestalten und zeitbezogene Verknüpfen der Arbeitsprozesse sowie die Gestaltung des rationellen Zusammenwirkens von Menschen, Arbeitsmitteln und Arbeitsgegenständen. Jedes Unternehmen unterliegt verschiedenen betriebsexternen und -internen Einflüssen. Das bedeutet, dass es die Aufbauorganisation schlechthin nicht gibt. Jeder Betrieb braucht die für ihn geeignete Form. Denken Sie hierbei z. B. an Unternehmen in verschiedenen Branchen oder mit vielen Betrieben an unterschiedlichen Standorten. Trotz dieser Unterschiede sollten wir aber bestimmte Grundsätze bzw. Gestaltungsprinzipien beachten:

▶ Gestaltungsprinzipien

– **Zweckmäßigkeit.** Die Organisation muss dem Gesamtziel des Unternehmens untergeordnet sein.

– **Wirtschaftlichkeit.** Sie muss auf geringe Kosten bzw. eine hohe Rentabilität ausgerichtet sein.

– **Gleichgewicht.** Feste und fallweise Regelungen müssen so im Gleichgewicht sein, dass die Organisation flexibel bleibt.

– **Koordination.** Sie soll gewährleisten, dass Aufgaben, Verantwortung und Kompetenz in einem angemessenen Verhältnis zueinander stehen.

– **Transparenz.** Die Organisation muss für Mitarbeiter durchschaubar sein.

Fragen

2.1	Wodurch unterscheiden sich Aufbauorganisation und Ablauforganisation?
2.2	Warum kann es keine für alle gültige Form der Aufbauorganisation geben?
2.3	Wozu benötigt ein Unternehmen eine Ablauforganisation?

2.2 Methodisches Vorgehen

Situation

> *„Um diese Gestaltungsprinzipien beachten zu können, müssen wir doch sicher eine genaue Kenntnis der Aufgabengebiete und der vorgesehenen Tätigkeiten haben? Wie kann ich mir diese Kenntnisse erwerben?"*

2.2.1 Aufgabenanalyse

Hierfür wenden wir die Aufgabenanalyse und die -synthese an. Die **Aufgabenanalyse** geht von einer Gesamtaufgabe aus, legt zunächst deren Ober- und Untergrenzen fest, zerlegt die Gesamtaufgabe systematisch in Teilaufgaben und beschreibt diese bis in die einzelnen Elemente.

2.2.2 Aufgabensynthese

Bei der **Aufgabensynthese** werden Teilaufgaben zu Stellen zusammengefaßt. Die Stellen sind die kleinsten Einheiten in der Organisation. Sie beinhalten die Aufgaben, die durch einen Mitarbeiter erfüllt werden können, z. B. Fahren eines LKW's.

2.2.3 Gliederungsmerkmale der Aufgabensynthese

Nach Kosiol gliedern wir die Teilaufgaben nach fünf unterschiedlichen Gesichtspunkten:

- **Objekte:** Objekte können Produkte sein, Maschinen, Werkstoffe, Personen, Informationen.
- **Verrichtungen:** Tätigkeiten einer Gesamtaufgabe, z. B. Absatz, Beschaffung, Arbeitsvorbereitung.
- **Rang:** Aufgaben werden nach Entscheidung und Ausführung auf verschiedene Stellen aufgeteilt.
- **Phasen:** Zeitlich aufeinander folgende Teilaufgaben, wie Planen, Ausführen und Kontrollieren.
- **Zweckbeziehung:** Hier teilten wir die Aufgaben in unmittelbare oder Kernaufgaben auf, z. B. produzieren, und in mittelbare, z. B. Verwaltungsaufgaben.

2.2.4 Stellenbildung

Situation

> *„Er hat eine gute Stelle bekommen". „Was ist eine solche Organisationseinheit oder Stelle? Wo steht sie in der Betriebshierarchie, und welche Inhalte hat sie?"*

Nach AWF (Ausschuss für wirtschaftliche Fertigung) gilt

„Konkret ist unter einer **Stelle** ein Bündel von Teilaufgaben zu verstehen, das ohne besondere Schwierigkeiten von einer dafür geeigneten Person erledigt werden kann. Häufig sind Stelle und Arbeitsplatz identisch, also der Ort, an dem die Aufgaben erfüllt werden."

▶ Der Ausgangspunkt für die Bildung von Stellen ist die **Aufgabenbündelung**, die bei der Aufgabensynthese erfolgte. Fassen wir alle Stellen zusammen, dann erhalten wir eine Gliederung des Betriebes, die in einem Organisationsplan optisch dargestellt wird. Nach den ihr zugewiesenen Aufgaben, Kompetenzen und Verantwortungsbereichen ordnen wir die einzelnen Stellen hierarchisch ein. Stellen gibt es also in jeder Ebene des Betriebes, z. B. auf der Ebene der Hauptabteilungen, der Abteilungen oder der Meisterebene. Dadurch werden sie sozusagen zu Bausteinen der Aufbauorganisation.

- Für jede Stelle, muss eine Stellenbeschreibung erstellt werden. Jede **Stellenbeschreibung** sollte folgende Aspekte enthalten:

■ eine genaue Beschreibung aller zu erwartenden Aufgaben, untergliedert in Haupt- und Nebenaufgaben bzw. Hilfsaufgaben.

■ Aufteilung der Aufgaben in leitende, planende, ausführende und überwachende mit Abgrenzung des Verantwortungsbereiches.

■ Unterstellungsverhältnisse.

■ Vertretungsvollmachten.

■ Kompetenzen und Verfügungsrechte, z. B. über Geldmittel und Sachmittel.

■ Informationspflichten und Informationsrechte.

Fassen wir alle Stellenbeschreibungen zusammen, dann bekommen wir den **Aufgaben- und Stellenplan.** Durch diesen und durch Stellen- und Arbeitsplatzbeschreibungen erhalten wir u. a. ausgezeichnete Unterlagen für die Arbeitsbewertung und die Arbeitsunterweisung. Weiterhin kann er für die Personalplanung verwendet werden. Wir können z. B. den einzelnen Stellen die Namen des Stelleninhabers zuordnen und erhalten dann den **Stellenbesetzungsplan.**

Fragen

2.4	Erklären Sie die Begriffe Aufgabenanalyse und Aufgabensynthese.
2.5	Was ist innerhalb der Aufbauorganisation eine Stelle? Welche Inhalte hat sie?
2.6	Was ist ein Stellenplan, und wofür bildet er die Grundlage?

2.3 Leitungsebenen

2.3.1 Formale Organisationseinheiten

Fragen

„Wir haben bisher den Begriff Stelle als allgemeinen Begriff kennengelernt. Im Betrieb gibt es doch so viele verschiedene Aufgabenbereiche. Müsste es da nicht auch verschiedene Stellenarten geben?"

Der „Chef" muss Aufgaben delegieren. Dadurch entsteht eine zweite **Betriebsebene.** Sind die Kräfte dieser Ebene überlastet, ziehen sie entweder Spezialisten als Ratgeber hinzu, bilden also **Stabsstellen**, oder sie delegieren wiederum Aufgaben nach unten. Je größer ein Betrieb ist, desto mehr Betriebsebenen entstehen. Wichtig dabei ist, dass beim Delegieren von Aufgaben auch gleichzeitig die Verantwortung für diese Aufgaben und die dafür notwendige Kompetenzen mit übertragen werden, d. h. die entsprechenden Zuständigkeiten und Weisungsbefugnisse,

● Arten von Stellen:
  - **Leitungsstellen**, die Entscheidungen treffen und Anordnungen erteilen,
  - **Stabsstellen**, welche die Leitungsstellen beraten und die Bearbeitung von Spezialgebieten übernehmen, allerdings ohne Anordnungs- oder Weisungsbefugnis.
  - **Ausführungs-** oder **Linienstellen**. Sie müssen nach vorgegebenen Weisungen alle notwendigen Tätigkeiten ausführen.

In den mittleren Betriebsebenen haben die meisten Stellen sowohl Leitungs- als auch Ausführungsfunktion, z. B. der Meister. Er erhält seine Weisungen vom Abteilungsleiter und muss sie ausführen. Um diese ausführen zu können, muss er aber seinerseits an seine Arbeiter Weisungen erteilen. In diesem Fall ist seine Stelle eine Leitungsstelle.

2.3.2 Delegation von Aufgaben und Kompetenzen

> *„Damit haben wir sozusagen einen Dienstweg vom Abteilungsleiter über den Meister zum Arbeiter. Aber ich kenne den Begriff Dienstweg eigentlich nur in Verbindung mit Behörden. Gibt es diesen Begriff Dienstweg auch in Betrieben?"*

Das gilt auch in Betrieben. Hat eine Stelle Entscheidungs- und Weisungsbefugnis, ist sie eine **Instanz**. Die Verknüpfung der einzelnen Instanzen in den verschiedenen Betriebsebenen ist dann der **Dienstweg**. Will ein Arbeiter Urlaub haben, kann er demnach nicht zum Abteilungleiter gehen. Er muss erst den Meister fragen. Für den Arbeiter ist der Meister die nächste Instanz, d. h. die nächste Stelle im Dienstweg, an den er sich halten muss.

Eine wichtige Funktion im Bereich der oberen Betriebsebenen ist das Koordinieren von Stellen bzw. Instanzen durch die Gestaltung geeigneter Informations- und Koordinationswege. Diese Wege sind zwar im Allgemeinen durch die Struktur der Organisationssysteme vorgegeben, müssen aber inhaltlich durch Führungs- und Organisationsanweisungen spezifiziert werden. Dabei dienen Führungsanweisungen in erster Linie der Aufrechterhaltung der betrieblichen Organisation und dem Erstellen von Organisationsanweisungen zur Übermittlung von Informationen und Anordnungen.

Durch das Zusammenfassen von Stellen, die einer leitenden Instanz unterstellt sind, bilden wir je nach Betriebsebene und verwandten Aufgabeninhalten Hauptabteilungen, Abteilungen und Gruppen, z. B. Abteilungen Vertrieb, Personalverwaltung, Produktion, Stabsgruppe Organisation.

> 2.7 Welche Funktionen haben Leitungsstellen und welche Stabsstellen?
>
> 2.8 Dürfen Stabsstellen Anordnungen an andere Abteilungen geben?
>
> 2.9 Erklären Sie den Zusammenhang zwischen einer Instanz und einem Dienstweg.
>
> 2.10 Wie werden Hauptabteilungen gebildet?

2.3.3 Organisationssysteme

> *„Wovon hängt die Struktur der Organisationssysteme ab, und wie sind diese Organisationssysteme aufgebaut?"*

Diese hängen von der Unterschiedlichkeit ihrer Produktionssysteme und dem Einfluss der geographischen Lage ab. Hauptorganisationssysteme sind das Einlinien-, das Funktionalsystem, das Stablinien- und das Matrixsystem.

● Das **Einliniensystem** entstammt der Gliederung des römischen Heeres. Jede Führungskraft unterteilt ihren Aufgabenbereich in drei bis sieben Bereiche und überträgt die volle Verantwortung für jeden Teil einem Stellvertreter. Dieser unterteilt seinen Verantwortungsbereich wiederum in der gleichen Form, usw. Daraus entsteht eine Organisationsstruktur, wie in Abb. 4 gezeigt. Die Vorzüge dieses Systems liegen in der Einfachheit und Übersichtlichkeit des Aufbaus und in der klaren Abgrenzung der Rechte und Pflichten. Die Stelle erhält nur von einer übergeordneten Stelle Anweisungen. Seine Nachteile liegen in der Starrheit und damit verbundenen Schwerfälligkeit. Informationen können sowohl von oben nach unten als auch von unten nach oben nur über den Dienstweg gehen.

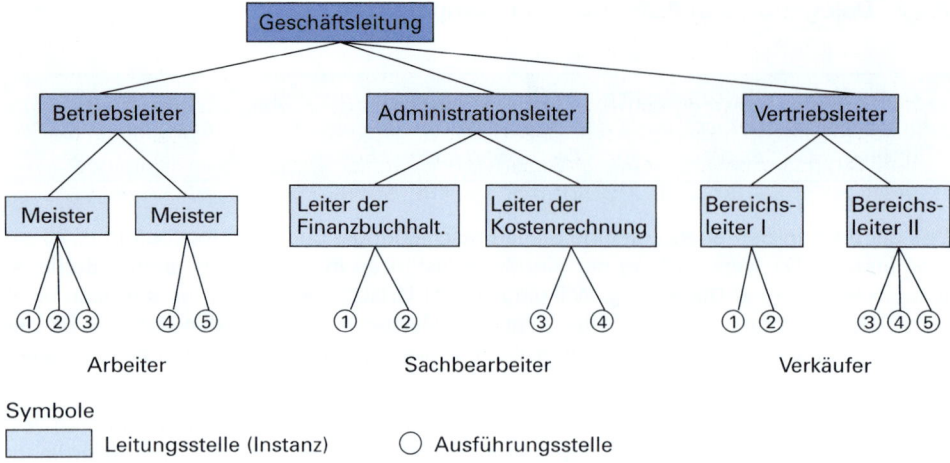

Symbole

▭ Leitungsstelle (Instanz)   ◯ Ausführungsstelle

Abb. 4: Schema des Einliniensystems (nach Fries/Otto)

Beim **Mehrliniensystem (Funktionalsystem)** erhält eine Stelle von mehreren übergeordneten Stellen Anweisungen. Es soll der fortschreitenden Spezialisierung Rechnung tragen. Es hat das von F. W. Taylor um die Jahrhundertwende entwickelte Funktionsmeistersystem als Grundlage. An die Stelle des universellen Meisters werden Spezialisten gesetzt, die in ihrem Spezialbereich allen Arbeitskräften Weisungen erteilen dürfen. Dieses System hat sich nicht durchgesetzt, da es zwar die speziellen Kenntnisse von Fachleuten voll nutzen kann, aber eine hohe Arbeitsmoral erfordert.

Es kommt leicht zu Kompetenzanmaßungen, Überschneidungen oder Auslassungen, da eine Koordinierung wegen der fehlenden Allgemeinkenntnis über die Arbeitsprozesse sehr schwierig ist.

▶ Das **Stabliniensystem** vereinigt die Vorzüge des Einlinien- mit den Vorzügen des Mehrliniensystems. Es nimmt das Einliniensystem als Grundlage für die Informationsübermittlung und die Auftragsausführung, fügt ihm aber so genannte Stabsstellen zu, die mit Spezialisten besetzt werden. Diese beraten die Führungskräfte, entlasten sie so von den speziellen Aufgaben und ermöglichen sach- und fachgerechte Entscheidungen. Beispiele für solche Stabsstellen sind die Rechtsabteilung, die Revision oder die Organisationsabteilung (Siehe Abb. 5).

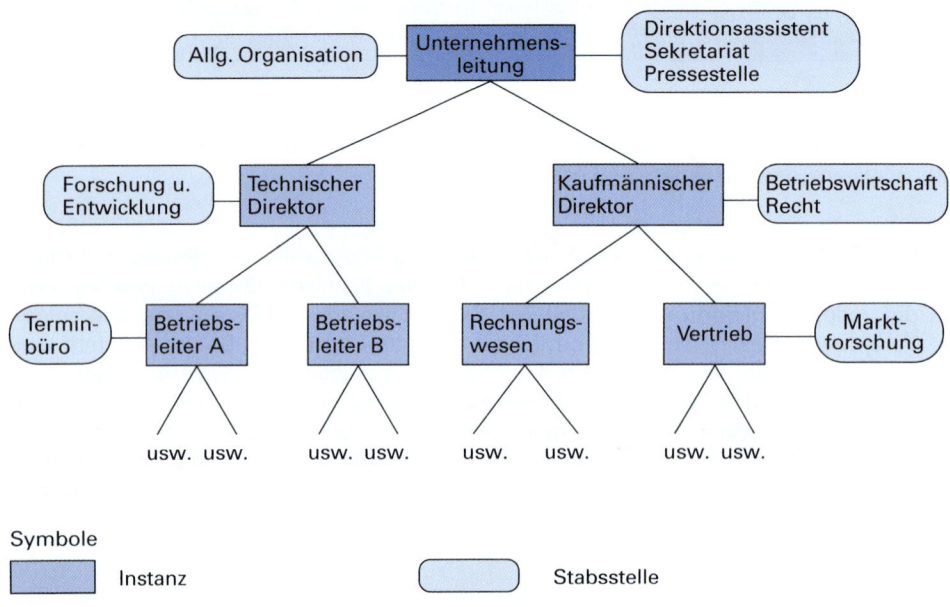

Symbole

▭ Instanz   ▭ Stabsstelle

Abb. 5: Schema eines Stabliniensystems (nach Fries/Otto)

Aber auch dieses System ist nicht ganz ohne Nachteile. Oft wird die Tätigkeit der Stabsstellen als Einmischung empfunden und daher von den anderen Stellen abgeblockt. Die Vorteile überwiegen aber. Deshalb ist dieses System wohl das in der Industrie am meisten angewandte.

▶ **Das Matrixsystem** ist eine Weiterentwicklung des Stabliniensystems bei Großbetrieben. Es berücksichtigt die modernen Einflüsse auf die Organisation, wie die Computer-Technik oder die Automation. Diese haben durch ihre qualitativen Anforderungen die bisherige Mitarbeiterstruktur verändert und erfordern eine kooperative Unternehmensstruktur. Das Matrixsystem sieht daher verstärkt funktionale Stabsstellen vor, die den Produktionsstellen oder Werkbereichen parallel geschaltet werden und diese fachlich beraten, koordinieren und steuern. Die häufigste Form ist die Produkt-Matrix-Organisation, die in Abb. 6 gezeigt ist.

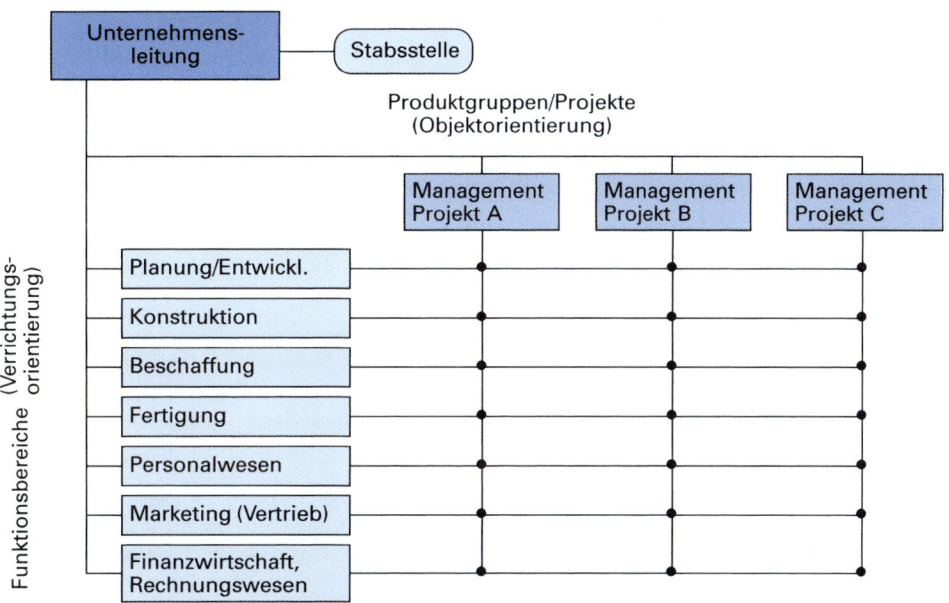

Abb. 6: Schema einer Matrixorganisation (nach Fries/Otto)

Fragen

2.11 Wodurch sollen die Nachteile des Einliniensystems wettgemacht werden?

2.12 Weshalb wurde die Erweiterung des Liniensystems zum Stabliniensystem erforderlich?

2.13 Warum hat sich das Mehrliniensystem (Funktionalsystem) nicht durchgesetzt, obwohl es doch so vielversprechend war?

2.14 Wodurch können im Stabliniensystem durch die Stäbe Probleme entstehen?

2.3.4 Organisationsplan – Gliederungsmerkmale der Aufgabensynthese und Leitungsebenen

Situation

Wir haben jetzt die einzelnen Organisationsformen kennengelernt. Diese müssen doch irgendwie mit unserem Betrieb in Einklang gebracht werden. Die Einbindung einer jeden Stelle und die Dienstwege sollten doch klar erkennbar sein. Unser Chef sagte uns, dass dies in unserem Organisationsplan geschehen sei.

Der **Organisationsplan** ist eine graphische Darstellung der Organisationssysteme. Er dient dazu, die Aufgabengliederung und die -zuordnung sichtbar zu machen, sowie die Beziehungen innerhalb des Unternehmens klar und übersichtlich aufzuzeigen. Er lässt erkennen, wie Aufgaben abteilungsmäßig zusammengefasst sind und welchen Rang sie instanzenmäßig haben.

In Abb. 7 sehen Sie einen Organisationsplan eines mittleren Betriebes mit einem Stab-Liniensystem. Dieser Plan kann allerdings nur als Beispiel genommen werden, da jeder Betrieb die individuellen Verhältnisse und Strukturen berücksichtigen muss.

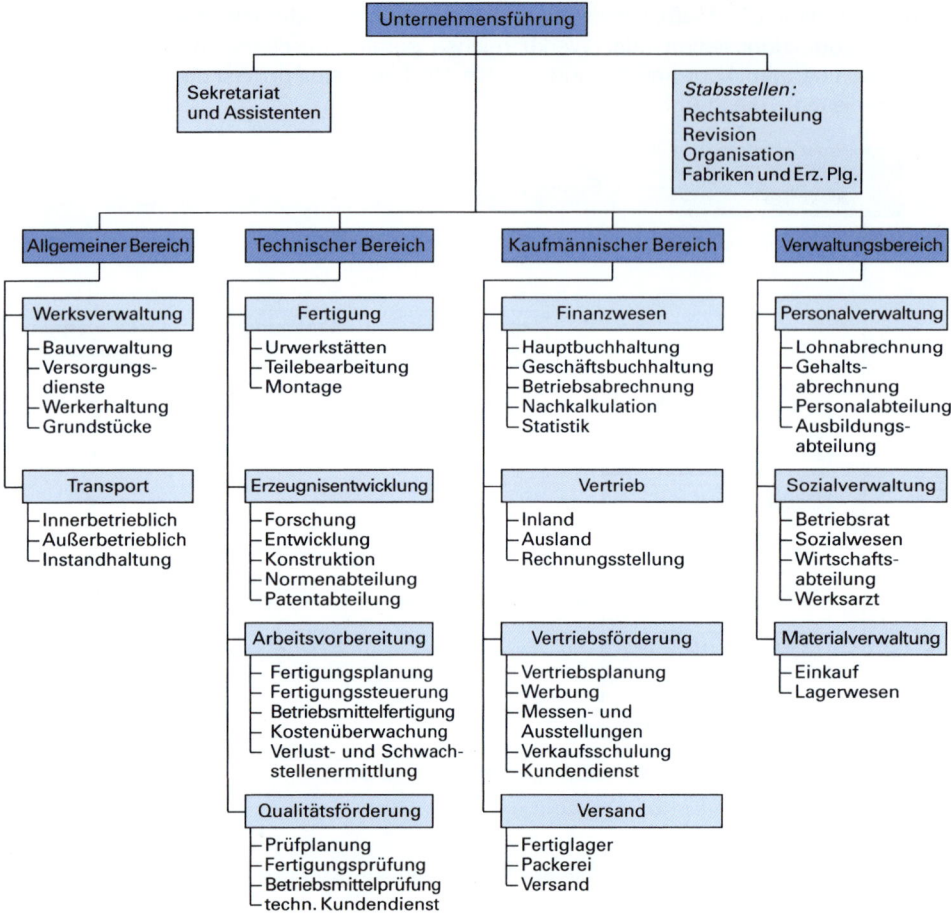

Abb. 7: Beispiel für einen Organisationsplan

2.3.5 Ergebnisorientierte Organisationseinheiten

Unsere Organisation soll ergebnisorientiert gestaltet sein. Einige Abteilungen sollen in Profit-Center umgewandelt werden, andere in Cost-Center. Wie sieht so eine Organisation aus, und was heißt ergebnisorientiert?

Situation

Wie wir sahen, verändern sich die Einflüsse auf die Organisation ständig. So musste früher aufgrund mangelnder Qualifikation der Arbeitskräfte die Arbeit weitgehend unterteilt werden. Obwohl Ausbildung und Qualifikation der Arbeitskräfte heute wesentlich über dem Stand von damals sind, werden auch heute noch nach diesem Prinzip viele Arbeitsstrukturen gestaltet, denken Sie z. B. an das Fließband. Das führt dazu, dass viele Arbeitskräfte unterfordert und damit nicht mehr ausreichend motiviert sind. Hinzu kommt, dass einfache Tätigkeiten von Computern oder Maschinen übernommen werden. Das bedeutet, dass heute viele Stellen neu analysiert und gestaltet werden müssen.

Aber auch die Anforderungen an die Arbeitsplätze sind qualitativ gestiegen und erfordern mehr kooperative Team- oder Gruppenarbeit. Die Aufgabensynthese muss daher mehr und mehr die Grundprinzipien der organisatorischen Arbeitsgestaltung beachten, die Aufgabenerweiterung oder -bereicherung und den -wechsel. Um diesen Auswirkungen der Arbeitsstrukturierung auf die Organisation begegnen zu können, schafft der Betrieb ergebnisorientierte Organisationseinheiten, die **Profit-Center**. Mit ihnen soll der Handlungsspielraum bzw. die Selbstständigkeit einer Stelle oder Abteilung vergrößert werden, ohne dass die Überwachungsmöglichkeit eingeschränkt wird. Dadurch wird das Teamwork gefördert, und die Motivation der einzelnen Mitarbeiter wieder erhöht.

Profit-Center sind kleine „Betriebe" mit einem eigenen Budget und einem eigenen Vergleich zwischen Aufwand und Ertrag. Der Gewinn, der ermittelt wird, dient zum Vergleich mit den vorhergehenden Abrechnungsabschnittten, um die Entwicklung des Profit-Centers steuern zu können. Außerdem soll er einen Leistungsvergleich zwischen den einzelnen Profit-Centers ermöglichen.

Eine abgeschwächte Form sind die **Cost-Centers**. Bei ihnen wird im Allgemeinen nur ein Soll-Ist-Kostenvergleich durchgeführt.

Fragen / Aufgaben

> 2.15 Warum ist das Fließband heute nicht mehr zeitgemäß?
>
> 2.16 Welche Alternativen bietet die organisatorische Arbeitsgestaltung für das Fließband?
>
> 2.17 Welcher Unterschied besteht zwischen einem Profit-Center und einem Cost-Center?

2.4 Aufgaben der Arbeitsplanung

Situation

> *„Wenn wir vor einem Industriebetrieb stehen, dann können wir uns kaum vorstellen, wie es zu schaffen ist, zum Beispiel 700 unterschiedliche Produkte mit insgesamt 12000 verschiedenen Teilen so auf 5000 Arbeitsplätze zu verteilen, dass diese immer voll ausgelastet sind und für den Markt die richtige Anzahl von Produkten in der richtigen Qualität hergestellt wird."*

2.4.1 Produktionsvolumen

Voraussetzung eines reibungslosen Ablaufs ist eine gut durchdachte Produktionsvorbereitung, -steuerung und -überwachung.

Befassen wir uns zunächst mit der **Produktionsvorbereitung**, also der **Arbeitsplanung**. Sie ist das Vordenken aller erforderlichen Arbeiten und der dafür notwendigen Mittel. Damit erreichen wir die reibungslose und wirtschaftliche Produktion eines Erzeugnisses in der gleichen Art und Qualität. Die Produktionsvorbereitung hat dafür zu sorgen, dass technisch und wirtschaftlich geeignete Mittel ausgewählt und bereitgestellt werden. Die Aufgaben dieses Bereiches umfassen folgende Aktivitäten:

– Produktionsprogramm- bzw. Auftragsplanung

– Fertigungsablaufplanung

– Arbeitsplanung

– Gestaltung der Arbeitsplätze und der Arbeitsvorgänge

– Bedarfsplanung

– Materialdisposition

2.4.2 Produktionsprogramm

Ein Betrieb bekommt seine Informationen für die Gestaltung seiner Produktionsprogramme entweder durch Bestellungen von Kunden oder durch selbst erstellte Produktionsprogramme aufgrund der Einschätzung des Marktes durch die Vertriebsabteilung.

Bestellungen sind schriftliche oder mündliche Aufforderungen von Kunden an den Betrieb, bestimmte Produkte zu liefern oder bestimmte Dienstleistungen auszuführen. Wird die Bestellung angenommen, dann ist das Unternehmen zur Ausführung dieser Bestellung verpflichtet. Bestellungen enthalten Angaben über die gewünschten Leistungen nach Art, Menge und Qualität, den gewünschten Liefertermin, den Preis und die Lieferbedingungen. Die Herstellung von Produkten für den Absatz hängt von dem Bedarf ab, der auf dem Absatzmarkt besteht. Aufgrund der Analysen der Vertriebsabteilung werden **Absatzprogramme** erstellt, die nach Abstimmung mit den betrieblichen Möglichkeiten die Grundlage für die **Produktionsprogramme** bilden.

Je nach Art der Betriebe ist die Bildung der Produktionsprogramme unterschiedlich. In der Serienfertigung gehen wir im Allgemeinen von einer langfristigen Absatzerwartung aus und fertigen viele Produkte, Baugruppen oder Einzelteile auf Lager. Dadurch erreichen wir kurze Lieferzeiten. Nur ein Teil der Produktionskapazität wird für direkte Kundenbestellungen reserviert. In der Einzel- und Kleinserienfertigung wird der Produktionsplan meist kurzfristig anhand der eingehenden Aufträge erstellt. Das Problem liegt meist in der erforderlichen terminlichen Abstimmung zwischen dem Auftragsbestand und dem neu eingehenden Auftrag.

2.4.3 Neue Produkte und/oder Fertigungsverfahren

Es wird immer wieder erforderlich sein, neue Produkte im Sortiment aufzunehmen oder neue Fertigungsverfahren einzuführen. Der Anstoß dafür kann vom Markt kommen, durch Kundenwünsche bedingt sein, oder aus der eigenen Weiterentwicklung erfolgen. Vor der Aufnahme sollten einige wesentliche Punkte beachtet werden. Zunächst ist Folgendes zu prüfen:

● Inwieweit ähnelt die Beschaffenheit der neuen Produkte denen im Sortiment vorhandenen? Können Teile oder Baugruppen für die Konstruktion oder einzelne Arbeitsgänge für die Fertigungspläne übernommen werden?

● Kann Material verwendet werden, das bereits am Lager liegt. Ist dies nicht der Fall, müssen die Beschaffungsmöglichkeiten bzw. die Lieferzeiten überprüft werden, bevor die Freigabe für die Herstellung erfolgen kann.

● Kann das neue Produkt mit den verfügbaren Betriebsmitteln produziert werden, oder sind Neubeschaffungen erforderlich?

● Stehen geeignete Mitarbeiter zur Verfügung, oder werden Schulungen erforderlich?

● Sind die verfügbaren Betriebsmittel für die neuen Verfahren geeignet, oder müssen neue Betriebsmittel beschafft werden? Auch hier sind die Beschaffungszeiten und die Eignung der Mitarbeiter zu beachten.

Sehr wichtig ist es, dass innerhalb der Vorbereitungstätigkeiten für die Aufnahme neuer Produkte oder neuer Fertigungsverfahren die Meister aktiv mit einbezogen werden. Ohne sie sollte keine Freigabe von Ablauf- oder Fertigungsplänen erfolgen.

2.4.4 Erzeugnisgliederung

Bevor die Ablauf- und Fertigungsplanung beginnen, muss das Erzeugnis aufgegliedert, d. h. eine **Erzeugnisgliederung** erstellt werden. Ein Erzeugnis wird nach den Zeichnungen oder Mustern so in Einzelteile und Baugruppen aufgeteilt, dass ein organischer Zusammenbau nach den Erfordernissen der Fertigung erfolgen kann. Dabei werden die Anforderungen der Fertigungsplanung, der Produktion, des Vertriebes und der Materialwirtschaft berücksichtigt. Die Erzeugnisgliederung ist eine grafische Darstellung des Zusammenhanges zwischen den Ausgangsmaterialien, Teilen und Baugruppen. Abb. 8 zeigt das Muster einer einfachen Erzeugnisgliederung.

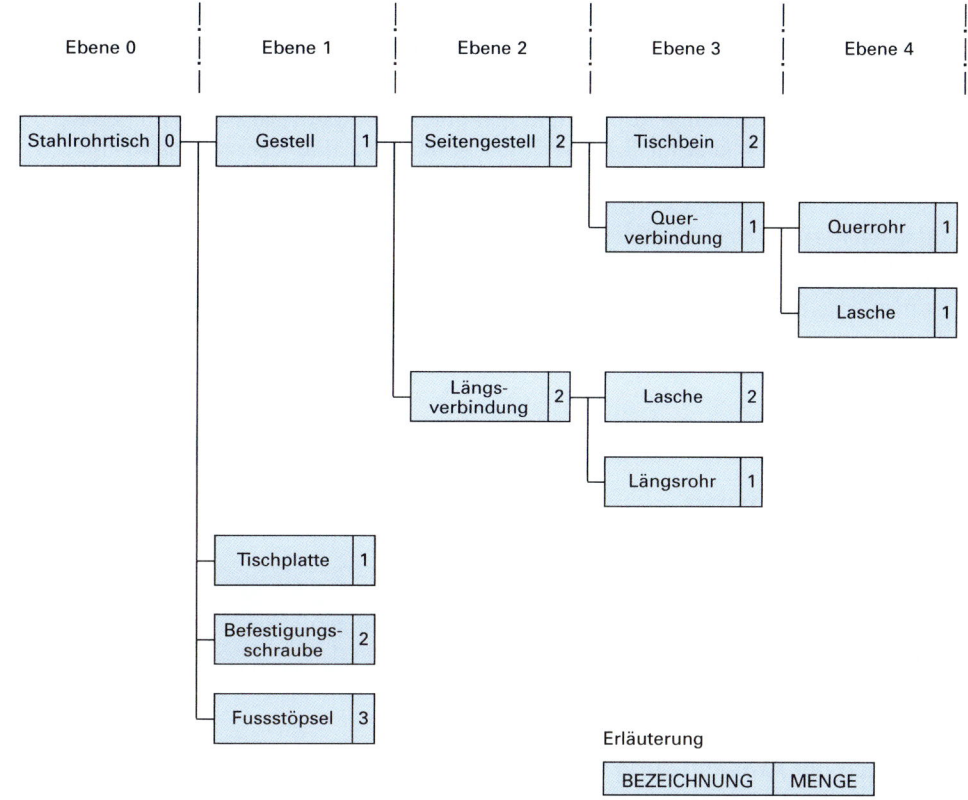

| Ebene 0 | Ebene 1 | Ebene 2 | Ebene 3 | Ebene 4 |

Erläuterung

| BEZEICHNUNG | MENGE |

Abb. 8: Erzeugnisgliederung für einen Stahlrohrtisch mit Dispositionsstufen.

Eine Erzeugnisgliederung ist sehr vielseitig verwendbar, sie dient folgenden Aufgaben:

– der Arbeitsplanung als Grundlage für die Folge der Arbeitsvorgänge,

– der Materialdisposition als Grundlage zur Ermittlung der Bereitstellungszeitpunkte für das Material, indem sie die einzelnen Dispositionsstufen ausweist,

– der Werkstättenplanung zur Planung des Fertigungs- bzw. Materialflusses.

Die Erzeugnisgliederung bildet auch die Grundlage für das Erstellen der **Fertigungsstückliste**. Sie enthält die Art und Anzahl aller Einzelteile und Baugruppen. Eine Stückliste ist ein Verzeichnis aller Teile eines Erzeugnisses oder einer Baugruppe, mit Angabe der Anzahl bzw. Mengen und der Bezeichnung oder Sachnummer. In Abb. 9 sehen Sie als Beispiel die Stückliste für einen Stahlrohrtisch.

Mengenstückliste für einen Stahlrohrtisch			
Position	Ident-Nummer	Benennung	Menge
05	400 002	Tischplatte	1
10	400 003	Fußstöpsel	4
15	400 005	Tischbein	4
20	400 006	Querrohr	2
25	400 008	Längsrohr	2
30	400 009	Lasche	6
35	400 011	Befestigungsschraube	12

Abb. 9: Beispiel für eine Mengenstückliste.

2.18 Das Absatzprogramm besagt, dass für Produkt A 840 Stück und für Produkt B 105 Stück zu fertigen sind. Es stehen im Monat Januar 3 Maschinen mit einer Maximalkapazität von je 180 h/Monat zur Verfügung. Durch Ausfallzeiten bedingt können je Maschine nur 150 h/Monat genutzt werden. Die Produktionszeit beträgt für A 0,5 h und für B 2 h je Stück. Arbeiterzeit und Maschinenzeit sind beeinflussbar. Die Arbeitskräfte arbeiten mit einem Leistungsgrad von 140 %. Stellen Sie nach diesen Angaben das Produktionsprogramm auf. Zu wieviel % sind die Maschinen ausgelastet?

2.19 In welcher Beziehung stehen Absatzprogramm und Produktionsprogramm zueinander?

2.20 Auf welcher Grundlage baut eine Stückliste auf?

2.5 Ablaufplanung

Die Erzeugnisgliederung allein reicht doch sicherlich für eine Planung der Fertigung nicht aus, und Sie müssen sie doch sicher weiter untergliedern. Wie weit und nach welchen Überlegungen ordnen Sie die einzelnen Tätigkeiten den Arbeitsplätzen zu?"

2.5.1 Formen der Arbeitsteilung und -planung

Die Erzeugnisgliederung ist nur der Ausgangspunkt. Der Arbeitsablauf muss noch weiter untergliedert werden, um so eine bestmögliche Gestaltung der Arbeitsvorgänge bzw. der Arbeitsplätze zu ermöglichen. Wir erhalten die **Arbeitsablaufgliederung** und mit ihr eine wesentliche Grundlage für die Fertigungsablaufplanung und den Arbeitsplan. Die Grundprinzipien für eine Arbeitsablaufgliederung und die Gliederung der Auftrags- bzw. Belegungszeiten werden in den meisten Betrieben angewandt. In der Arbeitswissenschaft wird der Arbeitsablauf untergliedert, ausgehend vom Projekt bis hinunter zu den Vorgangselementen, d. h. den Teilen einer Vorgangsstufe, die wir weder in ihrer Beschreibung noch in ihrer zeitlichen Erfassung weiter unterteilen können. Ein Fertigungsablauf entsteht dann, wenn für die Ausführung eines Arbeitsauftrages mehr als ein Arbeitsplatz erforderlich ist, d. h. die Arbeit auf mehrere Arbeitsplätze aufgeteilt werden muss. Dies kann nach folgenden Gesichtspunkten geschehen:

● **Art und Mengenteilung**

▶ **Mengenteilung:** Hier erfolgt die Zuordnung auf mehrere Arbeitsplätze so, dass jeder den Gesamtablauf des Auftrags für eine Teilmenge ausführt. Es sollen z. B. 100 Stühle in einer Sonderausführung hergestellt werden. Der Arbeitsablauf besteht aus acht Arbeitsvorgängen, die an 4 Arbeitsplätzen ausgeführt werden können. Die Arbeit wird so aufgeteilt, dass an jedem Arbeitsplatz 25 Stühle mit allen acht Arbeitsvorgängen hergestellt werden.

▶ **Artteilung:** Hier wird die Arbeit so aufgeteilt, dass an jedem Arbeitsplatz nur ein Teil des Gesamtablaufes ausgeführt wird. Für die 100 Stühle ist ein Arbeitsvorgang z. B. „Stuhlbeine drechseln". Er wird an einem Arbeitsplatz mit der gesamten Menge ausgeführt. Ein anderer Arbeitsvorgang ist „Stühle zusammenleimen".

▶ **Mischform von Art- und Mengenteilung:** Hierbei werden die 100 Stühle zwar im Prinzip mit der Artteilung gefertigt, d. h. jeder Arbeitsvorgang an einem anderen Arbeitsplatz, aber der Arbeitsvorgang „Stuhlbeine drechseln" wird in der Menge auf 4 Arbeitsplätze aufgeteilt.

2.5.2 Gestaltung des Materialflusses

Die Aufteilung der Arbeiten auf die einzelnen Arbeitsplätze ist nur ein Teilaspekt der Gesamtgestaltung der Arbeitsprozesse. Wollen wir eine flexible und kostengünstige Marktanpassung, dann brauchen wir kurze Durchlaufzeiten und eine bestmögliche Koordination des Materialdurchflusses vom Eingang in den Betrieb über die Umwandlung zum Produkt bis zu dessen Verkauf. Dies ist Aufgabe der **Materialflussgestaltung**. Ihr Ziel ist das Erreichen kurzer Durchlaufzeiten, d. h. arbeitsflussgerechte Anordnung der Betriebsmittel und -abteilungen sowie Senken der Kosten für das Transportieren und Lagern. Hierbei sind bestimmte Voraussetzungen bzw. Faktoren zu beachten, dies sind:

● Faktoren der Materialflussgestaltung

◆ **Räumliche Faktoren:** Ausgangspunkt für die Materialflussgestaltung sind der Standort des Betriebes, die Betriebsgebäude und Förderwege. Durch den Standort werden Anlieferungsart und Versandart vorgegeben, z. B. Schienen-, Straßen-, Wasser- oder Lufttransport. Durch die Bauweise und Anordnung der Betriebsgebäude werden Förderarten und Fördermittel bereits weitgehend vorbestimmt. Hochbauten haben z. B. einen großen Bedarf an Senkrechtförderung, bei der für die Produktion das Verrichtungsprinzip erforderlich ist. Flachbauten haben meist längsgerichtete und flache Transportwege, die zu einer Fließfertigung geeignet sind. Auch ist der Aufwand an Fördermitteln niedriger als bei Geschossbauten.

◆ **Fertigungstechnische Faktoren:** Hier sind zwei Einflussfaktoren zu berücksichtigen, die vor allem starken Einfluss auf die Fördermittel haben:

– **Fertigungsart:** Einzelfertigung erfordert z. B. universell und flexibel einsetzbare Fördermittel, wie Gabelstapler, Hubkarren usw. Bei der Serienfertigung setzen wir schon spezialisierte Fördermittel ein, wie Hängeförderer, Transportbänder usw. Bei der Massenfertigung bieten sich ortsgebundene und oft mit den Anlagen kombinierte Fördermittel an, wie z. B. Zuführeinrichtungen.

– **Ablaufprinzip:** Auch hier werden die Fördermittel in ihrer Art beeinflusst. Bei ortsgebundenen Arbeitsplätzen sind z. B. andere Voraussetzungen gegeben, als bei ortsungebundenen.

◆ **Fördertechnische Faktoren.** Hier sind zu berücksichtigen:

– Art und Zustand der **Fördergüter**, ihre Maße und ihre Eigenschaften,

– die **Fördermenge** in Form der Ladeeinheiten, wie Stück, Behälter, Paletten usw., meist bezogen auf Zeiteinheiten,

– die **Lagerungsart**. Hier unterscheiden wir im Allgemeinen nach dem Ort im Ablauf: Wareneingangs-, Zwischen- und Fertiglager, oder nach der Art des zu lagernden Gutes, in Gusslager, Stangenlager usw.

2.5.3 Arbeitssysteme

Arbeitssysteme können sehr vielgestaltig sein. So können wir das Unternehmen, den Betrieb, die Abteilung und den einzelnen Arbeitsplatz als System betrachten. Im Prinzip unterscheiden wir in einem Industriebetrieb aus dem Zusammenwirken von Mensch und Maschine drei Arten von Systemen:

– **Technische-**, z. B. die Verkettung mehrerer Maschinen miteinander

– **Soziale-**, z. B. Menschen, die miteinander arbeiten

– **Soziotechnische-**, z. B. Menschen, die mit Maschinen arbeiten

Aufgaben / Fragen

2.21 Es sollen von einem Produkt 200 Stück hergestellt werden. Das Produkt hat 3 Arbeitsgänge. Zur Verfügung stehen 4 Arbeitsplätze. Die Zuteilung erfolgt wie folgt: 40 Stück auf Arbeitsplatz 1, 60 Stück auf Arbeitsplatz 2, 80 Stück auf Arbeitsplatz 3 und der Rest auf Arbeitsplatz 4. Um welche Form der Arbeitsteilung handelt es sich?

2.22 Wie könnte die Zuteilung der 200 Stück auf die 3 Maschinen nach der Mischform von Art- und Mengenteilung aussehen?

2.23 Was ist bei der Gestaltung fördertechnischer Faktoren im Materialfluss zu beachten?

2.24 Worin liegt der Unterschied zwischen einem technischen System und einem soziotechnischen System?

2.6 Arbeitsplan

2.6.1 Arbeitsgegenstand

Die Verkaufsabteilung hat das Absatzprogramm erstellt. Die Konstruktion hat die Entwicklung, Gestaltung und Konstruktion des Erzeugnisses abgeschlossen sowie die Erzeugnisgliederung erstellt. Nun sollen wir auf der Grundlage der Zeichnungen, Konstruktionsstücklisten und Produktbeschreibungen mit der Arbeitsplanung beginnen.

Wie gehen wir da vor, und wie ermitteln wir die Daten und Zeiten für die Auftrags- bzw. Belegungszeiten?

Situation

◆ Aufgabe und Bedeutung des Fertigungsplanes

Er geht von den Zeichnungen, Stücklisten und dem Ablaufplan aus und gibt die auftragsunabhängigen Anweisungen an die Produktion. Da sind folgende Aufgaben:

– Kenndaten für das Produkt,

– Art und Folge der erforderlichen Arbeitsgänge zur Herstellung von Einzelteilen, Baugruppen und Erzeugnissen,

– qualitative Bestimmung der Betriebsmittel, der Arbeitskräfte und der zusätzlichen Hilfsmittel,

– erforderliche Fertigungsverfahren,

– Angaben über Werkstoffart und -abmessungen sowie

– die Vorgabezeiten und die Lohngruppe für jeden Arbeitsvorgang.

Bei der Festlegung dieser Daten müssen Sie darauf achten, dass Betriebsmittel und Fertigungsverfahren aufeinander abgestimmt sind. Die Herstellkosten müssen niedrig und die Arbeitsfolge lückenlos gehalten werden.

„Einige Ausgangsunterlagen kennen wir schon. Das sind die Zeichnungen und Stücklisten aus der Konstruktion und der Ablaufplan. Um ein Produkt herstellen zu können, benötigen wir noch weitere Daten, z. B. für Arbeitsgegenstand, Betriebsmittel oder Arbeitskräfte. Woher kommen diese?"

Situation

▶ **Daten des Werkstücks** sind die Angaben für die verwendeten Werk- sowie Hilfs- und Betriebsstoffe. Dazu gehören Benennung, Zeichnungs-Nr., Werkstoffart, Anlieferzustand, Rohmaße, Stückzahl je Erzeugniseinheit, Roh- und Fertiggewichte. Die Quelle für diese Daten sind Zeichnungen, Stücklisten und Materialkartei bzw. -datei.

▶ Bei den **Daten für den Menschen** (Bedienungspersonal) benötigen wir für den Fertigungsplan die Lohngruppe oder den Arbeitswert sowie die Vorgabezeit für den jeweiligen Arbeitsvorgang. Diese Werte entnehmen wir der Personalkartei bzw. -datei oder dem Zeitenkatalog. Um den richtigen Mann für die Arbeit auswählen zu können, sollte der Meister die Eignung seiner Mitarbeiter für bestimmte Tätigkeiten kennen, ihre Belastbarkeit, und die Qualität ihrer Arbeit. Arbeitskräfte, Werkstoff und Betriebsmittel müssen in ihrem Zusammenwirken analysiert und gestaltet werden. Dadurch soll ein optimaler Ablauf mit kurzen Durchlaufzeiten, bestmöglicher Nutzung der Kapazität und niedrigen Kosten für das Produkt erreicht werden. Dies ist durch das Vermeiden von folgenden Zeiten möglich:

– Wartezeiten bei den Arbeitskräften,

– Liegezeiten beim Werkstoff,

– Ausfallzeiten bei den Betriebsmitteln,

– Sachgerechte Gestaltung des Arbeitsplatzes und der Arbeitsmittel.

◆ Daten- und Zeitermittlung

Um Arbeitsabläufe rationell und wirtschaftlich gestalten und Arbeitspläne erstellen zu können, brauchen wir neben der Untergliederung und Beschreibung der einzelnen Ablaufstufen auch Angaben über Zeiten. Diese Zeitangaben sind auch für folgende Ziele notwendig:

– Kapazitätsplanung

– Auftrags- und Terminplanung

– Entlohnung bei der Anwendung von Lohnanreizen, wie z. B. Prämien

– Vor- und Nachkalkulation der Kosten

Aber wir können Zeiten nur dann für diese Bereiche verwenden, wenn sie für bestimmte Bezugsleistungen und Bezugsmengen gelten. Zeiten müssen daher einheitlich untergliedert und bestimmt werden. So wird z. B. im Arbeitsstudium die **Auftragszeit** beim Menschen und die **Belegungszeit** beim Betriebsmittel untergliedert und damit eine Grundlage für die Festlegung von Sollzeiten bzw. Vorgabezeiten gegeben:

- Soll-Zeiten für von Menschen und Betriebsmittel ausgeführte Arbeitsabläufe als **Vorgabezeiten**

- die menschenbezogene Vorgabezeit für eine bestimmte Auftragsmenge m (Losgröße) als **Auftragszeit.**

- die entsprechend betriebsmittelbezogene auftragsabhängige Vorgabezeit als **Belegungszeit.**

Die Daten und Begriffsdefinitionen entnehmen Sie den Tabellenbüchern des Verlags.

Abb. 10 zeigt die Zeitgliederung für die Auftragszeit des Menschen und Abb. 11 die Zeitgliederung für die Belegungszeit des Betriebsmittels.

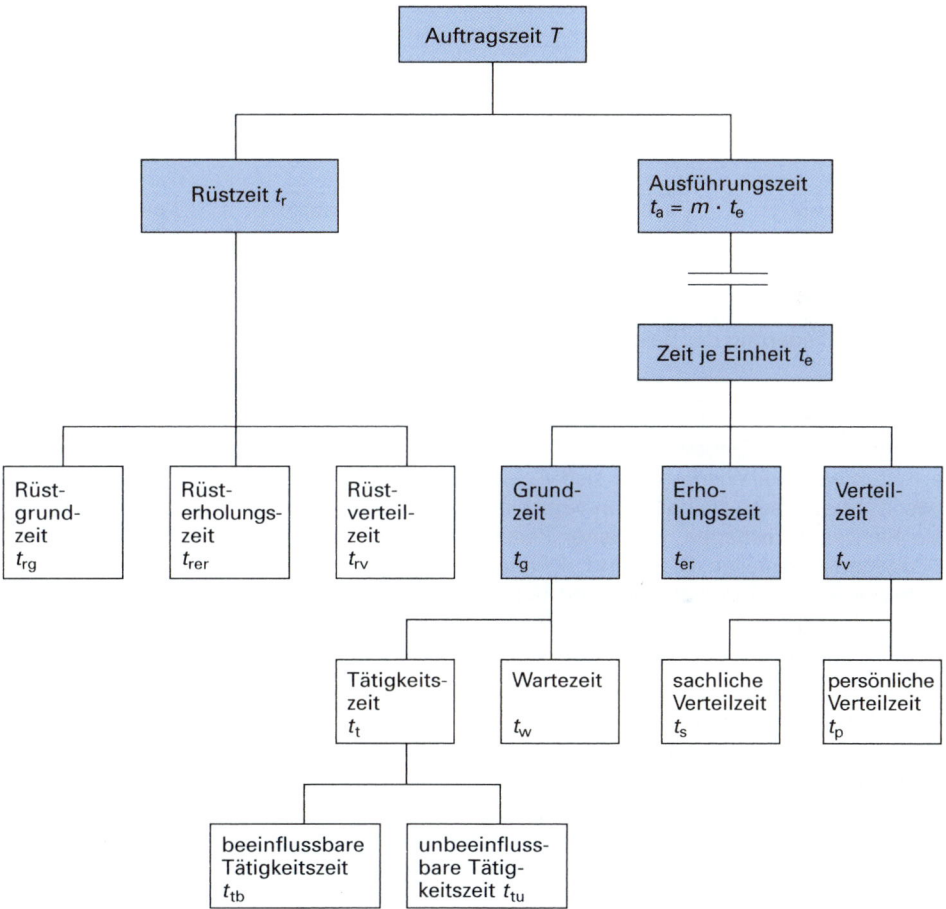

Abb. 10: Gliederung der Auftragszeit

◆ Methoden der Daten- und Zeitermittlung

Um Arbeitsleistungen zu messen und Vorgabezeiten zu erstellen, müssen wir Zeiten aufnehmen, auswerten und für die Zeitvorgabe aufbereiten. So ist die genaue Kenntnis über den zeitlichen Umfang der Tätigkeitszeit t_t und der Wartezeit t_w für die Erholungszeit eines Mitarbeiters, aber auch für die Bedienung mehrerer Maschinen durch einen Mitarbeiter von großer Bedeutung für die anfallenden Kosten. Zeiten können durch direkte Messung am Arbeitsplatz erfasst oder durch den arbeitenden Menschen bzw. das Betriebsmittel selbstständig registriert werden. Wir können sie auf verschiedene Arten bestimmen: Neben der Methode des Messens ermitteln wir Zeiten auch durch Multimomentaufnahmen, Vergleichen, Schätzen oder durch Berechnen, z. B. für unbeeinflussbare Ablaufabschnitte. Bei einer leistungsbezogenen Entlohnung ist es für den Mitarbeiter von finanzieller Bedeutung, ob er an einem Arbeitsplatz eingesetzt wird, der einen hohen Anteil von beeinflussbaren Arbeitsgängen enthält. Gerade in kleinen Betrieben wird die Zeitermittlung oft durch „Selbstaufschreibung" praktiziert. Wir setzen auch Zeiten mit

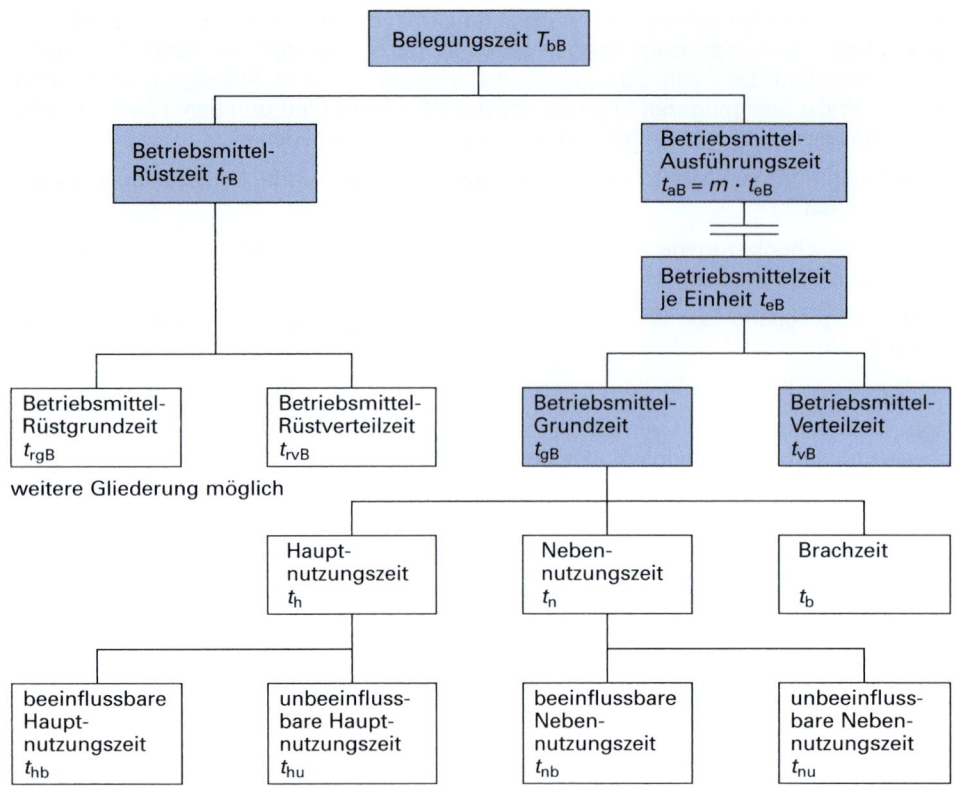

Abb. 11: Gliederung der Belegungszeit nach REFA

Hilfe der Systeme vorbestimmter Zeiten zusammen. Das sind solche, die mit Hilfe des Studiums der Einzelbewegungen des Menschen innerhalb eines Vorgangselementes ermittelt werden. Wiederholen sich Ablaufabschnitte immer wieder, sind sie eindeutig bestimmbar. Treten sie häufig an verschiedenen Arbeitsplätzen auf, dann können wir für sie Planzeiten festlegen. Ziel einer Zeitermittlung ist, möglichst vielseitig einsetzbare Planzeiten zu erstellen. Diese sind nicht nur bei der Vor- und Nachkalkulation anwendbar, sondern auch bei Personalplanung und Investitionsentscheidungen hilfreich. Sie sind bei der Vorplanung von Arbeiten anwendbar, für die Vor- und Nachkalkulation und bei Kosten- und Wirtschaftlichkeitsvergleichen.

Zeiten, die bei den Aufnahmen gemessen wurden, sind Ist-Zeiten, die dem individuellen Arbeitstempo der Arbeitskraft entsprechen. Sie müssen über die Einbeziehung der Leistungsgradbeurteilung auf Bezugsleistungen bezogen und, wie schon erwähnt, in Soll-Zeiten umgewandelt werden. Die Ermittlung, Aufbereitung und Vorgabe der Zeiten erfolgt im Allgemeinen durch die Zeitstudienabteilung. Voraussetzung sind dafür ein gut gestalteter Arbeitsplatz, intakte Arbeitsmittel und qualitativ einwandfreies Material. Für die Ermittlung und Auswertung der Zeitstudien sind speziell ausgebildete REFA-Fachleute erforderlich. Ein Meister kann z. B. bei der Vorbereitung für eine Zeitaufnahme darauf hinwirken, dass der Arbeitsplatz in Ordnung ist, die Werkzeuge und Betriebsmittel intakt sind. Außerdem müssen die Arbeitskräfte richtig unterwiesen und eingearbeitet sein. Mängel, die eine Zeitaufnahme behindern oder verfälschen können, muss er erkennen. Das gilt z. B. dann, wenn ein Arbeiter eine Vorrichtung verwendet oder eine Maschinenstellung verändert, die laut Arbeitsplan nicht festgelegt ist, oder wenn anderes Material eingesetzt wird, als vorgesehen war. Der Betriebsrat muss über die Zeitaufnahme informiert sein. Er hat auch das Recht, dabei anwesend zu sein.

2.6.2 Betriebsmitteldatei

▶ **Daten für die Betriebsmittel** je Arbeitsgang im Fertigungsplan, sind Angaben für die erforderlichen Maschinen, Werkzeuge, Vorrichtungen und sonstigen betrieblichen Hilfsmittel.

Diese Daten können wir der AWF-Maschinenkarte des Herstellers oder den jeweiligen Karteien für die einzelnen Betriebsmittelarten entnehmen.

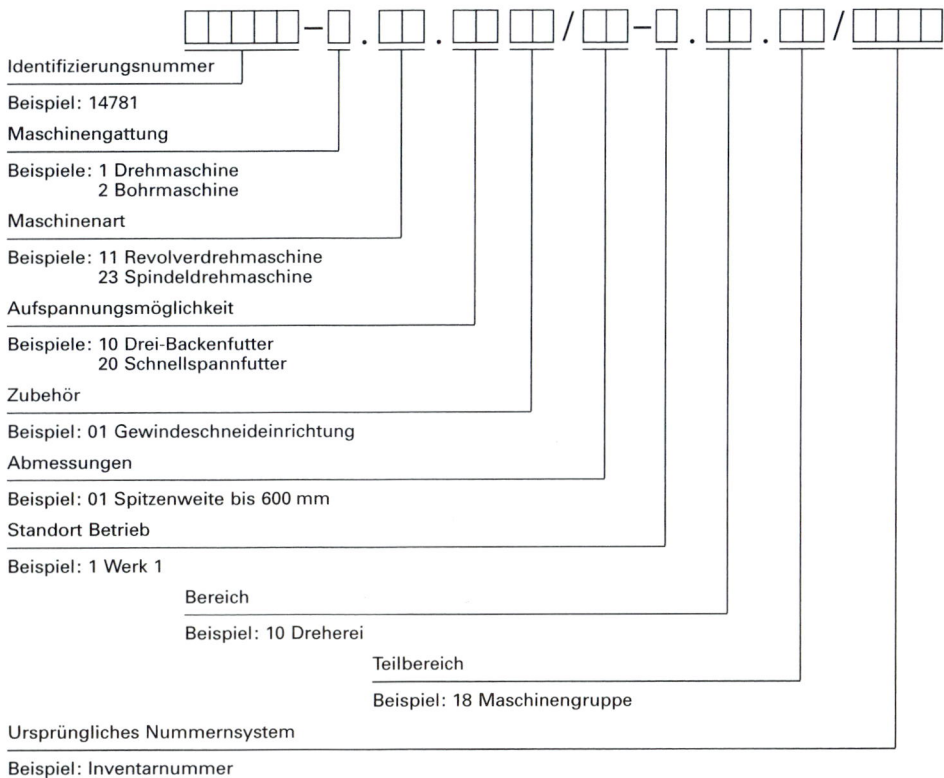

Identifizierungsnummer
Beispiel: 14781
Maschinengattung
Beispiele: 1 Drehmaschine
          2 Bohrmaschine
Maschinenart
Beispiele: 11 Revolverdrehmaschine
          23 Spindeldrehmaschine
Aufspannungsmöglichkeit
Beispiele: 10 Drei-Backenfutter
          20 Schnellspannfutter
Zubehör
Beispiel: 01 Gewindeschneideinrichtung
Abmessungen
Beispiel: 01 Spitzenweite bis 600 mm
Standort Betrieb
Beispiel: 1 Werk 1
Bereich
Beispiel: 10 Dreherei
Teilbereich
Beispiel: 18 Maschinengruppe
Ursprüngliches Nummernsystem
Beispiel: Inventarnummer

Abb. 12: Beispiel für einen Parallel-Nummernplan

Fragen / Aufgaben

2.25 Wodurch wird im Arbeitsplan der qualitative Bedarf an Arbeitskräften ausgedrückt?

2.26 Welche Ausgangsunterlagen benötigen wir zum Erstellen eines Arbeitsplanes?

2.27 Welcher Unterschied besteht zwischen Ist-Zeiten und Soll-Zeiten?

2.28 Bei einer Zeitaufnahme beträgt die Ist-Zeit für einen Arbeitsvorgang 40 min. Der Leistungsgrad der Arbeitskraft wird mit 125 % beurteilt. Wie hoch ist die vorzugebende Soll-Zeit? Wie hoch ist der Lohn, den die Arbeitskraft für diesen Arbeitsvorgang erhält, wenn der Stundenlohn 18,75 €/h beträgt?

2.29 Von welchen Voraussetzungen am Arbeitsplatz hängt es ab, ob eine Soll-Zeit erreicht oder unterschritten werden kann?

2.7 Gestaltung des Arbeitsplatzes und Arbeitsvorganges

Situation

„Wir haben jetzt in unserem Betrieb die Aufgabe, bei der Neueinrichtung einer Produktionsabteilung mitzuwirken. Dazu benötigen wir Kenntnisse über Arbeitsplatztypen und Prinzipien, nach denen der Ablauf der Produktion gestaltet werden kann. Dabei können wir nicht nur von den Maschinen ausgehen, denn die Arbeit sollte human, d. h. also menschengerecht gestaltet werden.

Welche Methoden können wir wie und wann anwenden?"

Aspekte der Arbeitsplatzgestaltung

Die Arbeitsgestaltung muss die Arbeit menschengerecht machen. Die Arbeitsbelastung für den Menschen soll verringert und die Arbeit an den Menschen angepasst und die Wirtschaftlichkeit der Arbeitsprozesse erhöht werden. Dabei sind alle technischen, wirtschaftlichen, organisatorischen und sozialen Einflüsse mit zu berücksichtigen. Über das Gestalten des Zusammenwirkens von Mensch, Betriebsmittel und Arbeitsgegenstand hinaus muss der Arbeitsgestalter auf Arbeitsmethoden, -weisen und -verfahren einwirken und versuchen, sie optimal zu gestalten.

- Bei den **Arbeitsbedingungen** unterscheiden wir organisatorisch und ergonomisch bedingte. Schon kleine organisatorische Störungen, wie das Fehlen von Arbeitsunterlagen oder zu späte Anlieferung von Material können die Leistung negativ beeinflussen. Schlechtes Licht wirkt ebenso negativ auf Qualität und Arbeitsvollzug wie verschmutzte Arbeitsplätze oder schlecht gestaltete Werkzeuge.

- Die **Arbeitsmethode** sagt, wie und mit welchen Arbeitsmitteln ein Arbeitsvorgang auszuführen ist. Sie sollte nach ergonomischen und ökonomischen Gesichtspunkten erfolgen und die Ausführung der Arbeit mit geringer körperlicher Belastung in einem kurzen Zeitraum ermöglichen.

- Bei der Wahl der **Arbeitsverfahren** sollte möglichst menschliche Arbeitskraft durch die modernste verfügbare Technologie ersetzt werden, besonders wenn hoher oder Krafteinsatz erforderlich ist oder Arbeitsvorgänge durch Monotonie belastet sind.

Arbeitsplatztypen und Ablaufprinzipien

Arbeitssysteme können ortsgebunden oder ortsveränderlich sein. Dadurch entstehen Arbeitsplatztypen, die die Beweglichkeit der Systemelemente von Arbeitssystemen zueinander und ihrer Umwelt gegenüber kennzeichnen. In Abb. 13 sind die wesentlichen **Arbeitsplatztypen** wiedergegeben. Ortsgebunden bedeutet, dass Mensch und Betriebsmittel an einem festen Platz ihre Arbeitsaufgabe erfüllen. Dabei wird die Eingabe zum Arbeitssystem hin- und die Ausgabe vom Arbeitssystem weggeführt. Beispiele hierfür sind die üblichen Maschinenarbeitsplätze im Betrieb. Ortsveränderlich heißt, dass Mensch und Betriebsmittel dem Arbeitsgegenstand folgen, wie z. B. beim Straßenbau.

Ablaufprinzipien sind Grundsätze zur räumlichen Anordnung und Verbindung mehrerer Arbeitsplätze. Sie dienen folgenden Zielen:

– Den Materialfluss beschleunigen und die Durchlaufzeit möglichst klein halten.

– Die Betriebsmittel so anzuordnen, dass die Arbeitsteilung wirtschaftlich wird, die Transportwege kurz sind und sie bestmöglichst genutzt werden können. Das gilt vor allem, wenn viele verschiedenartige Produkte die einzelnen Betriebsmittel anlaufen.

In Abb. 13 sehen Sie die Ablaufprinzipien in Verbindung mit den Arbeitsplatztypen, die wir nachstehend erklären wollen.

▶ Die **Werkbankfertigung** ist ein ortsgebundener Arbeitsplatz, an dem Erzeugnisse einzeln oder in kleinen Mengen vom Beginn der Bearbeitung bis zur Fertigstellung hergestellt werden. Eine Arbeitsteilung gibt es dabei nicht, höchstens eine Mengenteilung auf mehrere parallele Arbeitsplätze. Kennzeichnend für die Werkbankfertigung ist meist ein geringer Mechanisierungsgrad und damit geringe Platzkosten. Sie erfordert aber hochqualifizierte Arbeitskräfte. Beispiele sind das Anfertigen eines Modellkleides oder das Bemalen von Keramikprodukten.

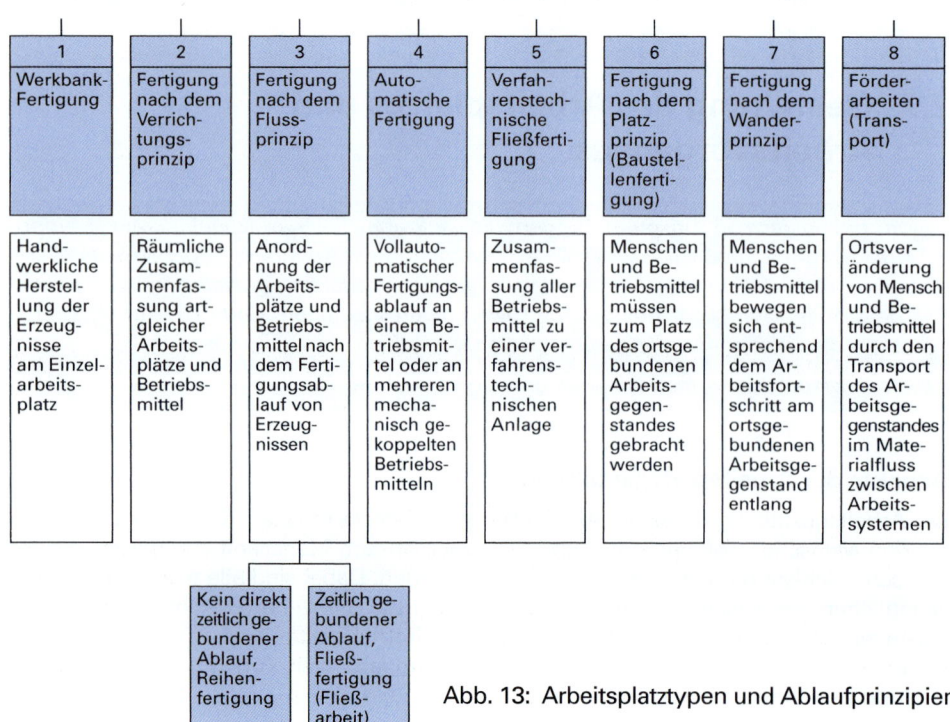

Abb. 13: Arbeitsplatztypen und Ablaufprinzipien

▶ Beim **Verrichtungsprinzip** (oder Werkstättenfertigung) werden Arbeitsplätze mit gleicher oder ähnlicher Arbeitsaufgabe und gleichen Arbeitsmitteltypen (gleichartige Maschinen oder Werkzeuge) in Gruppen zusammengefasst, sodass sie kleine Werkstätten bilden. Es ist eine Gruppierung von Arbeitsplätzen, die **nicht erzeugnisgebunden** ist. Sie bietet sich an, wenn unterschiedliche Erzeugnisse in kleinen Stückzahlen zu bearbeiten sind. Typische Beispiele sind Bohrerei, Dreherei, Schleiferei.

▶ Werden wenige Erzeugnisarten oder wird nur in Großserien oder Massen hergestellt, dann eignet sich dazu das **Flussprinzip**, entweder in der Form als **Reihenfertigung** oder als **Fließfertigung**. Die Anordnung der Arbeitsplätze ist bei diesem Prinzip **produktgebunden**. Wir ordnen die Arbeitsplätze entsprechend dem Ablauf zur Fertigung eines Produktes an. Folgt z. B. auf den Arbeitsgang Fräsen der Arbeitsgang Drehen, dann wird nach der Drehmaschine eine Fräsmaschine aufgestellt.

▶ Bei der **Reihenfertigung** besteht keine direkte zeitliche Bindung zwischen den einzelnen Arbeitsplätzen. Sie werden zwar im Flussprinzip angeordnet, zwischen den Arbeitsplätzen werden aber mehr oder minder große Vorratspuffer eingerichtet. Diese heben zwar die Abhängigkeit der Arbeitsplätze voneinander nicht auf, schränken sie aber doch stark ein.

▶ Die **Fließfertigung** hat dagegen einen stark zeitlich gebundenen Ablauf. Nach AWF (Ausschuss für wirtschaftliche Fertigung) ist Fließfertigung eine „örtlich fortschreitende, zeitlich bestimmte, lückenlose Folge von Arbeitsgängen". Die typische Form ist das Ihnen bekannte Fließband.

▶ In der betrieblichen Praxis finden wir das Verrichtungsprinzip und das Flussprinzip oft als **kombinierte Fertigung**. So sind die Bearbeitungswerkstätten meist im Verrichtungsprinzip gestaltet, während Montagen im Flussprinzip angeordnet sind.

▶ Eine konsequente Weiterführung der Fließarbeit mit technischen Mitteln ist die **automatische Fertigung**, bei der die Produktion fast ganz von Anlagen übernommen wird. Der Einfluss der Arbeitskräfte bechränkt sich je nach Grad der Automatisierung auf das Einrichten oder Rüsten, das Beschicken, Entleeren, Instandhalten und Überwachen. Elemente der automatischen Fertigung sind

– Einzelautomaten, wie NC-Maschinen,

– Verbundautomaten, z. B. Pressenstraßen und

– vollautomatische Fertigungsstraßen, z. B. Transferstraßen

Sinkende Produktlebenszeiten sowie die damit verbundene, zunehmende Typenvielfalt erfordern mehr und mehr den Einsatz **flexibler Fertigungssysteme**, z. B.:

– **flexible Fertigungszellen:** Bearbeitungszentren zur vollautomatischen Fertigung von Einzelteilen bei Klein- und Mittelserien.

– **flexible Fertigungsinseln:** Bearbeitungszentren, in denen wir im Gegensatz zu den Fertigungsinseln mehrere Einzelteile einer Baugruppen komplett bearbeiten.

– **flexible Fertigungsverbundsysteme:** Zentren, in denen Fertigungszellen, -inseln und Einzelmaschinen für die Komplettbearbeitung von Baugruppen in der Mittel- und Großserienfertigung zusammengefasst werden.

▶ Eine weitere Form der Fließfertigung ist die **verfahrenstechnische Fließfertigung**.

Sie wird durch die besonderen Anforderungen der Verfahrenstechnik bestimmt. Hier werden in Großanlagen homogene Massengüter hergestellt, z. B. Zement, Papier, Kunststoffe. Menschen müssen nur noch programmieren und überwachen.

▶ Ist ein Gegenstand ortsgebunden, wie z. B. beim Bau chemischer Anlagen oder von Einfamilienhäusern, so sprechen wir vom **Platzprinzip** oder von der **Baustellenfertigung**. Typisch für sie ist, dass sich Arbeitskräfte, Material, Betriebsmittel usw. zum Produkt hinbewegen.

▶ Auch die Fertigung nach dem **Wanderprinzip** ist durch einen ortsgebundenen Arbeitsgegenstand gekennzeichnet. Arbeitskräfte und Betriebsmittel bewegen sich jedoch entsprechend dem Arbeitsfortschritt am Arbeitsgegenstand entlang. Dieses Ablaufprinzip finden wir beim Abbau von Kohle und Erzen, beim Straßenbau, bei Gleisarbeiten oder bei der Kabelverlegung.

▶ Beim **Fördern** als Ablaufprinzip handelt es sich um ein ortsveränderliches Arbeitssystem mit ortsveränderlichen Arbeitsgegenständen. Arbeitskraft und Betriebsmittel wirken zusammen, um die Arbeitsaufgabe zu erfüllen, z. B. Transportieren von Material.

2.30 Worauf muss ein Arbeitsgestalter einwirken, wenn er das Zusammmenwirken der Produktionsfaktoren optimal gestalten will?

2.31 Es sollen 500 Hosen gefertigt werden. Es werden 2 Möglichkeiten erwogen. Die ganzen Hosen an einem Arbeitsplatz zu fertigen oder die einzelnen Arbeitsgänge nacheinander auf verschiedenen Arbeitsplätzen zu machen. Welche Arbeitsplatztypen werden hier angesprochen?

2.32 Die Reihenfertigung ist wie die Fließfertigung eine Art des Flussprinzips. Trotzdem besteht ein wesentlicher Unterschied. Nennen Sie ihn.

2.33 Wodurch wird der Einsatz flexibler Fertigungssysteme erforderlich?

2.8 Bedarfsplanung

„Wir haben eine neue Aufgabenstellung bekommen und sollen den quantitativen Bedarf an Arbeitskräften, Betriebsmitteln und Material bestimmen, der für die Herstellung der geplanten Produktmengen erforderlich ist.

Arbeitsplan und Produktionsprogramm bilden die Grundlage zur Bedarfsplanung für Material, Arbeitskräfte und Betriebsmittel. Das Ziel ist, die erforderlichen Kräfte, Mittel und Werkstoffe im richtigen Zeitpunkt in ausreichender Menge und Qualität bereit zu stellen, damit der Produktionsprozess reibungslos ablaufen kann. Die langfristige Bedarfsplanung ist zunächst fertigungsbezogen und auftragsunabhängig. Gehen die Aufträge ein, und werden sie für einen bestimmten Zeitraum eingeplant, dann erfolgt die kurzfristige auftragsbezogene Bedarfsplanung für Personal, Betriebsmittel und Material.

2.8.1 Personalplanung

Zur Personalplanung gehören alle Maßnahmen, mit denen der Personalbedarf nach Art (Qualifikation), Anzahl, Dauer und Zeitpunkt ermittelt werden kann. Sie ist eine permanente Aufgabe und wird durch folgende Faktoren bedingt:

– die Ungleichheit zwischen Personalangebot und Personalnachfrage,

– den Wandel der Anforderungen an die Mitarbeiter durch den raschen Wechsel in Technik und Wirtschaft,

– die hohen Personalkosten, und

– die verringerte Flexibilität im Personalbereich.

● Bei der Planung der Arbeitskräfte gehen wir von den Arbeitsplänen, den Auftragsmengen und von den zukünftigen Absatzchancen aus. Diese Planung wird in einem **Stellenbesetzungsplan** festgelegt.

● Dieser bietet auch die Grundlage für eine langfristige **Personaleinsatzplanung**. Kurzfristige Abweichungen von diesem Plan gleichen wir durch Auf- oder Abbau von Überstunden, Umsetzungen von Arbeitskräften oder durch eine flexible Urlaubsregelung aus. Längerfristige Änderungen des Arbeitskräftebedarfs bedingen eine Änderung des Stellenbesetzungsplanes entweder durch Neueinstellungen, Stellenabbau oder, wenn unumgänglich, durch das Einrichten von Schichten.

● **Schichtarbeit** ist keine normale Arbeitsform und führt, vor allem bei Spätschichten, zu erheblichen körperlichen Belastungen. Die dadurch entstehenden Nachteile können wir durch Schichtwechselpläne reduzieren, die Erholungszeiten ermöglichen.

2.8.2 Betriebsmittelplanung

● **Planung des Anlagen- und Maschinenparks**

Die Betriebsmittelplanung bestimmt die richtigen Anlagen und Betriebsmittel für die wirtschaftlich günstigste Ausführung der einzelnen Arbeitsvorgänge. Nach AWF (Ausschuss für wirtschaftliche Fertigung) gibt es die folgenden Betriebsmittel:

– Werkzeugmaschinen

– Werkzeuge und Vorrichtungen

– maschinelle Anlagen, wie z. B. Lackieranlagen

- Modelle und Formen
- Mess- und Prüfmittel
- Fördermittel und
- Lagermittel.

Der Anlagen- und Betriebsmittelbedarf wird langfristig nach dem Produktionsprogramm oder kurzfristig aufgrund von Arbeitsplänen bzw. Aufträgen festgelegt. Die Betriebsmittel werden nach Anzahl und Qualität schon bei der Fertigungsplanung bestimmt und in den Fertigungsplan eingetragen. Durch die Mengen, die zu produzieren sind, ergibt sich dann der Bedarf. Dieser wird dem Bestand gegenübergestellt. Die Arbeitsvorbereitung prüft, ob es eine Über- oder eine Unterdeckung gibt. Notfalls muss eine Abstimmung erfolgen. Es gibt für die Abstimmung von Bedarf und Bestand folgende Möglichkeiten:

- die Anpassung durch Neubeschaffung oder Verkauf eines Betriebsmittels,
- Aufträge auswärts fertigen zu lassen, und
- durch Abgleich der Belegung der Betriebsmittel, z. B. durch Überstunden oder durch zeitliche Verlagerung von Aufträgen.

Bei der Planung von Sondermaschinen, Werkzeugen und Vorrichtungen ist eine Zusammenarbeit von Konstruktion und Arbeitsvorbereitung mit den Meistern erforderlich.

2.8.3 Materialplanung

Die Materialplanung bestimmt den qualitativen und quantitativen Materialbedarf unter Berücksichtigung der Materialverluste, die durch Bearbeitung entstehen, z. B. durch die Zerspanung oder durch Ausschuss und Nacharbeit. Die erforderlichen Daten können der Stückliste und dem Fertigungsplan entnommen werden. Die Stückliste liefert die Angaben nach Art und Menge. Aus dem Fertigungsplan werden die Rohabmessungen der Werkstücke abgeleitet, wobei für die Materialzugaben die Eigenarten des Materials und des gewählten Fertigungsverfahrens zu berücksichtigen sind.

Die Materialplanung soll Materialverluste und Verluste durch lange Liegezeiten des Materials vermeiden. Das kann sie durch die richtige Wahl der optimalen Bestellmenge, bzw. der optimalen Losgröße. Bei der Bestellmengenrechnung gilt es, die wirtschaftlich günstigste Losgröße zu finden. Das bedeutet möglichst geringe Lagerkosten und möglichst geringe Bestell- bzw. Eigenfertigungskosten. Beide Kostenarten sind jedoch gegenläufig und müssen so bestimmt werden, dass sie zusammen ein Kostenminimum bilden. Für die Berechnung der optimalen Bestellmenge bzw. der optimalen Losgröße gilt die vereinfachte Formel nach Andler:

Für die **optimale Bestellmenge**	Für die **optimale Losgröße**
$$X_{opt} = \sqrt{\frac{X_{ges} \cdot K_B \cdot 200}{K_f \cdot i_L}}$$	$$X_{opt} = \sqrt{\frac{X_{ges} \cdot K_R \cdot 200}{K_h \cdot i_L}}$$

In den Formeln bedeuten:

X_{ges} = Gesamtmenge je Zeitraum $\quad$ X_{ges} = Gesamtmenge je Zeitraum

K_B = Bestellkosten je Bestellung $\quad$ K_R = Rüstkosten je Auftrag

K_f = Kosten je Mengeneinheit $\quad$ K_h = Herstellkosten je Mengeneinheit

i_L = Zinssatz für die Lagerung $\qquad$ (ohne Rüstkosten)

Dies ist eine Grundformel, die in den Betrieben erforderlichenfalls durch weitere Parameter erweitert wird, z. B. bei unregelmäßigem Zugang und unregelmäßiger Entnahme.

Fragen

2.34 Welche Formen der Bedarfsplanung unterscheiden wir grundsätzlich?

2.35 Wovon hängt die Planung der Arbeitskräfte ab?

2.36 Was bestimmt die Materialplanung? Was muss sie dabei berücksichtigen?

2.37 Woher beziehen wir die Daten für die Materialplanung?

2.38 Was soll durch die Berechnung der optimalen Losgröße erreicht werden?

2.9 Produktionsprogrammplanung, Auftragsdisposition

2.9.1 Produktionsprogramme

● **Programm- und Auftragsbildung**

Die Umsetzung der Bestellungen und des Produktionsprogramms im Betrieb sollte mit Aufträgen erfolgen. Dadurch erhalten wir stets einsehbare Datenträger, welche die Durchführung und Überwachung der Produktion mit geringem Aufwand ermöglichen. Zusätzlich erhalten wir eine gute Grundlage für die verursachungsgerechte Zuordnung der Kosten. Die Umsetzung des Absatzprogramms erfolgt in ein Fertigungsprogramm. Das sind Kundenaufträge, durch die Auftragsdisposition in Fertigungsaufträge umgewandelt werden. Gleichzeitig werden die Grobtermine festgelegt und die Bereitstellung der erforderlichen Produktionsmittel. Neben den Erzeugnissen für den Absatz werden noch Produkte und Dienstleistungen erzeugt, die innerbetrieblich benötigt werden, z. B. Werkzeuge, Maschinenteile und Transportdienste. Auch diese sollten mit Aufträgen ausgeführt werden. Das bedeutet, dass es im Betrieb eine Reihe unterschiedlicher Aufträge für unterschiedliche Zwecke gibt.

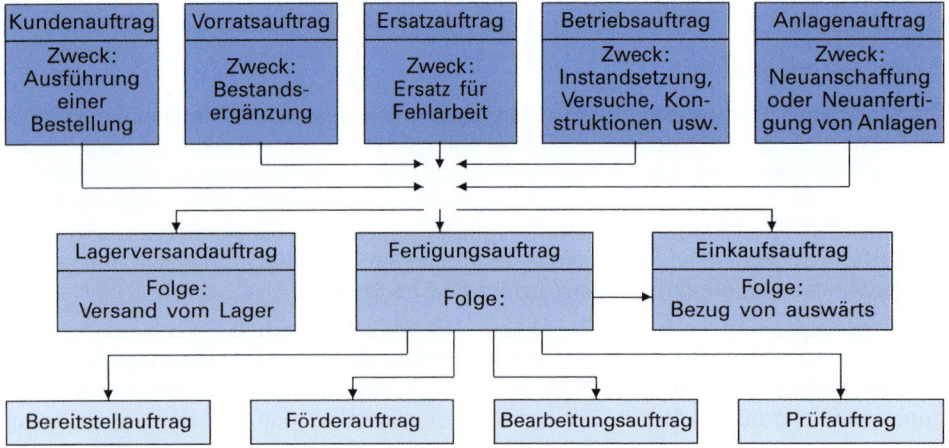

Abb. 14: Grundstruktur für eine Auftragsaufteilung (nach AWF)

● Die **Auftragsdisposition** umfasst alle kurzfristigen Maßnahmen, die erforderlich sind, um eingehende Kundenbestellungen organisatorisch zu bearbeiten, bzw. durch das Unternehmen selbst ausgelöste Betriebsanforderungen. In Abb. 15 sehen Sie den Zusammenhang zwischen Disponieren (Veranlassen) und Bereitstellen sowie die einzelnen Aufgabenstellungen:

Die Auftragsdisposition stellt entsprechende Aufträge aus und leitet diese zu bestimmten Terminen den Betriebsabteilungen bzw. den Arbeitsplätzen zu. Sie veranlasst weiterhin, dass die erforderlichen Eingaben zeitgerecht bereitgestellt werden, z. B. Material, Informationen, Energie und Kapazitäten, (z. B. Personal und Betriebsmittel), nach Art und Mengen. Um die geplante termingerechte Ausführung der Aufträge sicherzustellen, überwacht die Auftragsdisposition den Arbeitsfortschritt im Materialfluss, d. h. den Ablauf von der Warenannahme bis zum Versand, einschließlich der Transport- und Lagervorgänge. Hierzu werden neben den Terminplänen für die Auftragsbearbeitung **Kapazitätsbelegungspläne** erstellt und durch laufende Rückmeldungen nach Abschluss der Arbeitsvorgänge der Arbeitsfortschritt und die Kapazitätsbelegung überprüft, um so erforderliche Änderungen rechtzeitig einleiten zu können.

● **Fertigungssteuerung**

Situation

„Wie Sie wissen, gibt es immer wieder bei den Meisterbesprechungen Probleme, weil wir uns auf dem Gebiet der Fertigungssteuerung nicht so auskennen. Welche Aufgaben hat sie? Bei uns haben wir eine Auftragssteuerung, welche die Aufträge disponiert. Ist das nicht das gleiche?"

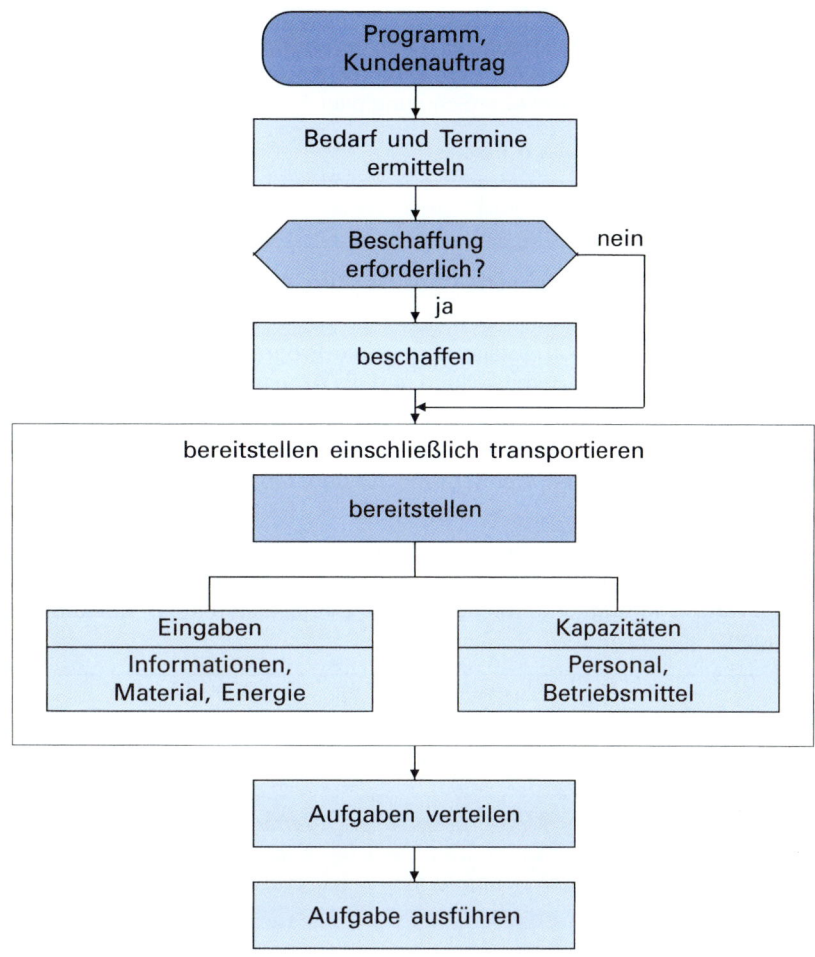

Abb. 15: Zusammenhang zwischen Bereitstellen und Disponieren

▶ **Aufgaben und Ziele**

Die **Fertigungssteuerung**, auch als **Arbeitssteuerung** oder **Auftragssteuerung** bezeichnet, sichert die kosten-, qualitäts- und termingerechte Auftragsdurchführung. Sobald ein Auftrag für die Produktion freigegeben ist, sorgt die Fertigungssteuerung dafür, dass die Kapazitäten (darunter verstehen wir Menschen und Betriebsmittel), das Material und die erforderlichen Informationen bereitstehen. Sie sorgt weiter dafür, dass die Aufträge auf die vorhandenen Arbeitsplätze aufgeteilt werden, und die Abläufe zeitlich eingeplant werden (Terminplanung)

Ziele der Steuerung
– Termintreue, d. h. Termine genau einzuhalten, vor allem die den Kunden zugesagten Liefertermine. Das kann unter Umständen hohe Lagerbestände bedeuten oder hoher Aufwand bei der Kapazitätsabgleichung.
– Möglichst hohe Nutzung der Kapazität, allerdings mit der Gefahr eines hohen Umlaufbestandes.
– geringe Kapitalbindung und kurze Durchlaufzeiten des Materials. Das führt meist zu Überkapazitäten, da immer verfügbare Kapazität erwartet wird. Material, Werkzeuge, Vorrichtungen und Arbeitspapiere termingerecht bereitzustellen.
– Reduzierung von Rüstzeiten z. B. durch größere Losgrößen oder Überlappung der Hauptzeiten durch Nebenzeiten. Der Vorteil sind geringere Kosten und eine kürzere Durchlaufzeit. Große Losgrößen führen aber zu hohen Umlaufbeständen und binden damit Kapital.

Diese Ziele können nicht alle gleichzeitig erfüllt werden, da sich ihre Parameter gegenläufig verhalten. Damit besteht das Hauptziel darin, den bestmöglichen Kompromiss zu finden und im Betrieb umzusetzen. Als Hilfe kann die Kostenrechnung mit -analysen und -vergleichen genutzt werden und eine Schulung aller Beteiligten im betriebswirtschaftlichen Handeln.

Drei Schritte der Steuerung: (nach REFA)

– **Veranlassen:** Ein terminorientierter Anstoß zum Auslösen der Aufgabendurchführung.

Schwerpunkte sind die Kapazitätsplanung, die Programm- und Auftragsbildung, die Terminermittlung, die Bereitstellung und die Arbeitsverteilung.

– **Überwachen:** Das Verfolgen der Auftragsdurchführung und Feststellen der Abweichungen von den Soll-Vorgaben. Schwerpunkte sind die Datenerfassung, die Überwachung der Mengen, der Termine, Kosten, Qualität und der Arbeitsbedingungen.

– **Sichern:** Maßnahmen zur Vermeidung oder Verminderung der Auswirkungen durch die Abweichungen von den Soll-Vorgaben. Schwerpunkte sind Plankorrektur, Qualitätssicherung und Eingreifen bei betrieblichen oder ablaufbedingten Störungen.

▶ **Kapazitätsermittlung**

„Gestern wurden wir in der Meisterbesprechung gefragt, welche Kapazität unsere Maschinen haben und wieviel Kapazität noch bei den Arbeitskräften verfügbar ist. Wie können wir die Kapazität ermitteln, damit wir diese Fragen beantworten können?"

Situation

Um die oben genannten Aufgaben der Fertigungssteuerung wirkungsvoll ausführen zu können, benötigen wir eine gute Kapazitätsplanung und Kapazitätssteuerung – aber welcher Kapazität?

Im Sinne der Fertigungssteuerung gelten Menschen und Betriebsmittel als **Kapazität**, wenn wir ihre quantitative, qualitative und zeitliche Verfügbarkeit zur Erfüllung von Arbeitsaufgaben meinen. Kapazität kann für folgende Bereiche ermittelt werden: einen Arbeitsplatz, eine Maschinengruppe, Drehmaschinen gleicher Art, eine Abteilung, z. B. Montage oder einen Betriebsbereich, z. B. Betriebsmittelbau.

Kapazitätsarten

– **Maximalkapazität**, die Kapazität, wenn eine Maschine oder eine Arbeitskraft immer über 24 Stunden am Tag ohne Unterbrechung arbeiten würde. Ein Fall, der wohl kaum auftreten wird. Für eine Werkstatt, in der 20 Maschinen stehen, wären das 480 Stunden/Tag.

– **Normalkapazität**. Sie ist die Kapazität, die während der Schichtzeiten eingeplant werden kann, bei den Maschinen vermindert um Ausfallzeiten, z. B. für Instandhaltung oder Stillstandszeiten durch Unterbrechungen, bei den Arbeitskräften durch Fehlzeiten, z. B. Urlaub, Krankheit, Betriebsversammlung. Da diese Ausfallzeiten schwanken, wird für die Auftragsdisposition im Allgemeinen für die Normalkapazität aus Durchschnittswerten ein Planungsfaktor errechnet.

– **Verfügbare Kapazität**. Sie ist die Normalkapazität, vermindert um die Zeit, die bereits durch Aufträge belegt ist.

Betrachten wir die unterschiedlichen Kapazitätsarten bei einer Maschine an einem Beispiel. Der Betrieb arbeitet mit einer Schicht von 8 Stunden. Die Maximalkapazität wäre 8 Stunden oder 100 %. Die Ausfallzeiten betragen durchschnittlich 1,2 Stunden oder 15 %. Die Normalkapazität wäre dann 6,8 Stunden oder 85 %. Damit haben wir auch gleich den Planungsfaktor. Er ist 8,5 oder 85 %. Wir stellen bei der Planung fest, dass die Maschine bereits mit 2,8 Stunden belegt ist. Als verfügbare Kapazität verbleiben damit 4 Stunden.

Der Kapazitätsbedarf wird bestimmt durch die Fertigungsaufträge, Stückzeiten, Rüstzeiten und den Leistungsgrad nach der folgenden Formel:

> **Kapazitätsbedarf =**
>
> Auftragsmenge x (Stückzeit + Rüstzeiten/Auftragsmenge) / Leistungsgrad

Stellen wir fest, dass die verfügbare Kapazität für die vorhandenen Aufträge nicht ausreicht, muss die Fertigungssteuerung einen Abgleich einplanen. Das kann geschehen, indem sie Aufträge zeitlich verschiebt, Überstunden anordnet oder die Fertigung nach auswärts vergibt.

Fragen / Aufgaben

2.39 Die Bestellungen oder das Produktionsprogramm sollen wir in Betriebsaufträge umsetzen? Begründen Sie dies.

2.40 Nennen Sie die wesentlichen Ziele der Fertigungssteuerung.

2.41 Wir haben folgende Daten, aus denen wir die Kapazitätsdaten für eine Arbeitskraft ermitteln sollen: Schichtdauer 8 Stunden. Ausfallzeiten für Urlaub, Krankheit usw. im Durchschnitt 2 Stunden je Schicht. Für den Planungstag ist die Arbeitskraft bereits mit 4 Stunden eingeplant.

   a) Wie hoch ist die Maximalkapazität?

   b) Wie hoch ist die Normalkapazität? Welchen Planungsfaktor setzen Sie an?

   c) Wie hoch ist die verfügbare Kapazität?

2.42 Sie erhalten folgende Angaben:

   Auftragsmenge 50 Stück. Zeit je Einheit 5 min, Rüstzeit 100 min, der Leistungsgrad wird mit 125 % beurteilt. Errechnen Sie den Kapazitätsbedarf.

● Terminermittlung

Die Aufgabe der **Terminermittlung** besteht in der Zuordnung von Arbeitsaufgaben in Form von Fertigungsaufträgen mit bestimmter Dauer zu den ausführenden Arbeitssystemen. Gleichzeitig werden Anfangs- und Endtermine festgelegt.

▶ Die **auftragsorientierte Terminermittlung** berücksichtigt bei der Zuordnung der Aufträge auf die Arbeitsplätze nur den einzelnen Auftrag. Es wird nicht geprüft, ob verfügbare Kapazität vorhanden ist. Sie ist daher nur anwendbar, wenn genügend freie Kapazität verfügbar ist.

▶ Die **kapazitätsorientierte Terminermittlung** richtet sich immer nach der verfügbaren Kapazität. Hier werden die Vorwärts- und Rückwärtsterminierung und der Kapazitätsabgleich eingesetzt.

● Vorwärts- und Rückwärtsterminierung

Die **Vorwärtsterminierung** wählen wir, wenn bei der Angebotsabgabe für einen Auftrag ein Liefertermin genannt werden soll. Wir bestimmen zunächst den Starttermin, ermitteln anhand der Erzeugnisgliederung die Anfangstermine für die einzelnen Arbeitsgänge und legen dann den Endtermin fest. Für den Zeitablauf müssen wir neben den Bearbeitungszeiten für die einzelnen Arbeitsgänge noch die Übergangszeiten mit berücksichtigen, z. B. für Transport und Qualitätskontrolle.

▶ Die **Rückwärtsterminierung** ist in den Fällen anzuwenden, bei denen der Endtermin feststeht. Von diesem ausgehend werden die Anfangstermine für die einzelnen Arbeitsvorgänge errechnet.

▶ Verbinden wir beide Methoden miteinander, erhalten wir die **kombinierte Terminierung**. Anfangs- und Endtermine werden stufenweise ermittelt, und zwar durch abwechselndes Rückwärts- und Vorwärtsrechnen unter Berücksichtigung der Kapazitätsauslastung. Dabei sollten Sie prüfen, wie Sie die Durchlaufzeiten verkürzen können.

▶ Wichtig für eine gute Terminsteuerung ist die **Verkürzung der Durchlaufzeiten.**

Bei diesem Problem können Sie als Industriemeister aktiv mitwirken. Die Zeit vom Beginn des ersten Arbeitsganges bis zum Ende des letzten bezeichnen wir als Durchlaufzeit. Sie setzt sich aus der Bearbeitungszeit für das Produkt, den Rüst-, Prüf-, Transport- und den Liege- bzw. Wartezeiten zusammen. Aus dieser Gliederung ergeben sich die Ansätze für die Verkürzung der Durchlaufzeiten. Eine kennen wir bereits, die Verteilung der Arbeit auf mehrere parallele Arbeitsplätze, in der Terminplanung als Splittung bezeichnet. Weitere Möglichkeiten der Verkürzung sind:

– Überstunden

– Ansetzen einer zusätzlichen Schicht

– Zusammenlegen mehrerer Lose und damit Einsparung von Rüstzeiten

– die Überlappung von Arbeitsgängen,

– vor allem Verkürzen oder Vermeiden von Liege- bzw. Wartezeiten

● **Arbeitsverteilung**

Situation

„Bei einer Analyse im Betrieb wurde festgestellt, dass trotz sehr guter Auftragslage die Ausbringung schlecht und die Nutzung der Maschinen niedrig war. Die Ursache dafür soll eine schlechte Organisation der Arbeitsverteilung bzw. der Bereitstellung sein; aber wie kann die Arbeitsverteilung verbessert werden?"

Die Arbeitsverteilung leitet die einzelnen Arbeits- oder Fertigungsaufträge in der vorgesehenen Reihenfolge so an die eingeplanten Arbeitsplätze, dass sie termingerecht begonnen und beendet werden. Die Ziele der Arbeitsverteilung entsprechen den Zielen der Steuerung, speziell aber soll sie folgendes erreichen:

– die Termineinhaltung sichern,

– dafür sorgen, dass die Kapazitäten gleichmäßig und voll ausgelastet sind

– und einen wirtschaftlichen Einsatz der Produktionsmitel sicherstellen.

Sie geht von den Vorgaben der Terminplanung bzw. Terminsteuerung aus und hat dafür zu sorgen, dass die Ziele der Arbeitsverteilung auch dann noch erreicht werden, wenn kurzfristig Störungen eintreten, z. B. durch Maschinenausfälle, fehlendes Material, oder Umterminierungen erforderlich werden. Hier ist auf jeden Fall eine enge Zusammenarbeit der Arbeitsverteilung mit den Meistern anzustreben. Die Arbeitsverteilung hat auch dafür zu sorgen, dass alle erforderlichen Materialien, Arbeitskräfte, Betriebsmittel und Arbeitsunterlagen für die Arbeitsplätze bereitgestellt sind. Diese Bereitstellung wird in den Betrieben unterschiedlich gehandhabt, erfolgt aber im Prinzip bisher nach drei Systemen.

Systeme der Bereitstellung

(1) das **Holsystem.** Hier holen die Arbeitnehmer Material und Arbeitsmittel selbst. Das bedeutet zwar, dass die Bereitstellungszeiten erheblich kürzer werden, dafür steigen aber die Ausfallzeiten an den Arbeitsplätzen, und die Durchlaufzeiten verlängern sich.

(2) das **Bringsystem.** Die Arbeitskraft bringt den fertigen Auftrag an den nächsten Arbeitsplatz.

Hier gilt im Prinzip das Gleiche wie für das Holsystem.

(3) das **kombinierte System.** Hier werden Material und Arbeitspapiere an den Arbeitsplatz gebracht, die Werkzeuge und Vorrichtungen werden von der Arbeitskraft selbst geholt.

Diese Systeme sind unwirtschaftlich. Sie führten auch oft zu Streitigkeiten. Deshalb versuchte man wenigstens, die Bereitstellung des Materials durch technische Einrichtungen zu verbessern, z. B. Transportbänder oder Hängeförderer. Die beste Lösung ist aber die gesamte Bereitstellung durch besondere Arbeitskräfte in der Arbeitsverteilung. Diese können zunächst die notwendigen Mittel zum festgelegten Termin zusammenstellen und dann an den Arbeitsplatz bringen. Die Arbeitskräfte selbst brauchen sich dann nicht mehr darum zu kümmern. Die Arbeitsverteilung bzw. die Auslösung der Bereitstellung, kann durch verschiedene **Arbeitsverteilungssysteme** erfolgen. Entweder **dezentral** über den Meister oder **zentral** über einen Leitstand oder über speziell eingesetzte Arbeitsverteiler. In kleineren Betrieben werden beide Systeme meist kombiniert. Die Grobverteilung erfolgt durch spezielle Arbeitsverteiler an die Abteilung, die Verteilung an den Arbeitsplatz macht der Meister oder der Vorarbeiter.

Fragen

2.43 Wie kann die Durchlaufzeit grob errechnet werden?

2.44 Welche speziellen Ziele soll eine Arbeitsverteilung anstreben?

2.45 Warum steht das Holsystem im Widerspruch zu der Forderung nach einer hohen Kapazitätsauslastung?

2.46 Warum sollten Arbeitsverteilung und Meister eng zusammenarbeiten?

● **Die Organisationsmittel der Arbeitsverteilung**

Auch bei der Arbeitsverteilung geht es nicht ganz ohne Organisationsmittel. Sie benötigt, außer Arbeitspapieren bzw. Steuerungsbelegen auch Überwachungsmittel. Mit deren Hilfe muss jederzeit erkennbar sein, welchen Starttermin ein Auftrag hat, wo sich gerade ein Auftrag befindet, oder wann ein Auftrag fertiggestellt sein wird. Zu diesem Zweck wird häufig ein Fertigungsleitstand eingesetzt. Er ist mit Plantafeln ausgestattet und hat übersichtlich gestaltete Aufbewahrungsmittel, wie Tröge oder Taschen, zur Aufnahme der Arbeitsunterlagen. Moderne Leitstände haben Datensichtgeräte und Datenerfassungsgeräte, die direkt mit den Arbeitsplätzen verbunden sind.

Notwendige Arbeitspapiere oder Arbeitsteuerungsbelege sind im Allgemeinen Laufkarte, Materialentnahmeschein, Terminkarte, Lohn- oder Akkordkarte und Kostenkarte.

Den aktuellen Materialfluss entnehmen wir auch dem Strichcode-System.

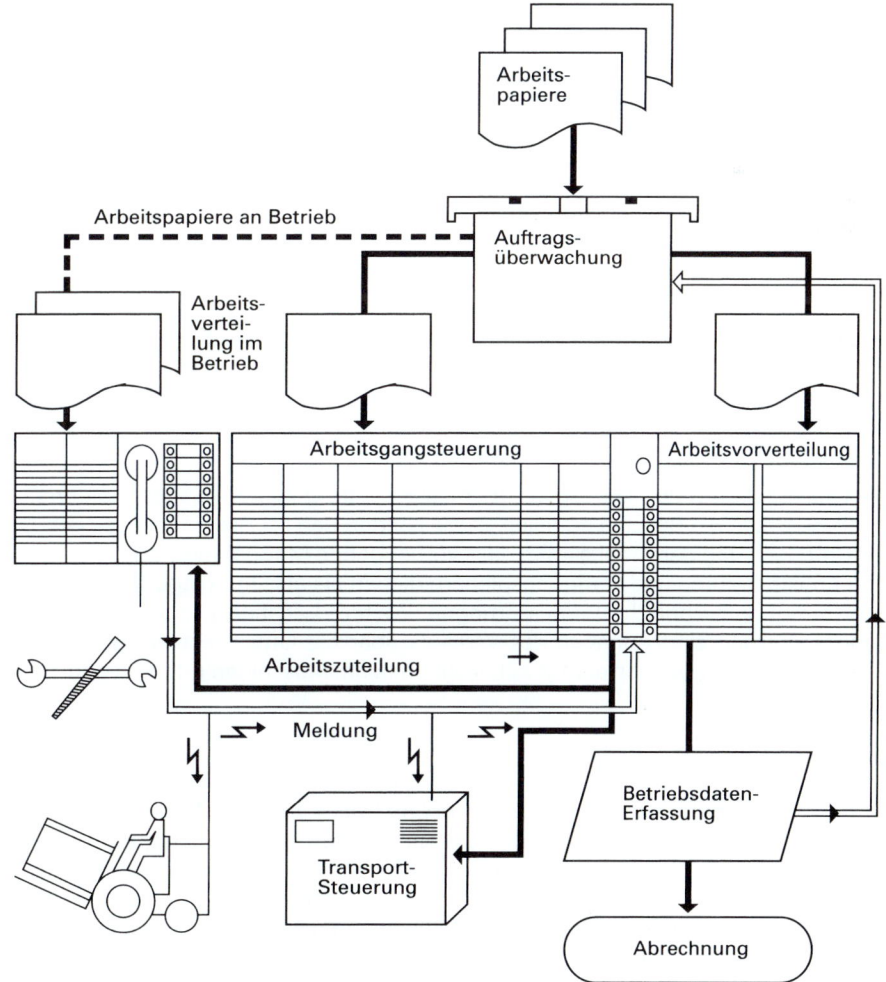

Abb. 16: Fertigungsleitstand in seiner Grundstruktur.

◆ Die **Laufkarte** begleitet den Arbeitsgegenstand vom ersten bis zum letzten Arbeitsgang. Nach Abschluss eines jeden Arbeitsgangs stempelt sie der Meister ab und trägt Besonderheiten, die während der Auftragsausführung aufgetreten sind, in eine besondere Rubrik ein, z. B. Ausschuss, Nacharbeit oder Materialmängel.

◆ Mit dem **Materialentnahmeschein** wird das Material vom Lager entnommen. Er dient gleichzeitig als Unterlage für die Materialdisposition am Lager und als Unterlage für die Eintragung der Materialkosten in die Kostenkarte.

◆ Die **Terminkarte** wird je Arbeitsvorgang ausgestellt und geht mit der Laufkarte mit. Sie dient zur Feinterminierung und zum Auslösen des Arbeitsvorgangs. Nach seinem Abschluss geht sie als Rückmeldung an die Arbeitsverteilungszentrale zurück.

◆ Die **Lohn- oder Akkordkarte** wird ebenfalls je Arbeitsvorgang ausgestellt und geht ebenfalls mit der Laufkarte mit. Nach Abschluss der Arbeit geht sie mit einem Erledigungsvermerk an das Lohnbüro. Sie ist Grundlage für die Lohnabrechnung. Man kann auch ein Doppel ausstellen, das dann bei der Arbeitskraft bleibt und ihm als Nachweis für die geleistete Arbeit dient.

◆ Die **Kostenkarte** ist eine Auftragsbegleitkarte. Sie nimmt alle Daten auf, die für die Erfassung der Ist-Kosten nötig sind und dient später in der Kostenrechnung als Grundlage für die Nachkalkulation. Sie ist für Sie als Meister auch eine wertvolle Information für ein betriebswirtschaftliches Handeln. Die Arbeitsverteilung unterstützt auch die Tätigkeit der Meister, indem sie für schwierige Arbeitsvorgänge Arbeitshilfen erstellt, z. B. technische Einstellpläne oder Arbeitsunterweisungskarten. Wir sehen also, dass auch im Zeitalter der EDV, Organisationsmittel aus Papier von praktischer Bedeutung sind. Zumal auch deshalb, weil nicht an jedem Ort der Produktion ein Computer steht und somit schriftliche Aufzeichnungen erst später übertragen werden können.

● **Berichte und Kennzahlen der Fertigungssteuerung**

▶ **Berichte**

Meister schreiben sicher nicht gern Berichte? Berichte sind aber notwendig. Sie sind der Speicher für die erzielten Ergebnisse und die gewonnenen Erfahrungen. Sie sind auch ein gutes Mittel gegen das Vergessen. Welche Berichte sind nun für die Fertigungssteuerung wichtig?

◆ Die **Arbeitsverteilung** berichtet über Abweichungen vom Terminplan, Kapazitätsausfällen, Umterminierungen oder Maßnahmen zur Sicherung wichtiger Termine, z. B. Überstunden, Auswärtsvergabe, auch über eventuelle Probleme bei der Zusammenarbeit mit anderen Abteilungen.

◆ Bei regelmäßigen **Meisterbesprechungen** berichtet jeder Meister, welche Störungen, Mängel oder Schwierigkeiten in seiner Abteilung aufgetreten sind, welche Maßnahmen er ergriffen hat, und welche Ergebnisse sie erzielten. Zusammengefasst in einen Besprechungsbericht erhält man mit der Zeit eine wertvolle Unterlage, die jeder bei gleichen oder ähnlichen Situationen nutzen kann.

◆ Die **Qualitätskontrolle** sollte täglich über festgestellte Qualitätsmängel und deren vermutliche Ursachen Berichte erstellen. Diese können den Meistern Hinweise geben für die Unterweisung der Arbeitskräfte oder vorbeugende Maßnahmen in ihrem Bereich. Den Konstrukteuren und Fertigungsplanern dienen sie als Grundlage für konstruktive oder fertigungstechnische Verbesserungen. Weitere wichtige Berichte für die Fertigungssteuerung sind Angaben des Verkaufs über die Umsatzentwicklung oder der Geschäftsleitung über geplante Neuinvestitionen bei Maschinen und Anlagen.

▶ **Kennzahlen**

Aus der Auswertung betrieblicher Berichte und Daten, z. B. aus Auftragsentwicklung, Belegungsübersichten, Ausschussstatistiken, werden in der Fertigungssteuerung Kennzahlen entwickelt. Diese dienen zur Überwachung und Steuerung des Betriebsablaufes. Aus den Abweichungen, die beim Vergleich von Kennzahlen festgestellt werden, kann man Rückschlüsse auf Störungen oder Schwachstellen ziehen und schnell und sicher Maßnahmen zur Korrektur oder Abstellung der erkannten Mängel einleiten. Wichtige Kennzahlen für die Fertigungssteuerung sollen hier genannt werden.

Auftragsbestand	= Alter Bestand + Auftragseingang – Auftragserledigung
Beschäftigungs-grad in %	$= \dfrac{\text{Fertigungszeit + Hilfszeit}}{\text{theoretische Einsatzzeit}} \cdot 100$
Krankenstand in %	$= \dfrac{\text{Krankheitsstunden}}{\text{Gesamtarbeitsstunden}} \cdot 100$
Kapazitätsnutzungs-grad in %	$= \dfrac{\text{Nutzungszeit}}{\text{Planstunden}} \cdot 100$
Ausschussgrad in %	$= \dfrac{\text{Anzahl Ausschussstücke}}{\text{Gesamtstückzahl}} \cdot 100$ Wird fast immer für ein Produkt errechnet
Zeitgrad (Arbeitskräfte) in %	$= \dfrac{\text{Summe der Vorgabestunden im Planungszeitraum}}{\text{Summe der gebrauchten Zeiten im Planungszeitraum}} \cdot 100$

Damit wir richtige und aussagefähige Kennzahlen bekommen, müssen wir einige wichtige Kriterien beachten:

– Kennzahlen müssen kurzfristig erstellt werden. Alte Kennzahlen sind oft überholt und damit wertlos.

– Die Einflussgrößen, die den Kennzahlen zugrunde liegen, müssen genau definiert und messbar sein.

– Wir benötigen nicht viele, dafür aber aussagefähige Kennzahlen, die Zusammenhänge erkennen lassen.

– Um Vergleiche zu ermöglichen, sollten die Methoden zur Erfassung der Daten, aus denen Kennzahlen gebildet werden, möglichst über einen längeren Zeitraum gleich bleiben.

Fragen / Aufgaben

2.47 Kann die Laufkarte zur Entlohnung herangezogen werden?

2.48 Welche Aufgabe haben regelmäßige Meisterbesprechungen?

2.49 In einem Betrieb wurden die Planstunden für die Maschinen mit 1600 h/Jahr vorgegeben. Die Nutzung der Maschinen betrug im Durchschnitt 1200 h/Jahr.

Wie hoch ist der Kapazitätsnutzungsgrad?

2.50 Die Summe der Vorgabestunden/Jahr betrug für den Planungszeitraum 60 000 Stunden. Dem stehen im gleichen Zeitraum 48 000 Stunden als gebrauchte Zeit gegenüber. Wie hoch ist der Zeitgrad in %?

● **Fertigungsüberwachung**

Sie erfasst die Ist-Daten, vergleicht sie mit den Soll-Daten und stellt die Abweichungen und ihre Ursachen fest. Die benötigten Daten müssen der Fertigungssteuerung möglichst schnell zur Verfügung stehen, nur die jeweils erforderlichen Informationen enthalten und so genau wie möglich bzw. nötig sein. In Abb. 17 sind die Aufgaben schematisch gezeigt.

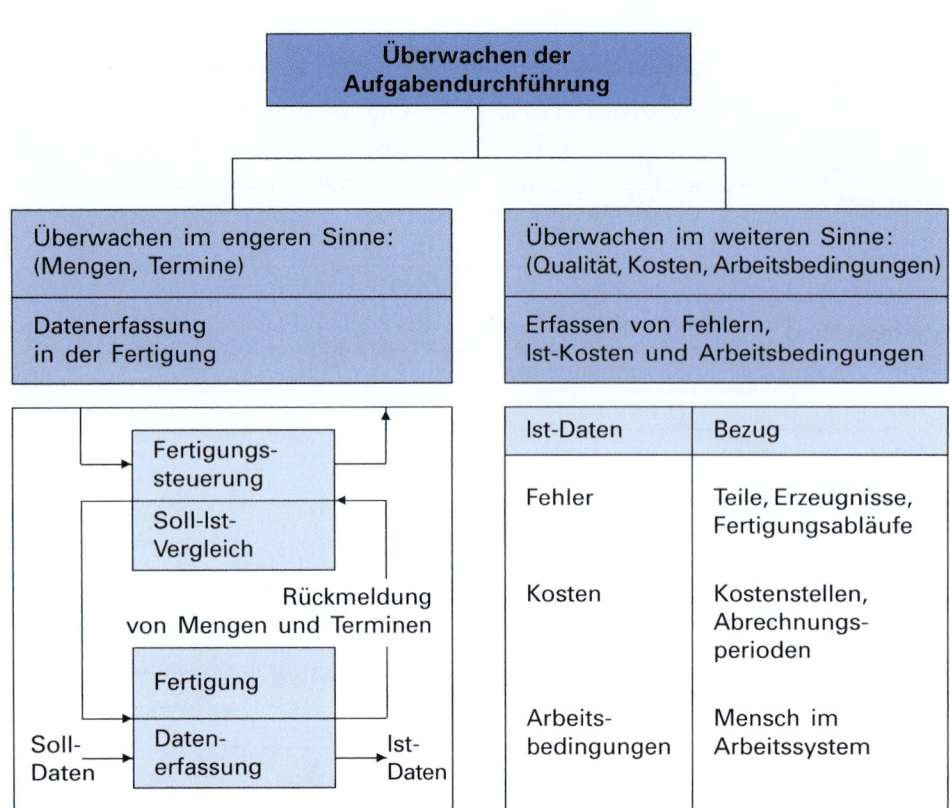

Abb. 17: Aufgaben der Fertigungsüberwachung

● **Terminüberwachung**

Der termingerechte Fortgang der Arbeit muss laufend überprüft werden, denn jede neue Arbeitsaufgabe kann erst beginnen, wenn die vorhergehende beendet ist. Es soll auch sichergestellt werden, dass bei Unterbrechungen oder Verzögerungen unverzüglich Abhilfe geschaffen wird. Ein weiterer Vorteil besteht darin, dass wir die Geschäftsleitung oder Kunden über den jeweiligen Stand der Arbeiten sofort informieren können. Beginn und Ende der Arbeitsvorgänge an den Arbeitsplätzen muss also an die Fertigungssteuerung gemeldet werden. Weiterhin werden Daten über Verzögerungen oder Störungen benötigt. Diese Informationen werden durch Rückmeldungen sichergestellt (siehe Abb. 18). Korrekturen von Abweichungen kann nur bei den Terminen für die Arbeitsvorgänge zugelassen werden. Der Endtermin sollte auf jeden Fall eingehalten werden.

Beispiele zu den Möglichkeiten der Rückmeldung		
laufend	fallweise	kombiniert (Lohndaten, Mengen- und Termindaten)
– Datenerfassungsgeräte im On-Line-Betrieb – Wechselsprechanlage – Bildschirmgeräte	– Datenerfassungsgeräte – Auftrags- oder Lohnkarten – Terminkarten – spezielle Rückmeldekarten	– Bruttolohnverrechnung – Auftrags- oder Lohnkarten – Fortschrittskontrolle – Termin- oder Rückmeldekarte – Abreißbeleg – Datenerfassungsgerät

Abb. 18: Möglichkeiten und Hilfsmittel der Rückmeldung

■ **Datenträger**, z. B. Rückmeldescheine, Terminkarte, elektronische Organizer.

■ **Terminkalender**, z. B. Betriebskalender (Abb. 19). In diesem Betriebskalender sind Datum und Wochentage angegeben und dazu alle Arbeitstage fortlaufend durchnummeriert.

JANUAR			FEBRUAR			MÄRZ			APRIL			MAI			JUNI		
So	1 Neujahr		Mi	1	001	Mi	1	001	Sa	1		Mo	1 Maifeiertag		Do	1	001
Mo	2	001	Do	2	002	Do	2	002	So	2		Di	2	001	Fr	2	002
Di	3	002	Fr	3 **5**	003	Fr	3 **9**	003	Mo	3	001	Mi	3 **18**	002	Sa	3	
Mi	4 **1**	003	Sa	4		Sa	4		Di	4	002	Do	4 Chr. Himmelf.		So	4	
Do	5	004	So	5		So	5		Mi	5 **14**	003	Fr	5	003	Mo	5	003
Fr	6 Hl. Drei Könige		Mo	6	004	Mo	6	004	Do	6	004	Sa	6		Di	6	004
Sa	7		Di	7	005	Di	7	005	Fr	7	005	So	7		Mi	7 **23**	005
So	8		Mi	8 **6**	006	Mi	8 **10**	006	Sa	8		Mo	8	004	Do	8	006
Mo	9	005	Do	9	007	Do	9	007	So	9		Di	9	005	Fr	9	007
Di	10	006	Fr	10	008	Fr	10	008	Mo	10	006	Mi	10 **19**	006	Sa	10	
Mi	11 **2**	007	Sa	11		Sa	11		Di	11	007	Do	11	007	So	11	
Do	12	008	So	12		So	12		Mi	12 **15**	008	Fr	12	008	Mo	12	008
Fr	13	009	Mo	13	009	Mo	13	009	Do	13	009	Sa	13		Di	13	009
Sa	14		Di	14	010	Di	14	010	Fr	14	010	So	14 Pfingstsonntag		Mi	14 **24**	010
So	15		Mi	15 **7**	011	Mi	15 **11**	011	Sa	15		Mo	15 Pfingstmontag		Do	15	011
Mo	16	010	Do	16	012	Do	16	012	So	16		Di	16	009	Fr	16	012
Di	17	011	Fr	17	013	Fr	17	013	Mo	17	011	Mi	17 **20**	010	Sa	17 Gesetzl. Feiertag	
Mi	18 **3**	012	Sa	18		Sa	18		Di	18	012	Do	18	011	So	18	
Do	19	013	So	19		So	19		Mi	19 **16**	013	Fr	19	012	Mo	19	013
Fr	20	014	Mo	20	014	Mo	20	014	Do	20	014	Sa	20		Di	20	014
Sa	21		Di	21	015	Di	21	015	Fr	21	015	So	21		Mi	21 **25**	015
So	22		Mi	22 **8**	016	Mi	22 **12**	016	Sa	22		Mo	22	013	Do	22	016
Mo	23	015	Do	23	017	Do	23	017	So	23		Di	23	014	Fr	23	017
Di	24	016	Fr	24	018	Fr	24 Karfreitag		Mo	24	016	Mi	24 **21**	015	Sa	24	
Mi	25 **4**	017	Sa	25		Sa	25		Di	25	017	Do	25 Fronleichnam		So	25	
Do	26	018	So	26		So	26 Ostersonntag		Mi	26 **17**	018	Fr	26	016	Mo	26	018
Fr	27	019	Mo	27	019	Mo	27 Ostermontag		Do	27	019	Sa	27		Di	27	019
Sa	28		Di	28	020	Di	28 **13**	018	Fr	28	020	So	28		Mi	28 **26**	020
So	29					Mi	29	019	Sa	29		Mo	29	017	Do	29	021
Mo	30	020				Do	30	020	So	30		Di	30 **22**	018	Fr	30	022
Di	31	021				Fr	31	021				Mi	31	019	Sa	31	
21 Arbeitstage			20 Arbeitstage			21 Arbeitstage			20 Arbeitstage			19 Arbeitstage			22 Arbeitstage		

Abb. 19: Betriebskalender mit durchgehend nummerierten Arbeitstagen

■ **Terminkarteien**, z. B. in Karteikästen, Tröge oder Org-Taschen. In diesen werden alle notwendigen Arbeitspapiere bereitgestellt und bei einem fälligen Termin an die Arbeitsverteilung übergeben.

■ **Dateien**, z. B. EDV-Ausdrucke von Terminlisten für die Fortschrittsüberwachung

■ **Planungstafeln**, für Steckkarten oder als Laufbandgeräte.

■ **Datenerfassungsgeräte**, z. B. BDE-Geräte (BDE = Betriebsdatenerfassung). Die Daten werden von einem Terminal im Betriebsbereich über Barcode eingelesen und an den Fertigungsleitstand übertragen, wo sie durch einen Rechner verarbeitet werden.

2.9.2 Materialdisposition und Bedarfsbestimmung

Aufgabe der Materialdisposition ist die termin- und qualitätsgerechte Versorgung der Fertigung mit den notwendigen Materialarten und Mengen unter Nutzung wirtschaftlicher Beschaffungsmöglichkeiten bei geringer Kapitalbindung im Lager. Hierbei ist anzustreben, dass die Kosten für die Materialbereitstellung optimiert werden, die sich aus den Kosten aus Beschaffung und Lagerung herleiten. Der erste Schritt ist die Materialbedarfsplanung. Grundlagen sind das Erzeugnissortiment, die Erzeugnisgliederungen, die Stücklisten und die Verwendungsnachweise. Vom Bedarf ausgehend unterscheiden wir nach Ursprung und Erzeugnissen:

● **Primärbedarf**, d. h. den Bedarf an verkaufsfähigen Erzeugnissen und Ersatzteilen.

● **Sekundärbedarf**, d. h. den Bedarf an Rohstoffen, Teilen und Baugruppen, der zur Herstellung des Primärbedarfes notwendig ist.

● **Tertiärbedarf**, d. h. den Bedarf an Hilfs- und Betriebsstoffen für die Produktion.

Bei Beachtung der vorhandenen Lagerbestände gibt es folgenden Bedarf:

● **Bruttobedarf**, d. h. den zeitraumbezogenen Primär-, Sekundär-, und Tertiärbedarf ohne Berücksichtigung der Lagerbestände

● **Nettobedarf**, d. h. der Bedarf, der sich ergibt, wenn wir vom Bruttobedarf die vorhandenen Lagerbestände abziehen.

- **Rohstoffe:** Materialien, die durch Form- oder Substanzveränderung in das Produkt eingehen. Dabei kann es sich sowohl um Stoffe im Urzustand (z. B. Erze, Fasern, Rundholz), als auch um Stoffe im Zustand einer vorbereitenden Grundbehandlung handeln (z. B. Garne, Stahlmasseln).

- **Halbzeuge:** Bereits aufbereitete und vorgeformte Materialien, z. B. Normprofile, Bleche, Platten, Drähte, Gewebe).

- **Normteile:** Genormte Teile, die allgemein im Handel erhältlich sind, z. B. Schrauben, Federn, Bohrbuchsen.

- **Fertigteile:** Teile, die ohne weitere Bearbeitung in das Enderzeugnis eingehen. Sie werden meist als Einzelteile von auswärts bezogen, wie z. B. Elektroteile oder Zahnräder, oder als fertige Baugruppen oder Aggregate, wie z. B. Getriebe, Elektromotoren, Abdeckungen).

- **Hilfsstoffe:** Stoffe, die für die Herstellung des Erzeugnisses notwendig sind und zwar in be- oder verarbeiteter Form in das Erzeugnis eingehen, jedoch keinen Einfluss auf die Charakteristik des Endproduktes haben, z. B. Klebemittel, Lötmittel.

- **Betriebsstoffe:** Stoffe, die nicht in das Enderzeugnis eingehen, jedoch für die Durchführung des Produktionsprozesses notwendig sind, z. B. Schmierstoffe, Kühlmittel.

▶ **Bereitstellungsprinzipien**

Die Bereitstellung des erforderlichen Materials ist weitgehend von der Art der Fertigung abhängig. Bei einer Einzel- oder Kleinserienfertigung muss für das Material entsprechend der Terminvorgabe eine Einzelbereitstellung erfolgen. Bei der Serienfertigung muss die Bereitstellung synchron zur Fertigung erfolgen. Ideal ist, wenn hier das Material, unter Vermeidung von Lagern, zum richtigen Zeitpunkt an den Arbeitsplatz geliefert wird (Prinzip des „Just in Time"). In der Praxis wird das Material ein oder mehrmals je Schicht angeliefert und in bestimmten Bereitstellungsräumen gelagert. Dabei ist zu beachten, dass auch im Lager in gleichen Intervallen angeliefert wird. Eine weitere Möglichkeit ist die Vorratsfertigung. Sie ist wie ein Einzelauftrag zu behandeln. Bestellung und Bereitstellung erfolgen in Höhe der Auftragsmenge oder der festgelegten Losgröße. Um durch diese Vorratsaufträge den Mindestbestand im Lager nicht zu unterschreiten, müssen sie rechtzeitig bestellt und eingesteuert werden.

2.9.3 Vorratsplanung

Aufgabe der Vorratsplanung ist es, für die Materialmengen, die für die Produktion benötigt werden, den Bestellvorgang zum richtigen Zeitpunkt auszulösen. Durch eine richtige Bevorratung soll die Produktion so gesichert werden, dass für die Produktion stets Material zur Verfügung steht. Das wäre einfach, wenn sich der Verbrauch durch die Produktion exakt feststellen ließe. Wie Sie aber wissen, treten mehr oder minder große Schwankungen auf. Um zu vermeiden, dass durch diese Schwankungen Materialmangel an Arbeitsplätzen auftritt, oder die Lagerbestände vorher festgelegte Maximalbestände überschreiten, ist eine ständige Lagerüberwachung durch ein so genanntes Lagermodell erforderlich.

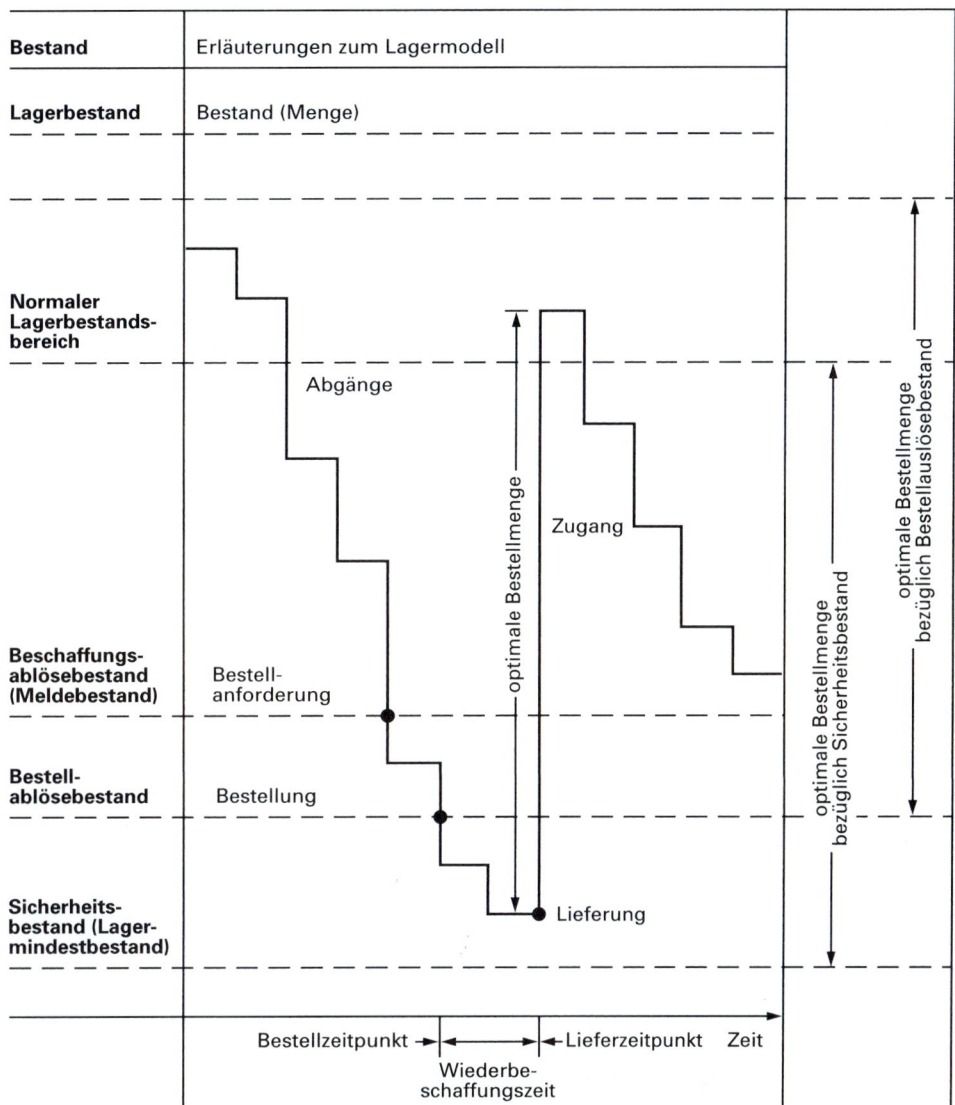

Abb. 20: Lagermodell mit Lagerkennzahlen

Bestand	Erläuterungen zum Lagermodell
Lagerbestand	Bestand (Menge)
Normaler Lagerbestands-bereich	Abgänge
Beschaffungs-ablösebestand (Meldebestand)	Bestell-anforderung
Bestell-ablösebestand	Bestellung
Sicherheits-bestand (Lager-mindestbestand)	Lieferung

Innerhalb der Abbildung: optimale Bestellmenge · Zugang · optimale Bestellmenge bezüglich Bestellauslösebestand · optimale Bestellmenge bezüglich Sicherheitsbestand · Bestellzeitpunkt → ←Lieferzeitpunkt Zeit · Wiederbe-schaffungszeit

Kriterien des Lagerbestands

- der **maximale Lagerbestand**, der auf keinen Fall überschritten werden darf.

- der **Bestellauslösebestand**: Wird dieser Bestand erreicht, löst er sofort eine Bestellung aus. Er muss mindestens so groß sein, dass während der Lieferzeit des bestellten Materials der Bedarf für die Produktion gedeckt ist.

- der **Beschaffungsauslösebestand** (Meldebestand oder Bestellpunkt): Wird dieser Bestand erreicht, geht eine Meldung an den Einkauf, die Beschaffung einzuleiten. Die Differenz zwischen dem Beschaffungsauslösebestand und dem Bestellauslösebestand ist durch die Bearbeitungszeit für die Bestellaufträge bedingt.

- Der **optimale Bestand**, der sich aus der Summe optimale Bestellmenge plus Sicherheitsbedarf ergibt.

- Der **Sicherheitsbestand**. Durch ihn sollen Nachfrageschwankungen und „unerwartete" Nachfragen aufgefangen werden. Dem Vorteil, Fehlmengen zu vermeiden, stehen höhere Lagerbestände und damit höhere Lagerkosten gegenüber. Deshalb sollen wir den Sicherheitsbedarf in wirtschaftlich sinnvoller Größe festlegen.

Damit diese Daten einwandfrei und zeitgerecht verfügbar sind, müssen die Lagerbewegungen, d. h. die Lagerzu- und Lagerabgänge in einer Bestandskartei bzw. -datei erfasst und mit dem Lagerbestand von Zeit zu Zeit verglichen werden. Dabei ist zu beachten, dass nicht alle auf Lager liegende Materialien sofort verfügbar sind. Der Disponent muss daher neben dem physischen Lagerbestand die noch offenen Bestellungen berücksichtigen und die für einen bestimmten Zeitpunkt reservierten Bestände. Daraus ermittelt er den jeweils für einen bestimmten Termin verfügbaren Bestand.

2.51 Welche Aufgabe hat die Rückmeldung in der Fertigungssteuerung?

2.52 Was ist ein Betriebskalender, wie erleichtert er die Terminüberwachung?

2.53 Auf welcher Grundlage fußt die Materialdisposition?

2.54 Worin liegt der Unterschied zwischen dem Bestellauslösebestand und dem Beschaffungsauslösebstand?

2.55 Ermitteln Sie den verfügbaren Bestand zum 15.6. für die Querrohre aus folgenden Angaben: Am 10.6. liegen auf Lager 8000 Stück. Davon sind zum 12.6. 2000 Stück reserviert. Die Fertigungssteuerung meldet aufgrund einer Bestellung den Eingang von 6000 Stück zum 14.6.

2.10 Wirtschaftsschutz und betrieblicher Selbstschutz

2.10.1 Wirtschaftsschutz

Gute Ideen und ein technischer Vorsprung verschaffen einem Betrieb Situation Vorteile im Kampf um Marktanteile. In ihm gibt es daher sicher viele Betriebsgeheimnisse, für die sich Außenstehende, vor allem Konkurrenten interessieren.

Durch die Produktion gibt es auch viele Gefahren, welche die Sicherheit der Mitarbeiter gefährden. Welche Möglichkeiten gibt es, die Geheimnisse zu schützen und die Sicherheit der Mitarbeiter zu gewährleisten?

Der Schutz nach außen ist weitgehend durch Gesetze geregelt, z. B.

- Gesetz gegen den unlauteren Wettbewerb
- Handelsrecht
- Strafrecht
- Patentrecht.

2.10.2 Werkschutz

Den Schutz nach innen muss jedoch das Unternehmen durch einen eigenen Werkschutz selbst wahrnehmen. Zu den Werkschutzeinheiten gehören im Allgemeinen die Pförtner, die Werkfeuerwehr, der technische Notdienst und das Werkschutzpersonal.

Diese haben folgende Aufgaben:

- Schutz des Betriebseigentums, z. B. gegen Beschädigung
- Schutz der Geschäfts- und Betriebsgeheimnisse
- Verhinderung von Diebstahl von Werkeigentum sowie von im Betrieb vorhandenen Eigentums der Mitarbeiter
- Regelung und Überwachung des Personen- und Werkverkehrs
- Mitwirkung im Brand-, Arbeits- und Unfallschutz
- Verwahrung von Fundsachen
- Verwaltung des Generalschließplans

Hat der Betrieb hat eine eigene Polizei?

Nein. Und darin liegt ein Problem. Bei der Durchführung seiner Aufgaben stehen dem Werkschutzpersonal polizeiliche oder polizeiähnliche Befugnisse nicht zu. Seine Befugnisse basieren auf der Grundlage der Gesetze, die jeden Bürger zum Schutze von Personen und Sachen ermächtigen, bzw. auf dem Selbsthilferecht im Rahmen des BGB (Bürgerlichen Gesetzbuches). Eine weitere Grundlage besteht im Hausrecht. Er kann danach Unbefugten das Betreten oder den Aufenthalt auf dem Werksgelände oder in den Betriebsräumen verwehren und Zuwiderhandelnde anzeigen.

Das Verhältnis zwischen dem Werkschutz und den Betriebsangehörigen wird im Allgemeinen durch eine gesonderte Betriebvereinbarung geregelt, die für jeden Betriebsangehörigen verbindlich ist. Sie legt die Aufgaben, Befugnisse und Vollmachten für den Aufgabenbereich des Werkschutzes fest.

Fragen

> 2.56 Dem Werkschutz stehen keine polizeiliche oder polizeiähnliche Befugnisse zu. Kann der Werkschutz trotzdem seine Aufgaben erfüllen? Wenn ja, auf welcher Grundlage?

3 Organisationsentwicklung

Situation

Unsere Betriebsleitung verkündete, dass unser Betrieb den modernen Organisationsentwicklungen angepasst werden soll. Dabei sollen die Steigerung von Effektivität und Effizienz im Mittelpunkt stehen. Was erwartet uns aus diesen Maßnahmen. Müssen wir jetzt mehr arbeiten oder anders? Warum sollte eigentlich unser bewährtes System geändert werden?

3.1 Veränderungsprozesse in Gang setzen

3.1.1 Grundgedanken

Unter dem Begriff **Organisationsentwicklung** verstehen wir nach Cornelli einen geplanten, gelenkten und systematischen Prozess zur Veränderung der Kultur, der Systeme und des Verhaltens einer Organisation. Dieser Prozess soll die Effektivität der Organisation bei der Lösung Ihrer Probleme und der Erreichung ihrer Ziele verbessern. Die Methode der Organisationsentwicklung gründet auf der Basis der Systemtheorie und geht nicht von hierarchisch gegliederten Subsystemen aus, die in ein Gesamtsystem integriert werden müssen, sondern von einem Neben- bzw. Miteinander unterschiedlicher Subsysteme. Zu beachten ist eine Tatsache innerhalb einer Organisation, die häufig übersehen wird. Im Arbeitsprozess war das Denken der Beteiligten immer hierarchisch und langfristig angelegt. Dies ist aber durch die rasante Beschleunigung im Wandel der Technik und die immer kürzeren Intervalle in der Veränderung des Marktes nicht mehr möglich. Um Erfolg zu haben, müssen wir daher planmäßig vorgehen.

● Wandel der Verhaltensmuster, Einstellungen und Fähigkeiten

Unternehmen und Organisationen unterliegen ständigen Veränderungen, die zum Teil gewollt sind, aber auch oft ungewollt oder unbewusst. Ziele der unterschiedlichen Konzepte vom „geplanten organisatorischen Wandel" müssen nur davon ausgehen, dass die wirkenden Kräfte in einer Organisation in das Gesamtgeschehen so eingebunden werden, dass für Zufälligkeiten kein Raum bleibt. Im Allgemeinen versuchen Management und Mitarbeiter ein System stabil zu halten und möglichst nichts oder nur im Rahmen üblicher Verbesserungsansätze zu verändern (Gewöhnungsprozess). Das kann sich heute ein Unternehmen nicht mehr leisten. Es benötigt im Rahmen einer Organisationsentwicklung eine ständige Weiterentwicklung zur Anpassung an die Entwicklungen, d. h. dieser Prozess muss dynamisch ablaufen. Wir müssen eine lernende Organisation schaffen.

Die Zielorientierung der heutigen Organisationsentwicklung (OE) ist Effektivität, Effizienz und Humanität. Nach Pusch geht OE davon aus, dass menschliches Verhalten dabei nicht den organisatorischen Strukturen untergeordnet werden kann, sondern beide sich gegenseitig bedingen und beeinflussen. Das bedingt, dass sie das soziale System nicht durch hierarchische Kontrolle steuern, sondern durch Vertrauensbildung und Rückkopplungsprozesse. Mitarbeiter, die von Veränderungen betroffen sind, sollen planmäßig in diese Prozesse professionell und systematisch eingebunden werden. Der Wandlungsprozess darf kein Zufallsprozess sein, sondern muss zu den zentralen Aufgaben eines Managers werden. Ziel muss die Humanisierung des Arbeitslebens sein, verbunden mit dem planmäßigen Wandel der individuellen Einstellungen und die Anpassung der Fähigkeiten der Mitarbeiter.

Wir müssen dabei beachten, dass sich z. B. alte Mitarbeiter den technischen Herausforderungen nicht mehr gewachsen fühlen. Es entstehen Ängste, und es breitet sich Unruhe aus. Altes Wissen wird entwertet, neues muss erworben werden. Eventuell überfordertes oder überzähliges Personal muss umgeschult, versetzt oder gar freigestellt werden oder der Betriebsrat fordert neue Vereinbarungen.

● Wandel der Organisations- und Kommunikations-Strukturen

Die Gestaltung und Entwicklung der Organisation bringt im Allgemeinen Veränderungen in den Strukturen der Organisation der Kommunikation und der Information. Es verändern sich die Anforderungen an die Arbeitszeit. Die Entlohnungsformen verändern sich. Die starke Vernetzung der Arbeitsplätze und der hohe Technisierungsgrad führt dazu, dass z. B. die Prämie immer wichtiger wird und der Akkordlohn entfällt. Veränderte Arbeitsabläufe im Umfeld der neuen Maschinen müssen erlernt werden. Es bilden sich neue soziale Strukturen. Alte Kollegen werden voneinander getrennt, neue müssen sich aneinander gewöhnen. Mitarbeiter, denen es gelungen ist sich umzustellen, verlangen ein höheres Entgelt, „langsamere Mitarbeiter" wollen natürlich ihr Einkommen behalten, obwohl sie Schwierigkeiten haben. Das erfordert eine Verbesserung der Kommunikation und Information, das Einleiten von Teamarbeit, das Schaffen von Lernsituationen sowie die Erweiterung von Handlungsspielräumen. Die Mitarbeiter legen neue organisatorische Strukturen mit fest, in denen sie sich möglichst optimal verhalten und entfalten können. Dies fördert eine Steigerung der Effektivität sowie eine qualitative Erweiterung der Selbstverwirklichung und Selbstbestimmungsmöglichkeiten.

3.1.2 Phasen

Drei Prinzipien bestimmen die Grundstrategien (Pusch):

- Die von organisatorischen Veränderungsprozessen „betroffenen" Arbeitnehmer sollen an der Planung und Durchführung beteiligt werden. Der Mitarbeiter wird nicht nur als ausführendes Organ betrachtet, sondern in die Erarbeitung, Planung und Einführung von Änderungen eingebunden. Er ist in diesem Prozess mit seinen Erfahrungen wichtig.

- Die Einbeziehung eines (in der Regel) externen oder auch internen Beraters (Change Agent).

- Die Entfaltung von Lernprozessen zur Qualifizierung der Beteiligten. Sie erwerben längerfristig die Qualifikation, Problemfälle selbstständig und mit anderen zu bearbeiten und zu lösen. Eine eingehende gemeinsame Problemerhebung, -definition und -analyse muss vorausgehen. Dieser Prozess hat im Rahmen der Organisationsentwicklung einen besonderen Stellenwert. Er darf nicht nur einmal ablaufen, sondern muss im Rahmen eines zyklischen Phasenmodells in der längerfristigen OE eingebunden werden.

Die Veränderung verläuft in folgenden Phasen:

- **Situationsanalyse** mit der Beschreibung der Problemstellung und den gegeben Möglichkeiten sowie den verfügbaren Ressourcen.
- **Organisationsanalyse:** Sie soll ein möglichst umfassendes Bild von der Organisation, den sozialen Systemen und Subsystemen, von Strategien, Strukturen und Kulturen sowie von den verschiedenen Problemsituationen und -sichten vermitteln.
- **Zielformulierung:** Die grobe Zielplanung ergibt sich fast zwangsläufig aus der Situations- und Organisationsanalyse. Beispiel für eine Zielplanung kann sein, das Führungssystem neu zuordnen und die Gesamtorganisation neu zu strukturieren.
- **Entwicklung von Lösungen:** Auf der Grundlage der vorhergehenden Schritte werden mehrere Alternativen entwickelt und zur Bewertung vorgelegt.
- **Bewertung:** Die entwickelten Alternativen werden z. B. über Kostenvergleiche, Wertanalyse oder Nutzwertanalyse bewertet und die für die Erreichung der Zielsetzung optimalste Lösung wird zur Durchführung freigegeben.
- **Durchführung und Auswertung:** Die Durchführung muss laufend überwacht und ausgewertet werden. Die Auswertung gibt Auskunft darüber, ob und wieweit die gesetzten Ziele erreicht worden sind oder weiterer Handlungsbedarf vorhanden ist.

3.1.3 Alternative Vorgehensweisen

Das Risiko ist hoch, dass größere Veränderungen an den Widerständen von Mitarbeitern oder auch Führungskräften scheitern. Eine Möglichkeit, dieses Risiko des Misserfolgs zu begrenzen, besteht z. B. darin, nicht gleich die gesamte Organisation dem geplanten Wechsel zu unterwerfen. So können die Veränderungen testweise auf einen abgeschlossenen durchgängigen Teilbereich beschränkt werden, der sich evtl. als vertikaler Schnitt von oben nach unten durchzieht.

Es gibt folgende Ansatzmöglichkeiten:

- **Top-down-Strategie:** Sie beginnt bei der Durchführung der Veränderungen an der hierarchischen Spitze eines Unternehmens und wird von dort stufenweise von Teilbereich zu Teilbereich oder Ebene zu Ebene bis an die Basis weiterentwickelt.
- **Bottom-up-Strategie:** die mit den Mitarbeitern auf der untersten Hierarchiestufe beginnt und von dort schrittweise nach oben ausgeweitet wird.
- **Zweiseitige- oder center-out-Strategie:** Die Prozesse wirken von einer organisatorischen Ebene aus in zwei Richtungen, (vom center) nach oben und nach unten. Der Ansatzpunkt ist also im mittleren Führungsbereich.

3.1.4 Erfolgs- und Misserfolgsfaktoren

Erfolgsfaktoren sind klare Visionen, konkrete Zielvorgaben, Problemverständnis und ein integrativer Ansatz. Für jeden Veränderungsprozess brauchen wir eine Vorstellung davon, was am Schluss erreicht werden soll, eine Vision. Visionen sind wichtig, damit sich die Tätigkeiten nicht nur auf die sachlichen oder prozessbezogenen Aspekte des Vorhabens beziehen, sondern dass sie auch so etwas wie einen Teamgeist entstehen lassen. In ihm sollen sich alle Beteiligten repräsentiert sehen und sich wohl fühlen. Aber eine Vision allein reicht nicht aus. Sie muss durch klare Zielvorgaben ergänzt werden. Sie sollen einen integrativen Ansatz und die Optimierung von Teilabschnitten enthalten und ein Verständnis der Probleme, die bei einer Verwirklichung der Ziele auftreten können.

Wichtig ist es auch, die **Misserfolgsfaktoren** zu kennen. So werden fehlende oder unklare Visionen oft durch persönliche spontane Annahmen und Vermutungen der einzelnen Beteiligten ersetzt. Das führt leicht zu Missverständnissen und Konflikten. Andererseits fürchten die Führungskräfte um ihre Einflüsse, weil sie die Arbeitsprozesse jetzt weniger durchschauen und kontrollieren als früher. Insbesondere die Meister tun sich sehr schwer, das zu akzeptieren. Wesentliche Veränderungen in einem Unternehmen können nicht isoliert betrachtet und eingeführt werden. Wenn sie erfolgreich durchgeführt werden sollen, muss das Unternehmen als Ganzes mit sämtlichen Teilbereichen und Subsystemen berücksichtigt werden. Die Durchführung muss in einzelnen Schritten mit der Optimierung der einzelnen Teilabschnitte erfolgen.

3.1 (1) Was ist an der neuen Organisationsentwicklung neu? Erklären Sie den Grundgedanken.

3.1 (2) Die Arbeitnehmer wurden in den alten Organisationsformen nur als ausführende Organe angesehen. Hat sich hier etwas geändert?

3.1 (3) Das Risiko ist sehr hoch ist, wenn man die gesamte Organisation dem Wechsel unterwirft.

   a) Geben Sie einen Grund dafür an.

   b) Wodurch können wir das Risiko vermindern?

3.2 Tätigkeitsfelder betrieblicher Abläufe

Die Organisationsentwicklung bedeutet für uns Meister eine große Umstellung. Bleibt es nur dabei, dass die Organisation umgestellt wird, oder hat sie nicht auch Einfluss auf unsere Funktionen und die Arbeits- und Ablaufprozesse?

Die Organisationsentwicklung hat durch die weitgehenden Veränderungen entscheidenden Einfluss auf die Funktionsausübung und die damit verbundenen Ablaufprozesse. Das gilt sowohl für den zeitlichen, als auch für den räumlichen Ablauf und die damit verbundene Anordnung der Arbeitsbereiche und Arbeitsplätze. Abläufe (Prozesse) müssen untersucht und eventuell neu gestaltet werden. Wie Arbeitsabläufe analysiert und dargestellt werden können, werden Sie in der Arbeitsmappe „Anwendung von Methoden der Information, Kommunikation und Planung" kennen lernen.

4 Entgeltfindung und betriebliche Verbesserungen

4.1 Aspekte ergonomischer Arbeitsplatzgestaltung

Wir haben schon über die Arbeitsplatz- und Arbeitsablaufgestaltung gehört und von Belastungen auf die Arbeitskräfte durch die Umwelteinflüsse. Dabei wurde auch die Ergonomie erwähnt. Was hat diese mit der Gestaltung der Arbeit zu tun?

Was können wir als Meister mit der Ergonomie anfangen?

Die **Ergonomie** ist die Lehre von der menschlichen Arbeit. Ziel ist es, die Eigenarten und Fähigkeiten des menschlichen Organismus zu erforschen. Ziel ist die Anpassung der Arbeit und der Arbeitsmittel an den Menschen. Dadurch soll das Wohlbefinden der Mitarbeiter verbessert werden.

4.1.1 Anthropometrische, physiologische, psychologische, informationstechnische, sicherheitstechnische, organisatorische Aspekte

Wir unterteilen in die anthropometrische, die physiologische die psychologische, die informationstechnische, die sicherheitstechnische und die organisatorische Arbeitsplatzgestaltung.

- Bei der **anthropometrischen Arbeitplatzgestaltung** passen wir die Abmaße des Arbeitsplatzes an die menschlichen Körpermaße an. Wir beziehen auch die Griffgestaltung mit ein, d. h. die Gestaltung der Griffform von Bedienungselementen und Werkzeugen.

- Die **physiologische Arbeitsplatzgestaltung** hat die Aufgabe, die Arbeitsmethode und die -bedingungen dem menschlichen Körper anzupassen. Sie soll den Wirkungsgrad der menschlichen Arbeit verbessern und günstige Umgebungseinflüsse schaffen.

- Zur Leistungserstellung ist ein Zusammenwirken physiologischer und psychologischer Elemente erforderlich. Aus diesem Grund ist die **psychologische Arbeitsplatzgestaltung** bei der Schaffung einer angenehmen Arbeitsumwelt einzusetzen, z. B. bei der Farbgestaltung des Arbeitsraumes oder bei der Bildung harmonischer Arbeitsgruppen.

- Einer Arbeitsausführung geht stets eine Information voraus, die der Mensch mit seinen Sinnesorganen wahrnimmt. Die **informationstechnische Arbeitsplatzgestaltung** beschäftigt sich daher mit der Anwendung der optischen und akustischen Informationsanwendung, z. B. bei Warnsignalen.

- Die **sicherheitstechnische Arbeitsgestaltung** umfasst alle erforderlichen technischen und organisatorischen Maßnahmen für die Arbeitssicherheit.

- Zur **organisatorischen Arbeitsplatzgestaltung** gehören die Anpassung der Arbeitszeit an den biologischen Rhythmus, die Erleichterung der Nacht- und Schichtarbeit, die Pausenregelung zum Ausgleich der Ermüdung und die Gestaltung der Arbeitsplätze zum Vermeiden von Monotonie oder statischer Haltearbeit.

4.1.2 Arbeitsplatzgestaltung durch Bewegungsanalyse

Als Bewegungsablauf bezeichnen wir einen Arbeitsvorgang, der vorwiegend manuell ausgeführt wird. Seine Gestaltung erfolgt über die Bewegungsanalyse, bei welcher der Ablauf der Tätigkeit in die einzelnen Elemente der Hand- und Armbewegungen aufgelöst wird. Durch die **Systeme vorbestimmter Zeiten** wurden diesen Bewegungselementen Soll-Zeiten zugeordnet, die wir zum Ermitteln von Vorgabezeiten oder zum Erstellen von Planzeiten verwenden können.

Diese Methode schafft folgende Möglichkeiten:

- Arbeitsablauf und Zeitbedarf können wir im Voraus bestimmen, ohne dass Aufnahmen am Arbeitsplatz erforderlich sind.

- Selbst bei Abläufen mit kurzen Zeitabschnitten können wir z. B. herausfinden, wo monotone oder statische Arbeiten anfallen, die sich mechanisieren lassen.

- Die Beurteilung des Leistungsgrades mit ihren mehr oder minder unsicheren Ergebnissen kann entfallen.

Dadurch, dass diese Systeme aus den Bewegungen des Menschen abgeleitet wurden, ergibt sich zwangsläufig, dass sie nur bei Arbeitsvorgängen einsetzbar sind, die vom Menschen im Ablauf voll beeinflussbar sind.

Die wichtigsten Systeme sind:

- das **WF-Verfahren (Work-Factor)** und

- das **MTM-Verfahren (Methods-Time-Measurement)**.

Es gibt noch weitere Verfahren, die aber meist für spezielle Anwendungsgebiete entwickelt wurden, wie z. B. das **UMS (Universal Maintenance Standards)** für das Instandhaltungswesen.

4.1.3 Ergebnisse

Ein wesentliches Ziel der Arbeitsplatzgestaltung ist die Befreiung des Menschen aus den Zwängen technischer Prozesse. So sollen z. B. Nachteile des Fließbandes mit seinem Taktzwang und der hochgradigen Arbeitsteilung für den Menschen vermieden werden.

Wir haben dabei drei Ziele:

– den Freiheitsgrad im Arbeitsbereich erhöhen,

– eine individuelle Gestaltung von Leistung und Pausen ermöglichen und

– den Aufgabenumfang vergrößern und bereichern.

Methodisch haben wir folgende Möglichkeiten, Bewegungsabläufe zu gestalten: die Bewegungsvereinfachung, die -verdichtung, die Speicherkopplung, die Teilmechanisierung und die Aufgabenerweiterung. Die letztere dient der Erhöhung des Freiheitsgrades und des Verantwortungsbereiches.

● Bei der **Bewegungsvereinfachung** gilt es, unnötige Bewegungen zu erkennen oder unrationelle zu ändern. Dabei sollen die Zeiten für den Bewegungsablauf möglichst verkürzt und die mit ihm verbundenen Belastungen auf ein Minimum reduziert werden. Beispiele sind die griffgünstige Anordnung von Montagebehältern und das Greifen dünner Unterlegscheiben von Schaumgummiunterlagen.

● Bei der **Speicherkopplung** wird die Bewegungsenergie benutzt, eine Nachfolgearbeit zu verrichten. So wird die in einer Feder gespeicherte Energie weiter verwendet, z. B. bei einer Rückstellfeder an Hand- und Fußhebeln.

● Bei der **Teilmechanisierung** wollen wir Bewegungen durch technische Hilfsmittel ersetzen, z. B. durch Ersetzen des Einlegens eines Teils von Hand durch eine mechanische Zuführeinrichtung.

● Bei der **Aufgabenerweiterung** werden mehrere strukturell gleichartige und miteinander in Beziehung stehende Teilaufgaben zu einer größeren Arbeitsaufgabe zusammengefasst. So können wir z. B. Bearbeitungs- und Montagevorgänge zusammenlegen.

Fragen

4.1	Welche Ergebnisse erwarten wir von der ergonomischen Arbeitsgestaltung?
4.2	Womit beschäftigt sich die anthropometrische Arbeitsplatzgestaltung? Welches Ziel hat sie?
4.3	Geben Sie an woher die Systeme vorbestimmter Zeiten abgeleitet werden. Welches Problem löst es?
4.4	Nennen Sie die Ergebnisse der Arbeitsplatzgestaltung.

4.2 Entgeltfindung

4.2.1 Anforderungs- und leistungsabhängige Entgeltdifferenzierung

Situation

„Die Abläufe sind gestaltet, die richtigen Prinzipien gewählt. Jetzt könnte die Produktion beginnen, wenn wir nur wüssten, wie wir die Arbeitskräfte gerecht entlohnen sollen und wie wir über mögliche Lohnanreize die Arbeitskräfte zur Leistung motivieren könnten."

Die Entlohnung, also das **Entgelt** für die Arbeit, erfolgt im industriellen Bereich oder in Dienstleistungsbetrieben üblicherweise als Lohn oder Gehalt, im öffentlichen Dienst als Vergütung oder Besoldung. Der oberste Grundsatz der Entlohnung sollte die Wahrung der Lohngerechtigkeit sein. Grundlage hierfür ist die Anforderungsermittlung oder Arbeitsbewertung. Ein weiteres Hilfsmittel ist die Leistungsbemessung. Darum unterteilen wir in die anforderungsabhängige und die leistungsabhängige Lohndifferenzierung.

Grundlage für die anforderungsabhängige Lohndifferenzierung ist die Arbeitsbewertung nach dem **„Genfer Schema"**. Dieses Schema wurde erweitert und bewertet die Arbeit nach den folgenden Anforderungsarten:

Anforderungsarten	Einzelkriterien
1. Kenntnisse	Ausbildung, Erfahrung, Denkfähigkeit
2. Geschicklichkeit	Handfertigkeit, Körpergewandtheit
3. Verantwortung für	– die eigene Arbeit – die Arbeit anderer – die Sicherheit anderer
4. Geistige Belastung	Aufmerksamkeit, Denktätigkeit
5. Muskelmäßige Belastung	– Dynamische – Statische – Einseitige
6. Umgebungseinflüsse	Klima, Nässe, Öl, Fett, Schmutz, Staub, Gase, Dämpfe, Lärm, Erschütterung, Blendung oder Lichtmangel, Erkältungsgefahr, Schutzbekleidung, Unfallgefährdung

Abb. 21 zeigt den Zusammenhang zwischen den Methoden der Lohndifferenzierung, den Methoden der Arbeitsbewertung und den Entlohnungsgrundsätzen.

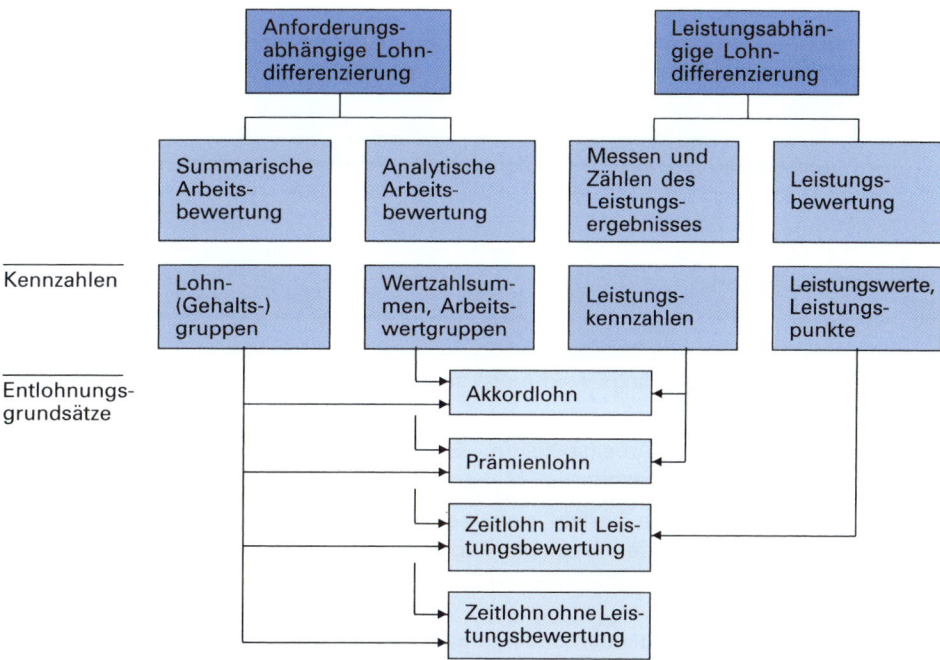

Abb. 21: Zusammenhang zwischen den Methoden der Lohndifferenzierung, den Methoden der Arbeitsbewertung und den Entlohnungsgrundsätzen

Einflussgrößen für die Lohnhöhe
– mengenmäßige Arbeitsleistung innerhalb einer Zeiteinheit, z. B. einer Stunde – körperliche und geistige Fähigkeiten – zeitweilig einwirkende ungünstige Arbeitsbedingungen und Umwelteinflüsse – angewandte Entlohnungsformen
Weiterhin berücksichtigen wir noch soziale Gesichtspunkte bei der Bemessung des Lohnes. Lohndifferenzierungen (Genfer Schema).

Die Zusammensetzung des Arbeitsentgeltes richtet sich nach den Tarifverträgen, den generellen betrieblichen Regelungen sowie nach Einzelarbeitsverträgen. Die Tarifverträge und Sonderregelungen werden autonom durch die Tarifvertragsparteien geregelt. Diese Tarifautonomie schließt einen Eingriff des Staates in Lohnfragen aus.

Entlohnungsgrundsätze und -methoden

– **Entlohnungsgrundsatz:** Wie ist die Entlohnung insgesamt oder in wesentlichen Teilen geordnet, z. B. nach Zeit-, Akkord- oder Prämienlohn.

– **Entlohnungsmethode:** Die Art und Weise, nach die Entlohnungsgrundsätze verwirklicht werden soll, z. B. wie eine Prämie an einer hochmechanisierten flexiblen Fertigungsinsel eingeführt und angewendet werden kann.

4.2.2 Akkordlohn, Prämienlohn, Zeitlohn und Zulagen

Die Forderung nach einer gerechten Lohngestaltung lässt sich nicht durch eine einzige Entlohnungsform erfüllen. Dadurch haben sich mehrere typische Grundformen der Entlohnung herausgebildet. Die wichtigsten sind Zeitlohn (mit oder ohne Leistungszulage), Leistungs-, Akkord-, Prämien- und Ergebnislohn.

● Der **Zeitlohn** ist im Prinzip die Entlohnung durch Zahlung eines gleichen Lohnsatzes für eine bestimmte Zeiteinheit, für eine Stunde, eine Schicht oder einen Tag. Er errechnet sich aus:

Lohnhöhe = Lohnsatz (Euro/Zeiteinheit) · Arbeitszeit (in Zeiteinheiten)

Formen des Zeitlohns:

– ohne festgesetztes Arbeitspensum. Hier wird ohne Rücksicht auf die erbrachte Leistung entlohnt. Allerdings wird meist stillschweigend eine bestimmte Leistung erwartet.

– mit grob festgesetztem Arbeitspensum. Hier wird eine bestimmte Leistung erwartet, meist in Form einer bestimmten Mengenleistung oder Qualität.

– mit Leistungszulage. Sie bezieht sich meist auf eine Durchschnittsleistung der Abteilung, und wird mit dem Betriebsrat abgestimmt.

Zeitlohn ist vor allem bei folgenden Bedingungen zweckmäßig:

– bei Arbeiten mit hoher Unfallgefährdung

– wenn die Arbeitsleistung nicht eindeutig messbar ist, z. B. bei Justierarbeiten, oder die Arbeitskraft den Arbeitsablauf nicht oder nur gering beeinflussen kann,

– bei schöpferischer oder künstlerischer Arbeit und

– bei überwiegend geistiger Tätigkeit.

▶ Beim **Leistungslohn** unterscheiden wir zwischen Akkord und Prämie in verschiedenen Anwendungsformen. Für beide Formen gilt: Zwischen den ermittelten Werten und der menschlichen Leistung muss eine unmittelbare Beziehung bestehen.

▶ Beim **Akkordlohn**, früher auch Stücklohn genannt, wird der Lohn in der Regel anforderungs- und leistungsabhängig differenziert. Es besteht ein direkt proportionales Verhältnis zwischen Arbeit und Leistung, ohne dass eine Vergütung nach oben begrenzt werden kann. Es gibt zwei Grundformen, der Geld- oder Stückakkord und der Zeitakkord. Beim **Geldakkord** wird ein fester Betrag für eine bestimmte Anzahl erzeugter oder bearbeiteter Einheiten vergütet. Beim **Zeitakkord** erfolgt die Akkordvorgabe in Zeiteinheiten als Vorgabezeit je Mengeneinheit. Die Berechnung erfolgt über einen Akkordrichtsatz je Stunde oder einem Minutenfaktor.

▶ Der **Prämienlohn** kann sowohl als eigenständige Lohnform angewandt werden als auch zusätzlich zu einem Zeitlohn oder einem Akkordlohn. Der formale Unterschied des Prämienlohns zum Akkordlohn besteht darin, dass eine obere Leistungsbegrenzung festgelegt wird. Sie wird auch nicht mehr wie der Akkord voll proportional zur Leistung angelegt. Während beim Zeitlohn und beim Akkordlohn jeweils nur eine einzige Bemessungsgrundlage besteht, können wir bei der Prämie mehrere gleichzeitig anwenden.

Die **Prämienarten** unterscheiden wir nach den Bezugsgrößen oder dem Zweck.

(a) **Mengenprämie**, meist als Grundprämie angewandt, dient zur Quantitätserweiterung.

(b) **Qualitäts- und Güteprämie** zur Steigerung der Qualität des bearbeiteten Produktes.

(c) **Nutzungsprämie** für die Optimierung des Anlagen- und Betriebsmitteleinsatzes, zur Steigerung der Nutzung oder zur Vermeidung von Brachzeiten.

(d) **Einsparungsprämie**, vor allem beim Material- oder Energieverbrauch,

(e) **Terminprämien** für das Einhalten oder Unterschreiten von vorgegebenen Terminen.

In der Praxis werden diese Prämienarten oft kombiniert. So finden wir häufig eine Kombination der Mengen- mit der Qualitätsprämie oder einer Nutzungs- mit der Qualitätsprämie. Eine Prämie ist vor allem dann angemessen, wenn der Arbeitnehmer den Leistungsverlauf nicht allein beeinflussen kann, aber auf die Höhe der Leistung entscheidend einwirkt, z. B. durch intensive Wartung der Maschine. Auch durch das schnelle Melden von Störungen kann eine Arbeitskraft die Nutzungsdauer einer Maschine beeinflussen. Neben dem Zeit- und dem Leistungslohn gibt es noch weitere Entlohnungsformen. Sie sollen entweder eine Beteiligung des Arbeitnehmers am Betriebsergebnis ermöglichen oder einen Verdienst für einen bestimmten Zeitraum garantieren. Diese Formen sind fast immer betriebsgebunden und daher nur bedingt übertragbar. Im Wesentlichen wird der Arbeitnehmer entweder am Gewinn oder am Vermögenszuwachs des Betriebes beteiligt.

4.2.3 Lohnformen – Kalkulation, Leistung und Verdienst

▶ **Zeitlohn:** Für die Kostenrechnung ist der Zeitlohn ungünstig, da die Kosten für eine Einheit nicht vorausbestimmbar und daher schwankend sind. Um kalkulieren zu können müssen wir auf der Grundlage von Durchschnittswerten Standardwerte bilden, die von Zeit zu Zeit überprüft werden müssen. Für den Arbeiter bedeutet er geringes Risiko und den Vorteil, ohne Zeitzwang arbeiten zu können. Dadurch ist die Qualität nicht gefährdet. Sein Lohn ist leicht berechenbar, da er nur von den geleisteten Stunden abhängig ist. Da ein Mehrverdienst nicht möglich ist, besteht über den Lohn auch kein Leistungsanreiz. Es besteht auch keine Gefahr der Überanstrengung.

▶ **Leistungslohn:** Über die Vorgabezeit ist er fix je produzierte Einheit, daher auch gut zu kalkulieren. Die Kosten je Einheit sind stets gleich, unabhängig von der Leistung. Die Arbeitskraft kann ihren Verdienst durch die eigene Leistung beeinflussen, wird also zu einer höheren Leistung motiviert. Dabei besteht allerdings beim Akkord die Gefahr der Überbeanspruchung und einer verminderten Qualität. Durch die Prämie mit oberer Begrenzung kann dies eingeschränkt werden.

Fragen

4.5   Was ist das „Genfer Schema"? Welche Aufgabe hat es bei der Lohndifferenzierung?

4.6   Für Näharbeiten erhält eine Näherin 4.– €/Stück.

    a) Wie nennen wir dieses Entlohnungsverfahren?

    b) Wie hoch ist der durchschnittliche Stundenlohn der Näherin, wenn sie in 20 Stunden 80 Stück genäht hat?

4.7   Welche der Lohnformen eignet sich besser für die Kostenrechnung, der Zeitlohn oder der Akkordlohn?

4.3 Innovation und Verbesserungsprozesse (KVP)

Wir sollen mithelfen einen kontinuierlichen Verbesserungsprozess durchzuführen. Dazu sollen wir Analysen durchführen. Welche Methoden können wir anwenden? Können wir damit neben den Daten auch die Ursachen für Mängel und Fehler ermitteln? Und sicher gibt es auch Methoden, mit denen wir die erkannten Fehlerursachen systematisch abstellen können. Können wir auch die Wertanalyse und die Nutzwertanalyse dafür verwenden?

Situation

4.3.1 Innovation

Unter **Innovation** verstehen wir alle Änderungsprozesse in einem Unternehmen, mit denen bestehende Produkte, Verfahren und Ablaufprozesse verbessert werden. Innovationsaktivitäten bestehen aus Problemfindung und Problemanalyse sowie der Problemlösung und Durchsetzung der Neuerung im Unternehmen. Diese Aktivitäten sollten ständig im Betrieb durchgeführt werden. Wir können dazu die Analysemethoden, die Methoden der Systemgestaltung, die Wertanalyse und die Nutzwertanalysen sowie das betriebliche Vorschlagswesen einsetzen.

● Analysemethoden

▶ Ablaufanalyse

Sie ist eine Untersuchung des räumlichen und zeitlichen Zusammenwirkens von Mensch und Betriebsmittel mit dem Arbeitsgegenstand. Für die Darstellung der Abläufe benutzen wir im Prinzip drei Methoden, die sowohl einzeln als auch in Mischformen verwendet werden:

- Beschreibung: z. B. die Zeitaufnahme
- Bilder: z. B. die räumliche Darstellung des Materialflusses
- Symbole: z. B. der Netzplan

Häufig finden wir auch Mischformen, z. B. ein beschreibendes Ablaufdiagramm mit Entscheidungssymbolen.

Weit verbreitet ist auch eine Methode der Arbeitsgestaltung, die mit den sogenannten W-Fragen arbeitet. Sie sehen diese Fragetechnik in abgewandelter Form in Abb. 22.

▶ Ursachenanalyse

Während der Ablaufanalyse werden im Arbeitsprozess oft Fehler und Mängel erkannt, z. B. fällt Ausschuss an, Werkzeuge oder Vorrichtungen sind fehlerhaft. Zwar werden diese Vorfälle vom Meister oder der Fertigungssteuerung erkannt und evtl. abgestellt, aber der Zusammenhang und die Häufigkeit dieser Mängel werden nur selten festgestellt.

Meistens wirken verschiedene Faktoren zusammen. Die Untersuchungen müssen daher über eine reine Mengen- und Wertfeststellung hinaus auf die Ermittlung der tieferen Ursachen gerichtet werden. Steht z. B. eine Maschine still, weil zu bearbeitende Teile nicht rechtzeitig angeliefert wurden, dann genügt es nicht, wenn wir dafür sorgen, dass die fehlenden Teile herbeigeschafft werden. Wir müssen die Ursache herausfinden und werden feststellen, dass oft eine Ursachenkette zu diesem Vorfall geführt hat.

Dies ist durch eine **Ursachenanalyse** möglich. Hierbei gehen wir zwei Wege: Wir stellen den Fehler oder den Mangel fest und sorgen für eine möglichst schnelle Behebung. Dann sollen die Fehler und Mängel für die Zukunft abgestellt werden. Dies ist der eigentliche Analyseprozess. Wir gehen dabei wie folgt vor:

Fragen	Ermitteln	Unterscheiden	
Wer arbeitet?	Arbeitsträger	Personen andere	
Warum wird gearbeitet?	Arbeitsimpulse	mündlich fermündlich	
		schriftlich fernschriftlich	
		Signal	(unmittelbar) (mittelbar übertragen)
		durch Arbeitsgegenstand	
Woran wird gearbeitet?	Arbeitsgegenstände	Schriftstücke	
		Nachweise, Karteien u. a.	
		Sonstiges	
Womit wird gearbeitet?	Arbeitshilfsmittel	Transportmittel	
		Maschinen, Werkzeuge u. a.	
		Nachschlagewerke, Akten u. a.	
		Hilfswerkstoffe (z. B. Verpackung)	
Wie wird gearbeitet?	Arbeitsweise	z. B. „Entwerfen"	
		z. B. „Weglegen"	
Was wird erreicht?	Arbeitsergebnis	dauerhafte Veränderung (Spur) vorübergehende Veränderung (Zustand)	
Wo wird gearbeitet?	Arbeitsort	im Raum	
		im Ablauf	
Wann wird gearbeitet?	Arbeitszeit	Eingangszeit Zeitbedarf Ausgangszeit	(Beginn) (Dauer) (Ende)
Wie oft wird gearbeitet?	Vorkommens-häufigkeit	permanent	
		periodisch	
		gelegentlich oder vereinzelt	

Abb. 22: Frageschema für die Ist-Aufnahme eines Arbeitsablaufes (nach Jörg und Gscheidle)

– Wir erfassen die Vorfälle und ermitteln statistisch ihre Häufigkeiten.

– In Zusammenarbeit mit Meister, Konstruktion, Arbeitsvorbereitung, Qualitätskontrolle und Fertigungssteuerung stellen wir die tieferen Ursachen fest.

– Wir treffen Maßnahmen, um die Fehler und Mängel in Zukunft zu vermeiden.

– Wir überwachen die Abwicklung und die Auswirkung der getroffenen Maßnahmen.

Die statistischen Auswertungen, die Abwicklung und Auswirkung der getroffenen Maßnahmen werden in einem Handbuch gegliedert nach Fehlerursachen und Arbeitsvorgängen zusammengestellt. Damit schaffen wir eine Grundlage für eine weitere Ursachenanalyse und -erkennung.

● Ebenen der Neugestaltung

Neugestaltung bzw. ihre Planung ist in die Zukunft gerichtet und gründet auf bestimmte Annahmen. Sie ist daher mit Risiken verbunden und muss bei Veränderungen der Annahmen ohne allzu großen Aufwand korrigierbar sein. Deshalb unterscheiden wir nach der Planungsgenauigkeit verschiedene Planungsansätze und Planungsebenen. Wir können drei Ebenen unterscheiden:

Die erste Ebene ist die **langfristige** oder Zielplanung. Hier handelt es sich um strategische Planung für den Zeitraum von drei bis fünf, manchmal auch bis zehn Jahren. Sie enthält z. B. die allgemeine Ziel- und Entwicklungsplanung des Produktfeldes und die für den langfristigen Absatz.

Die zweite Ebene ist die **mittelfristige** oder Strukturplanung. Diese umfasst etwa drei Monate bis drei Jahre. Sie enthält die Personal-, die Finanz- und Innovations- und Produktionsplanung.

Die dritte Ebene ist die **kurzfristige** oder operative Planung. In ihr werden die konkreten Vorgaben für die Herstellung des Erzeugnisses erstellt, z. B. die termingerechte Bereitstellung der Produktionsmittel.

4.3.2 Methoden des Verbesserungsprozesses sowie Vorschlagswesens und deren Wirkung

Bedingt durch Veränderungen im Wirtschaftsprozess sind Innovationen ständig gefragt. Dadurch sind Verbesserungen und die Neugestaltung von Arbeitssystemen stets erforderlich, somit ein kontinuierlicher Vorgang. Eine gute und bewährte Methode dafür ist die 6-Stufen-Methode:

● 6-Stufen-Methode der Systemgestaltung

Beim Planen und Gestalten von Arbeitssystemen können wir methodisch nach dieser Methode vorgehen. Ihre beste Wirkung zeigt sie, wenn wir sie in Verbindung mit anderen Verfahren einsetzen, z. B. der Wertanalyse, der Nutzwertanalyse sowie von Ablauf- und Materialflussstudien, der ergonomischen Arbeitsgestaltung und Kostenvergleichsrechnungen. Mit ihr können die bestehenden Arbeitssysteme und -abläufe untersucht und verbessert werden. Sie ist auch für die Gestaltung neu zu planender Arbeitssysteme geeignet. Dies geschieht in 6 Stufen:

(1) Ziele setzen	(4) Praktikable Lösungen entwickeln
(2) Aufgabe abgrenzen	(5) Optimale Lösung auswählen
(3) Ideale Lösungen suchen	(6) Lösung einführen und Zielerfüllung

Wie die einzelnen Stufen zusammenhängen, zeigt das Flussdiagramm in Abb. 23. Dieses Diagramm macht deutlich, dass die einzelnen Stufen nicht nur nacheinander abgearbeitet werden, sondern dass sie in bestimmten Fällen in Schleifen einmünden, die in mehreren Schritten zu durchlaufen sind. Damit wird sicher gestellt, dass wir neue Erkenntnisse auf die unteren Stufen rückkoppeln und prüfen, ob durch sie der Ablauf noch weiter verbessert werden kann. Diese Methode ist für den Meister ebenso wichtig, wie für den Arbeitsplaner. Darum wollen wir die einzelnen Stufen genauer ansprechen.

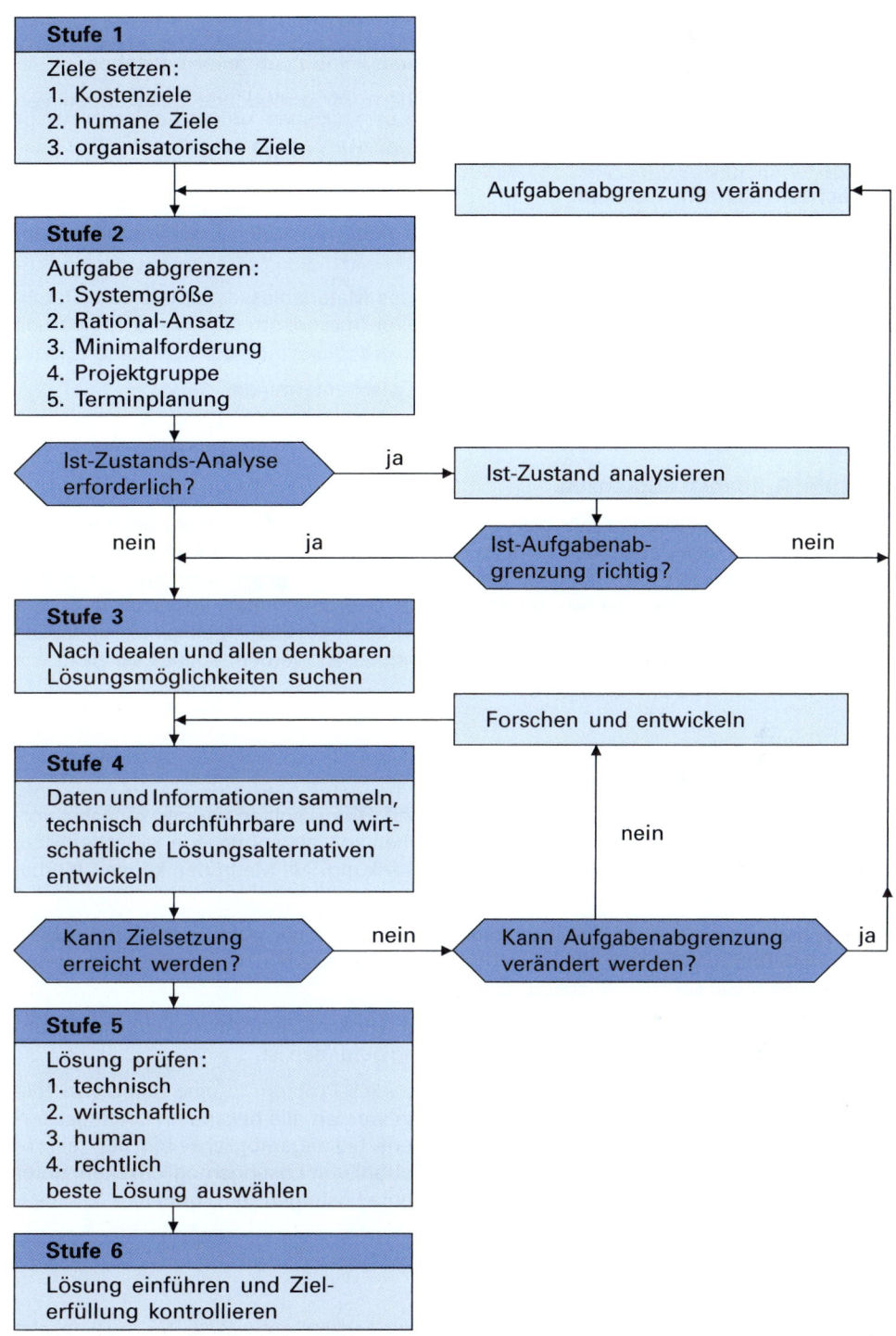

Abb. 23: Flussdiagramm der 6-Stufen-Methode.

1. Stufe: Ziele setzen

Sie ist eine Vorstufe der Gestaltungsarbeit. Soll ein bereits bestehendes Arbeitssystem verbessert werden, orientieren sich die Ziele an den Mängeln und Bedürfnissen. Wollen wir neue Arbeitssysteme entwickeln, dann orientieren wir uns an ähnlichen Systemen, oder wir leiten die Zielsetzung aus übergeordneten Zielen ab.

▶ Die **wirtschaftlichen** Ziele folgen dem Grundsatz, dass eine geforderte Leistung mit den geringstmöglichen Mitteln oder mit vorgegebenen Mitteln ein größtmögliches Ergebnis erreicht werden soll. Wirtschaftliche Ziele werden überwiegend als Kostenziele formuliert. Beispiel: Wir sollen lohnbezogene Kosten um 10 % senken oder den Deckungsbeitrag für ein Produkt erhöhen. Da wir die lohnbezogenen Kosten durch verschiedene Maßnahmen senken können, bilden wir Teilziele.

Solche Teilziele können sein:

- den Arbeitsablauf dadurch zu verbessern, dass keine Wartezeiten entstehen,
- die menschliche Leistung zu erhöhen, indem wir ermüdende Belastungen vermeiden.

▶ **Nichtwirtschaftliche Ziele:**

- **humane Ziele:** Wir erhöhen die Sicherheit oder vermeiden Erschütterungen am Arbeitsplatz.
- **organisatorische Ziele:** Die Verbesserung des Materialflusses, um kürzere Durchlaufzeiten zu erreichen; die Gestaltung von Vordrucken, um unnötige Schreibarbeit zu vermeiden.
- **Terminziele:** Die Festlegung von End- und Zwischenterminen.

2. Stufe: Aufgaben abgrenzen

Hier grenzt das Gestaltungsteam das System und dessen Aufgaben ab. Dabei darf ein System nicht zu klein, aber auch nicht zu groß sein. Wir müssen auf folgende Aspekte achten: Wir beginnen mit möglichst kleinen, aber in sich geschlossenen und gestaltungsfähigen Systemen, die wir schrittweise zu übergeordneten erweitern, z. B. mit einem Arbeitsvorgang, auf dem Arbeitsplatz und dann auf die Arbeitsplatzgruppe. Die Systeme müssen eindeutig bezeichnet und beschrieben werden, sodass sie nicht mit anderen Systemen verwechselbar sind.

3. Stufe: Ideale Lösungen suchen

Damit beginnt die eigentliche schöpferische Arbeit. Hierzu sollten wir uns zunächst vorstellen, wie das Arbeitssystem im Idealfall aussehen soll, also ohne jede wirtschaftliche, organisatorische oder risikobegrenzende Einschränkung. Als Methoden können hierbei eingesetzt werden:

▶ **Brainstorming**, bei dem die Gesprächsteilnehmer in einer gelockerten Atmosphäre spontan und ungehemmt alle Ideen und Vorschläge äußern, die ihnen gerade einfallen, auch wenn sie noch so absurd scheinen.

▶ **Synektik**, die systematische Verwendung von Ähnlichkeiten (Analogien) mit schrittweiser Verfremdung, bis eine geeignete Lösung gefunden ist.

▶ **Morphologie.** Ein Verfahren, bei dem ein aktuelles Problem in eine Reihe von Teilproblemen zerlegt wird. Zu jedem Teilproblem werden alle bekannten Lösungsalternativen gesucht. Kombinieren wir verschiedene Lösungsmöglichkeiten der Teilprobleme miteinander, dann erhalten wir eine Vielzahl von Lösungsmöglichkeiten, unter denen auch bisher noch nicht bekannte, aber gute Lösungen sein können.

4. Stufe: Praktikable Lösungen entwickeln

In der 3. Stufe haben wir Alternativen für das ideale System entwickelt. Wir müssen jetzt schrittweise folgendes tun:

- die Minimalforderungen festlegen, die das System erfüllen muss,
- von der Systemgröße ausgehen, die zweckmäßig ist,
- die Gestaltungs- und Rationalisierungsansätze suchen, die für das betrachtete System vorteilhaft sind,
- durch Kostenvergleiche die Wirtschaftlichkeit sichern.

5. Stufe: Optimale Lösung auswählen

In der Regel ergeben sich mehrere alternative Lösungsmöglichkeiten, aus denen wir in der fünften Stufe das wirtschaftlichste System auswählen. Zunächst ist in dieser Stufe erforderlich, dass wir die verschiedenen Lösungsalternativen so detailliert darstellen, dass wir das Verhältnis zwischen Leistung und Kosten und damit die Wirtschaftlichkeit ermitteln. Dazu müssen noch weitere Forderungen erfüllt sein. Die Lösung muss folgenden Kriterien entsprechen:

- technisch sicher sein,

- dem arbeitenden Menschen gerecht werden,

- rechtlich zulässig sein.

Jede dieser Forderungen wird für jede Alternative bewertet und nach ihrer Bedeutung gewichtet. Auf dieser Grundlage fällen wir dann die Entscheidung.

6. Stufe: Lösung einführen und Zielerfüllung kontrollieren

Zum Abschluss führen wir die ausgewählte Lösung zunächst auf Probe ein und überprüfen sie auf Erfüllbarkeit und Wirksamkeit. Während der Probezeit notieren wir die Mängel und verbessern sie. Wir erleichtern die Einführung der ausgewählten Lösung, wenn wir so früh wie möglich, eventuell schon ab der 3. Stufe, die Beteiligten, vor allem die Meister, an der Lösung und Umsetzung beteiligen.

4.3.3 Wertanalyse im KVP

Zur Unterstützung der KVP können wir die Wert- und die Nutzwertanalyse anwenden.

● Grundzüge der Wertanalyse

Selbst wenn ein Arbeitssystem bestgestaltet wurde, kann es sein, dass es unwirtschaftlich ist. Der Grund liegt z. B. darin, dass die Konstruktion zu aufwändig oder das Material zu teuer ist. Hier hilft die **Wertanalyse**. Es ist „eine systematische schöpferische Methode, die das Ziel hat, unnötige Kosten wirksam festzustellen, d. h. Kosten, die weder zur Qualität, zum Nutzwert, zur Lebensdauer, zur äußeren Erscheinung beitragen, noch zu anderen Eigenschaften, die dem Kunden erwünscht sind." Bei der Wertanalyse handelt es sich also um ein Denksystem, nach dem alle Faktoren, die die Gesamtkosten eines Produktes bestimmen, systematisch mit dem Ziel untersucht werden, die Kosten zu vermindern, ohne die Leistung oder Qualität zu beeinträchtigen.

Die VDI-Richtlinie 2801 weist darauf hin, dass die Funktionen eines geplanten oder bereits gefertigten Erzeugnisses festgestellt, analysiert und für ihre Verwirklichung alle heute denkbaren Lösungen ermittelt und überprüft werden. Damit wird deutlich, dass bei der Wertanalyse die Funktion (nicht der Gegenstand) im Mittelpunkt des Denkens steht. Sie fragt nach Kosten für Funktionen, ist demnach nicht nur auf Erzeugnisse begrenzt, sondern ist auch für Büro- oder Verwaltungsvorgänge einsetzbar. Der Begriff **Funktion** umfasst auch Eigenschaften, die das eigentliche „Funktionieren" des Erzeugnisses nicht beeinflussen, wie z. B. ansprechende Formgebung oder Verzierungen. Wir unterscheiden daher **Gebrauchsfunktionen**, welche die technischen Aufgaben erfüllen, und **Geltungsfunktionen**, die den Geschmacks- oder Prestigewert und damit die Verkaufsfähigkeit des Erzeugnisses erhöhen.

Wir haben soeben einen weiteren Begriff der Wertanalyse kennengelernt, den Begriff, der dieser Methode den Namen gab, den Begriff Wert. Um genauer analysieren zu können, unterscheiden wir den Gebrauchswert und den Geltungswert. Beide werden noch einmal unterteilt, der Gebrauchswert in den Nutz- und Zuverlässigkeitswert, der Geltungswert in den Geschmacks-, ästhetischen- und den Prestigewert.

Auch die Wertanalyse arbeitet mit systematischen Schritten.

Ein wesentliches Element ist die Teamarbeit. Für fast alle Funktionen, die mit Gestaltung, Konstruktion, Arbeitsplanung, Qualität und Produktion zusammenhängen, bilden die Leiter der Abteilungen, einen Arbeitskreis Wertanalyse. In ihm werden in bestimmten Zeitabständen Fragestellungen bearbeitet. Mit dieser Teamarbeit wird auch das Ressortdenken abgebaut und die allgemeine Zusammenarbeit zwischen den Abteilungen gefördert.

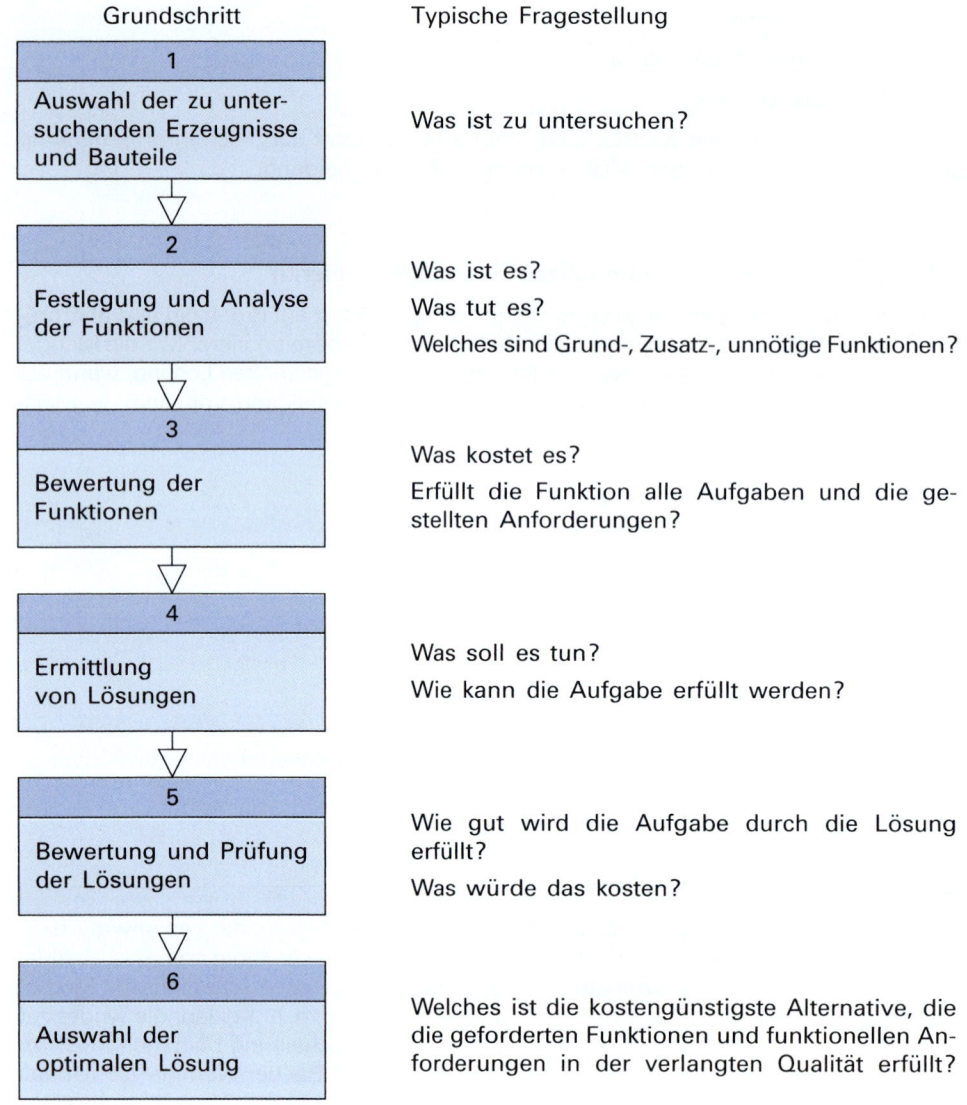

Grundschritt	Typische Fragestellung
1 Auswahl der zu untersuchenden Erzeugnisse und Bauteile	Was ist zu untersuchen?
2 Festlegung und Analyse der Funktionen	Was ist es? Was tut es? Welches sind Grund-, Zusatz-, unnötige Funktionen?
3 Bewertung der Funktionen	Was kostet es? Erfüllt die Funktion alle Aufgaben und die gestellten Anforderungen?
4 Ermittlung von Lösungen	Was soll es tun? Wie kann die Aufgabe erfüllt werden?
5 Bewertung und Prüfung der Lösungen	Wie gut wird die Aufgabe durch die Lösung erfüllt? Was würde das kosten?
6 Auswahl der optimalen Lösung	Welches ist die kostengünstigste Alternative, die die geforderten Funktionen und funktionellen Anforderungen in der verlangten Qualität erfüllt?

Abb. 24: Grundschritte der Wertanalyse nach DIN 69910.

● **Nutzwertanalyse**

Sie ist ein Verfahren zur Bewertung und damit zum Vergleich von Alternativen, z. B. mehrerer Investitionsobjekte. Berücksichtigt werden bei diesem Verfahren nicht nur wirtschaftliche, sondern auch organisatorische, technische, ergonomische und soziale Kriterien. Es werden nicht nur quantitative Kriterien (z. B. Anschaffungspreis, Motorstärke), sondern auch qualitative Merkmale zur Bewertung herangezogen (z. B. Nutzungssicherheit, Zugang zur Ladefläche beim Lkw). Die statistischen Auswertungen, die Abwicklung und Auswirkung der getroffenen Maßnahmen werden in einem Handbuch gegliedert nach Fehlerursachen und Arbeitsvorgängen zusammengestellt. Damit schaffen wir eine Grundlage für eine weitere Ursachenanalyse und -erkennung.

Den Ablauf der Nutzwertanalyse unterteilen wir in drei Schritte:

(a) Festlegung der Ziele und Bewertungskriterien (Konzeption).

(b) Gewichtung der Bewertungskriterien, um dem unterschiedlichen Stellenwert Ausdruck zu verleihen.

(c) In der Auswertung die Nutzwerte ermitteln. Die Ergebnisse errechnen sich aus den gewichteten Werten des zweiten Schritts als Teil- und Gesamtnutzwerte und damit eine Rangordnung der Alternativen.

In Abb. 25 sehen Sie das Schema für die Vorgehensweise bei einer Nutzwertanalyse.

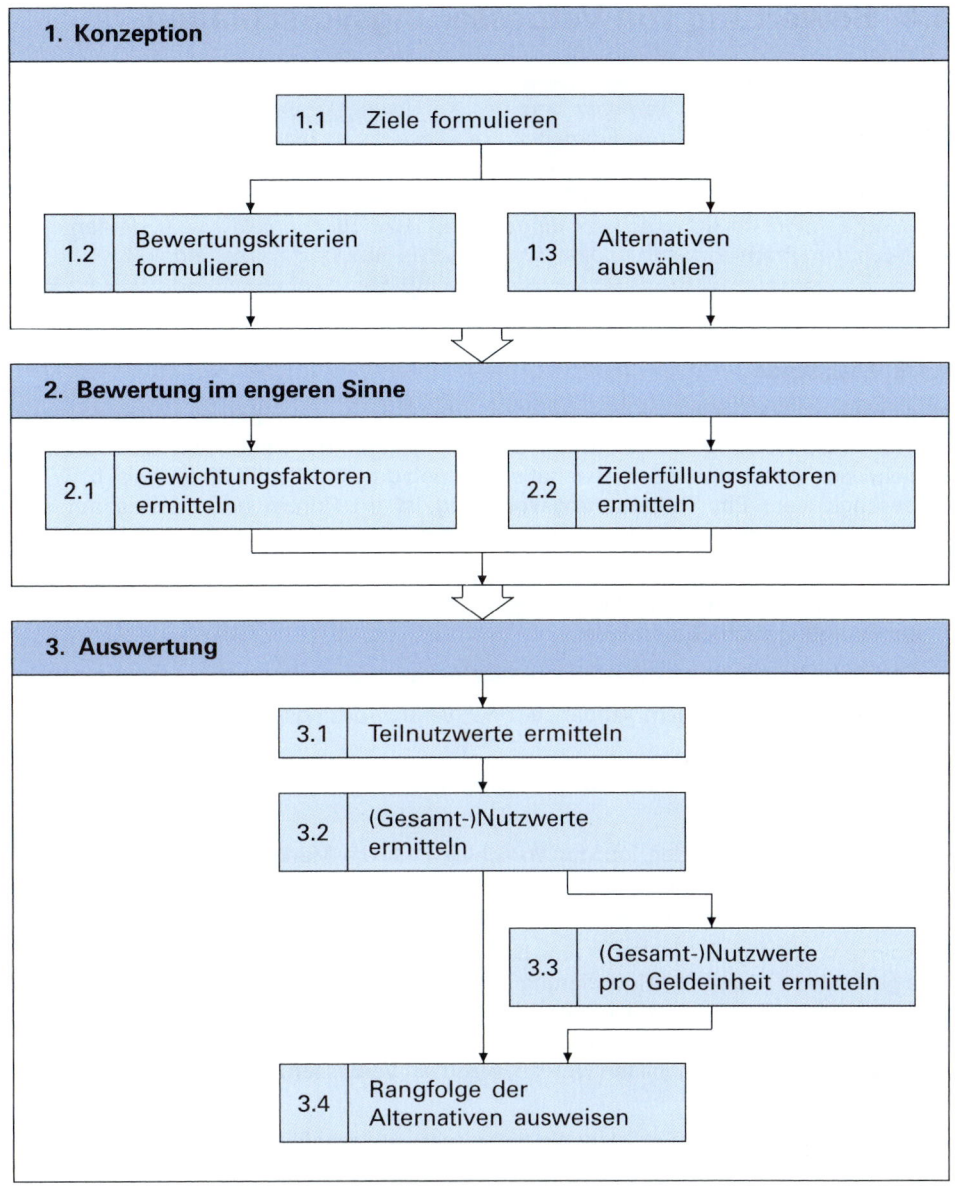

1. Konzeption

| 1.1 | Ziele formulieren |

| 1.2 | Bewertungskriterien formulieren |

| 1.3 | Alternativen auswählen |

2. Bewertung im engeren Sinne

| 2.1 | Gewichtungsfaktoren ermitteln |

| 2.2 | Zielerfüllungsfaktoren ermitteln |

3. Auswertung

| 3.1 | Teilnutzwerte ermitteln |

| 3.2 | (Gesamt-)Nutzwerte ermitteln |

| 3.3 | (Gesamt-)Nutzwerte pro Geldeinheit ermitteln |

| 3.4 | Rangfolge der Alternativen ausweisen |

Abb. 25: Vorgehen bei der Durchführung von Nutzwertanalysen

Fragen

4.8 Wodurch kann eine Ablaufanalyse wirkungsvoll unterstützt werden?

4.9 Die 6-Stufen-Methode ist eine wirkungsvolle Methode. Sie kann aber noch in der Verbindung mit anderen Verfahren in ihrer Wirkung verbessert werden.

Um welche Methoden oder Verfahren handelt es sich?

4.10 Warum ist es so wichtig, bei der 6-Stufen-Methode die Aufgaben abzugrenzen?

Was ist bei der Abgrenzung zu beachten?

4.11 Die Wertanalyse arbeitet mit dem Begriff Funktionen. Wie unterteilen sich diese Funktionen? Geben Sie jeweils ein Beispiel.

4.12 Wie kennzeichnen Sie den Gebrauchswert und den Geschmackswert eines Feuerzeugs?

4.4 Bewertung von Verbesserungsvorschlägen

„Ein Betrieb kann eine Verbesserung des Kreislaufprozesses nur erreichen, wenn jeder Mitarbeiter seinen Anteil dazu beiträgt. Diese haben oft das Bedürfnis zu kritisieren. Aber nicht jede Kritik ist ein Verbesserungsvorschlag. Was ist also ein Verbesserungsvorschlag? Hat auch der Mitarbeiter einen Vorteil, wenn er einen Vorschlag macht? Es ist doch sicher schwer, eingereichte Vorschläge objektiv zu bewerten und die richtigen Prämienhöhen zu bestimmen, gibt es dazu bestimmte Regeln?"

Situation

4.4.1 Maßstäbe

Eine wichtige und auf die Dauer auch für den Betrieb lohnende betriebspolitische Maßnahme ist die Nutzung der Kenntnisse und Erfahrungen der Mitarbeiter z. B. durch ein betriebliches Vorschlagswesen. Hier hat der Betrieb gute Quellen für Erzeugnis- bzw. Verbesserungsideen. Ein **Verbesserungsvorschlag** ist im Prinzip ein Hinweis auf eine Schwachstelle, verbunden mit einem Lösungsvorschlag. Er muss daher folgende Voraussetzungen erfüllen:

– Erschwernisse im Arbeitsablauf, Mängel in der Verwaltung, der Organisation oder in der Fertigungstechnik aufzeigen.

– Geeignete Vorschläge zur Abstellung oder Verbesserung machen.

– Sie dürfen nicht aus dem Aufgaben- oder Verantwortungsbereich des Vorschlagenden kommen.

– Die vorgeschlagene Verbesserung muss für den vorgesehenen Verwendungsbereich oder -zweck neu sein.

– Es muss geprüft werden, ob der Vorschlag evtl. die Merkmale aufweist, die beim gewerblichen Rechtsschutz an Erfindungen gestellt werden, und er damit in die Kategorie der Arbeitnehmererfindungen einzuordnen ist.

Da solche Vorschläge in der Regel eine besondere Leistung darstellen, ist natürlich auch eine gesonderte zusätzliche Honorierung angebracht. Und da das betriebliche Vorschlagswesen in den Bereich der Unternehmer-Mitarbeiterbeziehungen fällt, unterliegt es gemäß § 87 Ziffer 10 des BetrVG der Mitbestimmung durch den Betriebsrat. Danach sollten folgende Schritte eingehalten werden, wenn ein Verbesserungsvorschlag eingereicht wird:

● die Fachabteilung prüft objektiv die technische, wirtschaftliche oder soziale Verwertbarkeit und schreibt ein Gutachten, in dem sowohl die positiven als auch die negativen Merkmale herausgestellt werden. Folgende Prüfpunkte sind wichtig:

   – die Wirkung, d. h. ein bestehender Zustand muss verbessert werden,

   – die Originalität des Vorschlages,

   – die Rationalisierungsmöglichkeit,

   – der Arbeitsaufwand zur Umsetzung.

● Der Beauftragte des betrieblichen Vorschlagswesens prüft den Verbesserungsvorschlag und das Gutachten.

● Er berechnet den wirtschaftliche Nutzen und legt die Höhe der Honorierung fest.

● Wird der Vorschlag abgelehnt, so sollte der Einreicher unter Angabe der Gründe verständigt werden.

4.4.2 Faktoren

Hier werden **Tabellen** entwickelt, mit denen über ein Punktesystem die Wertigkeit des Vorschlags errechnet werden kann. Die errechnete Punktzahl bestimmt dann die Höhe der Prämie. Eine solche Punktetabelle kann z. B. enthalten:

– Stellung des Einreichers zum Arbeitsbereich (fremd, verwandt, eigener)

– Schwierigkeitsgrad (leicht, mittel, schwer)

– Bedeutung für den Betrieb (gering, mittel, wichtig, sehr wichtig)

– Einfluss bzw. Wirkung nach außen, z. B. auf Kunden (unbedeutend, bedeutend, sehr bedeutend).

Da Graduierungen sehr schwer festzulegen sind, werden die Abstufungen im Allgemeinen recht grob gehalten. Es gibt z. B. Abstufungen mit folgenden Verbesserungen:

geringer Nutzen:	0 bis 25 Punkte
mittlerer Nutzen:	26 bis 50 Punkte
hoher Nutzen:	51 bis 75 Punkte
sehr hoher Nutzen:	76 bis 100 Punkte

Jedem Punkt wird dann ein bestimmter Geldwert für die Prämie zugeordnet.

4.4.3 Kriterien von Vorschlägen mit errechenbarem und ...

Vorschläge mit errechenbarem Nutzen werden mit Hilfe von Wirtschaftlichkeitsrechnungen bewertet. Als Grundlage für eine Prämie wird im Allgemeinen ein bestimmter Prozentsatz der Einsparungsmöglichkeit oder der Ertrag des ersten Jahres der Verwendung des Vorschlages genommen.

4.4.4 ... nicht errechenbarem Nutzen

Nicht alle Vorschläge können kostenmässig erfasst und bewertet werden. Bei solchen Vorschlägen mit **nicht errechenbarem Nutzen** müssen die qualitativen Elemente berücksichtigt werden. Dies betrifft Bereiche, wie z. B.

– Arbeitssicherheit und Gesundheitsschutz,

– Arbeitserleichterung,

– Qualitätsverbesserung,

– Verbesserung des Kundenservice.

Aufgabe

> 4.13 Herr Kalinke hat einen Verbesserungsvorschlag eingereicht, den er für sehr bedeutend hält. Er erwartet, dass dieser Vorschlag dem Betrieb etwa eine Einsparung von 50 000,– € bringt. Die Betriebsleitung ist hoch erfreut und gibt ihm dafür eine Prämie von 900,– €. Herr Kalinke ist damit nicht einverstanden. Er wendet ein, dass sein Verbesserungsvorschlag nicht richtig behandelt wurde. Hat er Recht?

5 Kostenarten-, Kostenstellen- und Kostenträgerzeitrechnungen sowie Kalkulationsverfahren

Situation

> *Der Leiter des Rechnungswesens, Herr Kunert, beklagt sich bei Ihnen, dass die Personalkosten im letzten Monat sprunghaft gestiegen sind. Sie sind verwundert und fragen, ob das seine Aufgabe ist, bzw. wo seine Aufgaben liegen. Er möge Ihnen doch erklären, welche Ziele und Aufgaben die Kostenrechnung hat. Herr Kunert ist gern bereit, aber er meint, da die Kostenrechnung ein Teil des Rechnungswesens ist, sollten zunächst auch dessen Ziele und Aufgaben angesprochen werden.*

5.1 Ziele und Aufgaben der Kostenrechnung

● Kostenkontrolle und Kostenüberwachung

● Unterlagen für die Kalkulation, Preispolitik und Betriebspolitik zu schaffen, und

● Die Ermittlung des Betriebsgewinns

5.1.1 Kostenkontrolle und -überwachung

Kostenkontrolle und Kostenüberwachung werden innerhalb des Rechnungswesens durchgeführt. Aufgabe es ist, das vielfältige Geschehen des Unternehmens zahlenmäßig darzustellen und der Geschäftsleitung möglichst aussagekräftige Informationen zu liefern. Es muss sämtliche Vorgänge bei Beschaffung, Produktion, Absatz und Finanzierung mengen- und wertmäßig erfassen, aufbereiten und überwachen. Mit Hilfe der elektronischen Datenverarbeitung ist es ein wichtiges Informationsinstrument.

Aufgaben des Rechnungswesens	
Innerbetrieblich	Außerbetrieblich
– Veränderungen an Vermögens- und Kapitalteilen zahlenmäßig festhalten – Aufwendungen, Erträge und Ergebnisse einer Rechnungsperiode feststellen – Kosten und Leistungen ermitteln – Zahlen für zwischenbetriebliche Vergleiche bereitstellen – Beurteilungsgrundlagen der Kostensituation im Vergleich zum Marktpreis schaffen – Finanzierungsvorgänge darstellen	– Bilanzen, Erfolgsrechnungen und Geschäftsberichte für Aktionäre und Gläubiger veröffentlichen – Steuerbilanzen für die Finanzbehörden bereitstellen – Unterlagen zur Prüfung der Kreditwürdigkeit bei Kreditinstituten beschaffen

▶ **Hauptaufgabe des Rechnungswesens**

- **Dokumentation:** Durch die Bilanzen, Statistiken und Berichte des Rechnungswesens wird nach außen kundgetan (dokumentiert), was in der Unternehmung geschehen ist bzw. was geschehen wird.

- **Instrumentalzweck:** Das Rechnungswesen liefert mit seinen Unterlagen ein Instrument, mit dem die Unternehmensleitung Entscheidungen treffen kann.

Wir gliedern das Rechnungswesen in vier Teilgebiete:

- Finanzbuchhaltung

- Kostenrechnung

- Betriebsstatistik und

- Planungsrechnung

▶ Die **Finanzbuchhaltung** erfasst alle Beziehungen des Unternehmens zur Außenwelt. Hierzu gehören z. B. die Kontakte zu den Kunden, Banken, Lieferanten, Behörden und dem Finanzamt. Sie ist zeitraumbezogen. Ihre Wertebewegungen bilden die Grundlage für die Bilanz, die Gewinn- und Verlust-Rechnung, den Geschäftsbericht, sowie für die Ermittlung alter Vermögens- und Schuldenveränderungen.

▶ Die **Kostenrechnung** zeigt die Kostenstruktur des Betriebes. Sie erfasst wertemäßig den Aufbau und Ablauf des betrieblichen Leistungsprozesses. Sie ist sowohl zeitraumbezogen (Kostenstellenrechnung) als auch produktbezogen (Kalkulation).

▶ Die **Betriebsstatistik** erfasst das im Unternehmen anfallende Zahlenmaterial. Sie gliedert es, stellt es dar und wertet es aus. Es schafft so die Grundlage für Kennzahlen, Kontrollen, Vergleiche und Informationen für unternehmerische Entscheidungen.

▶ Die **Planungsrechnung** dient zur Planung der Kosten, der Leistung und des Erfolges. Sie ist ein Hilfsmittel für die Vorbereitung langfristiger Absatz- und Produktionsprogramme, Beurteilung langfristiger Investitionsplanungen und einer langfristigen Bedarfsplanung.

5.1.2 Unterlagen für die Kalkulation, Preispolitik und Betriebspolitik

Ziel eines jeden Unternehmens sollte es sein, wirtschaftlich zu fertigen. Maßstab für die betriebliche Wirtschaftlichkeit ist das Verhältnis der Kosten zu den Werten der gefertigten Erzeugnisse. Hilfsmittel zum Erkennen dieser Wirtschaftlichkeit ist ein gutes und sicheres **Kostendenken**. Es erfordert über das rein methodische Anwenden der Kostenrechnung hinaus ein sicheres Gefühl für die Art der Kosten. Interessant ist ihre Zusammensetzung, ihr Verhalten, ihre Beeinflussbarkeit. Wichtig ist dabei die Wahl der richtigen Methode zum Erfassen, Erkennen und Auswerten der Kosten.

Aufgaben der Kostenrechnung

▶ **das Betriebsgeschehen und die Betriebspolitik kontrollieren.**

  – Betriebserfolg, Wirtschaftlichkeit, Rentabilität ausweisen und überprüfen.

  – Kostenentwicklungen analysieren und Ursachen von Abweichungen ermitteln.

  – Richtwerte als Steuerungselemente für einzelne Abteilungen ermitteln.

▶ **Kostenentwicklung und Preisgestaltung überwachen.**

  – die Ertragsfähigkeit der einzelnen Erzeugnisse durch Vergleich der Kosten mit den Preisen (Vor- und Nachkalkulation) bewerten.

  – Mit Hilfe von Deckungsbeiträgen die ertragsgünstigsten Erzeugnisse feststellen.

  – Verlust- und Schwachstellen in der Produktion analysieren und Maßnahmen für ihre Abstellung vorschlagen.

  – Kosten- und Wirtschaftlichkeitsvergleiche zur Wahl der bestmöglichen Alternativen im Herstellbereich durchführen.

▶ **Grundlagen für die Kalkulation schaffen.**

  – Selbstkosten je Produkteinheit zur Beurteilung der Erzeugnispreise bestimmen.

Wichtig ist, dass ein Unternehmen die Struktur und die angewandten Methoden seiner Kostenrechnung ständig überprüft und dem Wandel in den Anforderungen anpasst. Dieser Wandel entsteht durch die fortschreitende Technisierung und Automatisierung. Damit ist die Verlagerung der Kosten von den variablen Arbeitskosten zu den fixen Kapital- und Anlagekosten verbunden.

Für Industriemeister ergeben sich dadurch wichtige Aufgaben: Sie müssen darauf achten, dass die Stillstandszeiten bei den teuren Maschinen durch Unterbrechungen oder Reparaturen möglichst gering bleiben, Material, Vorrichtungen und Werkzeuge sowie Arbeitsunterlagen rechtzeitig bereitgestellt sind und dass Instandhaltung und Wartung termingerecht durchgeführt werden.

5.1.3 Ermittlung des Betriebsgewinns

Eine wichtige Aufgabe des betrieblichen Rechnungswesens ist die Ermittlung des Gewinns. Dies kann auf verschiedene Arten erfolgen. Der Gewinn wird in der Kostenrechnung und in der Finanzrechnung nicht in der gleichen Weise ermittelt.

Die Finanzrechnung muss sich an Steuervorschriften halten. Hier wird der Aufwand in die Gewinnermittlung einbezogen und über die Bilanz bzw. die Gewinn- und Verlustrechnung errechnet. In der Kostenrechnung ergibt die Differenz zwischen dem Umsatz und Kosten den Gewinn. Das Ergebnis ist daher unterschiedlich. Während in der Finanzrechnung Gewinn dazu dienen soll, das Vermögen zu vermehren, soll der Gewinn die Erhöhung des Betriebswertes ermöglichen. Da hier die Kosten maßgebend beteiligt sind, haben die Meister eine gute Möglichkeit, durch Kostensenkung zur Erhöhung des Gewinnes beizutragen.

5.1 Worin liegt der wesentliche Unterschied zwischen der Finanzbuchhaltung und der Kostenrechnung?

5.2 Die Kosten verlagern sich immer mehr zu den fixen Kapital- und Anlagekosten.

Welche Aufgaben ergeben sich dadurch für den Meister?

5.3 Aus welchem Grund kann die Höhe des ermittelten Gewinns bei der Kostenrechnung von dem ermittelten Betrag der Finanzrechnung abweichen?

5.2 Kosten- und Leistungsrechnung

„Jetzt bekommen wir Probleme. Wie wir gesehen haben, gibt es für den Verbrauch von Werten zwei Begriffe: Aufwand und Kosten. Wir haben zur Zeit hohe Aufwendungen für den Umbau der Kantine, die Kosten für den Betrieb der Kantine sind aber niedrig.

Einmal sprechen Sie von Ergebnis und dann wieder von Ertrag. Warum diese Unterschiede?"

5.2.1 Aufwand und Ertrag

Aufwand, Ertrag und Ergebnis sind Begriffe der Finanzrechnung. Unter dem **Ertrag** verstehen wir den Wertezuwachs einer Abrechnungsperiode (Monat oder Jahr).

Beim **Ergebnis**, auch als Unternehmensergebnis bezeichnet, vergleichen wir Aufwand und Erträge. Wir unterscheiden zwei Arten:

- **Betriebsergebnis.** Hier wird der Zweckaufwand, d. h. die Kosten den Erträgen aus Leistungen gegenübergestellt. Dieses Ergebnis steht in direktem Zusammenhang mit der betrieblichen Leistungserstellung, der eigentlichen Aufgabe des Betriebes.

- **Neutrales Ergebnis.** Hier handelt es sich um das Ergebnis, das sich aus dem neutralen Aufwand (betriebsfremder oder außerordentlicher) und den Erträgen ergibt.

Das **Gesamtergebnis** ist die Summe aus dem Betriebsergebnis und dem neutralen Ergebnis.

Der **Aufwand** ist der einer Abrechnungsperiode zugerechnete Wert für den Verbrauch von Gütern und Diensten. Er wird in der in der Erfolgsrechnung den Erträgen gegenübergestellt. Zum Aufwand zählen auch öffentliche Abgaben, z. B. Steuern.

5.2.2 Kosten und Leistungen

Kosten und Leistungen sind Begriffe der Kostenrechnung. **Kosten** sind der in Geld ausgedrückte Verbrauch von Gütern, eigenen Arbeitsleistungen und fremden Dienstleistungen, sofern sie zur betrieblichen Leistungserstellung verbraucht werden, z. B. zur Herstellung von Produkten.

Leistungen sind die Mengen und Werte der bei der betrieblichen Tätigkeit erstellten Güter und Dienstleistungen, die den Kosten gegenübergestellt werden.

5.2.3 Aufwand und Kosten

Die Unterschiede zwischen Aufwand und Kosten können wir folgendermaßen darstellen:

Aufwand		
Neutraler Aufwand	Zweckaufwand	
	Grundkosten	Zusatzkosten

Abb. 26: Gegenüberstellung von Aufwand und Kosten.

Aufwand und Kosten sind nur zu einem Teil deckungsgleich. Den Aufwand unterteilen wir in den **Neutralen Aufwand**, der keinen Bezug zu den Kosten hat, und den Zweckaufwand, der sich mit den Grundkosten deckt. Den neutralen Aufwand können wir nochmals unterscheiden:

- **Betriebsfremder Aufwand:** Das sind z. B. Spenden, Verluste aus Wertpapierkäufen Instandsetzung vermieteter Werkswohnungen

- **Außerordentlicher Aufwand:** Das sind Aufwendungen z. B. durch Brand oder Ausfall von Forderungen.

Zweckaufwand und **Grundkosten** sind gleich. Beide dienen der Erfassung der betrieblichen Leistungen. Beispiele sind dafür Material- und Fertigungslohnkosten.

Zusatzkosten sind im Prinzip die kalkulatorischen Kosten. Sie sind zu keinem Zeitpunkt mit Ausgaben verbunden. Beispiele sind die kalkulatorische Miete, der Unternehmerlohn in Privatbetrieben, der kalkulatorische Zins für das im Lager gebundene Kapital.

Fragen

> 5.4   Sie werden gefragt, was Kosten sind. Definieren Sie den Begriff.
>
> 5.5   a) Worin liegt der Unterschied zwischen Aufwand und Kosten?
>
>   b) In welchen Bereichen sind sie deckungsgleich?

5.3 Teilgebiete der Kostenrechnung

Situation

> *Wie wir erfahren haben, gibt es für die Form der Organisation der Kostenrechnung keine zwingenden Vorschriften. Ihr Aufbau ist jedem Unternehmer selbst überlassen. Es muss doch aber Methoden oder Richtlinien geben, wie die Kostenrechnung untergliedert oder aufgeteilt werden kann.*

Das ist richtig, aber es haben sich zweckmäßige Formen entwickelt, nach denen fast alle Unternehmen arbeiten. Wir nehmen daher eine weit verbreitete Form und zeigen sie in Abb. 27.

KOSTENRECHNUNG				
BETRIEBSABRECHNUNG (Zeitbezogen)			KALKULATION (Erzeugnisbezogen)	
Kostenartenrechnung	Kostenstellenrechnung	Kostenträgerrechnung	Vorkalkulation	Nachkalkulation

Abb. 27: Organisationsform für die Kosten- und Leistungsrechnung

69

5.3.1 Erfassung von Kostendaten

Die Kostenrechnung ist in die Betriebsabrechnung und in die Kalkulation unterteilt. Sie haben die gleichen Ausgangsdaten, aber unterschiedliche Aufgabenstellungen.

▶ Die **Betriebsabrechnung** soll vor allem Kosten und Leistungen ermitteln, Zahlen für Vergleiche bereitstellen, Verlust- und Schwachstellen aufspüren und kostenmäßig bewerten.

▶ Die **Kalkulation** verwertet die Daten, um die Kosten je Erzeugniseinheit zu ermitteln. Damit ermöglicht sie eine Beurteilung der Verkaufspreise, indem sie vergleicht, ob die verursachten Selbstkosten über oder unter dem festgesetzten Preis liegen, ob wir also mit Gewinn oder mit Verlust verkaufen. Sie kann weiterhin mit Hilfe von Deckungsbeiträgen feststellen, welche Produkte die höchste Ertragskraft haben. Durch den Vergleich von Richtwerten, der Vorkalkulation mit den tatsächlich erzielten Istwerten, kann sie die Kosten bewerten und damit überwachen.

Die Kostenrechnung wird zunächst mit den ermittelten Istwerten arbeiten. Diese Werte sind aber vergangenheitsbezogen und enthalten evtl. Kosten, die nicht regelmäßig anfallen. Sie berücksichtigen auch nicht die zukünftigen Entwicklungen. Man ermittelt daher **Normal-** d. h. bereinigte Durchschnittskosten, die wir aus den tatsächlich angefallenen Kosten vergangener Zeiträume bilden. Aber auch die Normalkosten berücksichtigen nicht die zukünftigen Entwicklungen der Beschäftigung. Diese Nachteile können wir vermeiden, wenn wir Plankosten erstellen.

Plankosten sind Kostenvorgaben für vorausliegende Zeiträume. Sie werden aufgrund umfangreicher Analysen über die in diesen Zeiträumen erforderlichen Kosten vorgeplant, z. B. für Betriebsmittel, Werkstoffe und Arbeitskräfte.

5.3.2 Verwendung von Belegen und Datensätzen

Wir müssen die Kosten erfassen und sie klassifizieren. Um sie wirkungsvoll beeinflussen zu können, müssen wir sie verursachungsgerecht zuordnen. Wie machen wir das?

Zunächst werden die Kosten erfasst, geordnet und so aufbereitet, dass wir sie sinnvoll nutzen können. Dazu ist unbedingt erforderlich, dass alle betrieblichen Vorgänge schriftlich festgehalten werden, die zu einem Werteverbrauch und zur Bereitstellung oder zur Erstellung von Leistungen führen. Eine Form der schriftlichen Fixierung sind die Belege. Eine weitere Möglichkeit besteht heute im Einsatz der elektronischen Datenverarbeitung. Hier erfolgt die Fixierung in Dateien, deren Ausdrucke ebenfalls als Belege gelten können. Die auf diesen Belegen erfassten Daten werden nun von der Finanzbuchhaltung auf Konten gesammelt. Am Ende des Jahres werden dann Inventur, Bilanz und Gewinn- und Verlustrechnung erstellt. Diese Belege und die auf den Konten gesammelten Daten werden auch von der Kostenrechnung genutzt.

Sie werden von der Betriebsbuchhaltung kontiert und nach der Verursachung den Kostenarten, Kostenstellen und Kostenträgern zugeordnet. Aus dieser Dreiteilung in der Zuordnung entstanden die Teilgebiete der Kostenrechnung: die Kostenarten-, die Kostenstellen- und die Kostenträgerrechnung (Kalkulation).

Fragen

5.6   Welche Aufgabe haben die Belege in der Kostenrechnung?

5.7   Beschreiben Sie die Aufgaben der Betriebsabrechnung.

5.8   Worin liegt der wesentliche Unterschied zwischen der Ist- und der Normalkostenrechnung?

5.4 Betriebsabrechnung

Situation

„Wir haben Probleme mit der Zuordnung der Kosten und ihrer Gliederung. Dem Buchhalter geht es genauso. Gibt es denn keine eindeutigen Zuordnungsregeln? Wie werden diese zugeordnet und genutzt?"

5.4.1 Kostenarten

Die Vielzahl betrieblicher Abläufe und der damit verbundene Werteverbrauch bedingt eine Vielfalt von Kosten. Wir gliedern sie je nach Zweck wie folgt:

● Nach **Art der verbrauchten Kostengüter**

- **Personalkosten:** Fertigungslöhne, Hilfslöhne, Gehälter, Sozialkosten
- **Material- und Sachkosten:** Fertigungsmaterial, Verwaltungsmaterial
- **Beiträge, Versicherungen:** Versicherung für Maschinen, Abwassergebühren

● nach den **wichtigsten betrieblichen Funktionen**

- **Verwaltungskosten:** Gehälter des Verwaltungspersonals, Abschreibungen auf Büroeinrichtungen.
- **Vertriebskosten:** Vertriebslager, Versand, Verpackung, Provisionen.
- **Transportkosten:** Abschreibungen auf Gabelstapler, Instandhaltung der Fahrzeuge, Transport.

● nach ihrer **Verrechnung auf den Kostenträger**

- **Einzelkosten:** Sie werden dem Kostenträger direkt zugerechnet, z. B. Fertigungslöhne, Fertigungsmaterial.
- **Gemeinkosten:** Sie fallen für viele Kostenträger gemeinsam an und können nur über Kostenumlagen indirekt dem Kostenträger zugerechnet werden (Kosten für das Büro- und Hilfsmaterialien, Sozialleistungen).

● nach Art der **Kostenerfassung**

- **aufwandgleiche Kosten** sind Grundkosten, z. B. Fertigungslöhne, Maschinenkosten, Materialkosten.
- **kalkulatorische Kosten**, das sind Zusatzkosten, denen kein Aufwand gegenübersteht. Zu ihnen gehören die kalkulatorische Abschreibung, die kalkulatorischen Zinsen, die kalkulatorischen Wagnisse und der Unternehmerlohn.

● nach Verhalten der Kosten bei **Beschäftigungsänderungen**

- **mengenabhängige** oder **variable** (veränderliche) **Kosten**. Sie verändern sich mit der Ausbringungsmenge. Reine variable Kosten sind die Fertigungslohn- und die Materialkosten.
- **zeitabhängige** oder **fixe** (feste) **Kosten** sind unabhängig von der Ausbringungungsmenge. Sie fallen für einen bestimmtem Zeitraum immer in gleicher Höhe an, gleichgültig, ob viel oder wenig produziert wird. Reine fixe Kosten sind Raummiete, Gehälter, Abschreibungen, Zinsen.

Bei der Unterteilung nach dem Verhalten der Kosten bei Beschäftigungsänderungen unterscheiden wir **einfache Kostenarten**, die entweder rein variabel oder rein fix sind und **gemischte Kostenarten**. Diese bestehen aus Anteilen variabler und Anteilen fixer Kosten. Ein Beispiel dafür sind die Kosten für Instandhaltung. Die Kosten für Geräte bilden den fixen Anteil. Sie müssen für die Bereitschaft immer vorhanden sein. Die variablen Kosten sind Lohn oder Material bei Wartungs- oder Reparaturarbeiten.

5.4.2 Kostenartenrechnung als Maschinenstundensatzrechnung

Kostenarten können wir je nach Bedarf noch weiter unterteilen, z. B. für Energie in Dampf, Elektrizität, Wasser. Wir können sie zusammenfassen, um den Abrechnungsprozess zu vereinfachen. Eine weit verbreitete und nutzvolle Zusammenfassung von Kostenarten finden Sie beim Maschinen- und beim Arbeitsplatzstundensatz.

Beim **Maschinenstundensatz** fassen wir die Kostenarten zusammen, die durch die Maschine verursacht werden:

– durch den Kapitaleinsatz bedingt: kalkulatorische Abschreibung und kalkulatorische Zinsen

– durch den Betrieb verursacht: Kosten für Instandhaltung und Energie

– die durch den Raumbedarf entstehenden Kosten: Raumkosten

Diese Kosten werden für die einzelnen Maschine für ein Jahr ermittelt und durch die Anzahl der Stunden geteilt, welche die Maschine je Jahr genutzt wird. Das Ergebnis ist der Maschinenstundensatz. Genauso verfährt man mit dem Arbeitsplatzstundensatz.

5.4.3 Betriebsabrechnungsbogen

Die zweite Technik der Betriebsabrechnung ist die Kostenstellenrechnung. In der Kostenartenrechnung wurden die Kosten erfasst und nach Arten gegliedert. Nun müssen wir die Kosten den einzelnen Kostenträgern zuordnen (d. h. den Produkten oder Leistungen des Betriebes). Das ist bei den Einzelkosten einfach, da bei diesen eine direkte Beziehung zwischen den Kosten und dem Produkt besteht.

Nicht möglich ist es bei den Gemeinkosten, die für viele Kostenträger gemeinsam anfallen. Hier erfolgt die Zuordnung über die Kostenstellen, in denen die Produkte bearbeitet oder die Dienstleistungen erstellt werden. Schematisch sieht das so aus

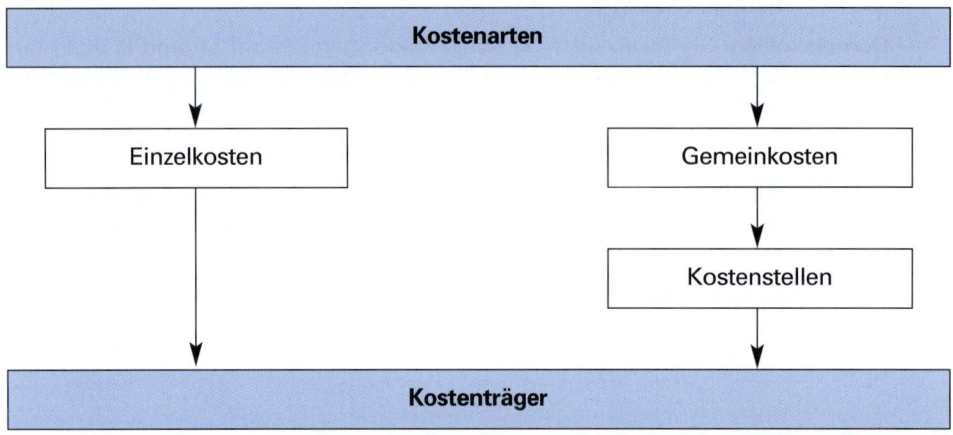

Wir ordnen die Kosten den Kostenstellen zu, in denen sie angefallen sind. Dadurch ergeben sich Unterlagen für die Kostenkalkulation.

Die Kostenstellenrechnung hat noch weitere Aufgaben:

– Wir können die Kostenentwicklung überwachen und auf die Kosten einwirken. Auch hier können die Industriemeister die Kosten beeinflussen.

– Durch den Vergleich der Kosten mit den erbrachten Leistungen können wir die Wirtschaftlichkeit der Kostenstellen überprüfen.

Kostenstellen sind im Allgemeinen die Abteilungen. In größeren Betrieben können dies aber auch einzelne Arbeitsplätze sein, z. B. flexible Fertigungszentren oder Transferstraßen. Die Kostenstellenrechnung wird in der Praxis mit dem **Betriebsabrechnungsbogen (BAB)** durchgeführt. Nach S. 112 sehen Sie das Muster eines solchen Betriebsabrechnungsbogens. Schauen wir uns seinen Aufbau an: In den Zeilen 2 bis 14 sehen wir die Gliederung der Kostenarten, die Erfassungsgrundlage, den Verteilungsschlüssel und die den einzelnen Kostenstellen direkt zugeordneten Kosten. Die Spalten 6 bis 37 zeigen die Kostenstellenstruktur des Betriebes. Daran wollen wir zeigen, wie Kostenstellen strukturiert werden.

● Wir unterscheiden sechs **Kostenstellenhauptbereiche**:

– **Allgemeiner Bereich.** Er umfasst die Funktionen, die allen Betriebsbereichen gemeinsam dienen, z. B. Gebäude, Werksfeuerwehr, Sozialeinrichtungen, Energieversorgung.

- **Fertigungshauptstellen.** Abteilungen, die unmittelbar mit der Produktion in Zusammenhang stehen, z. B. Bearbeitung, Montage.

- **Fertigungsnebenstellen.** Dies sind Hilfskostenstellen, die Dienste an die Hauptkostenstellen abgeben, z. B. technische Betriebsleitung, Arbeitsvorbereitung, innerbetrieblicher Transport, Instandhaltung.

- **Materialstellen.** Z. B. Einkauf, Eingangslager, Wareneingangsprüfung

- **Verwaltungsstellen.** Z. B. Unternehmensleitung, Buchhaltung, Personalverwaltung

- **Vertriebsstellen.** Z. B. Verkauf, Fertigwarenlager, Marketing

Beim Vergleich der Gliederung dieser Kostenstellen mit dem Beispiel des BAB gibt es Abweichungen. Das ist gewollt, denn je nach Struktur und Aufgabenstellung der Betriebe ist auch die Kostenstellenstruktur unterschiedlich. In der Grundaufteilung der Hauptbereiche stimmen aber fast alle Betriebe überein.

5.4.4 Umlage von Kostenstellen nach dem Verursachungsprinzip

Der erste Schritt ist die Verteilung der in der Kostenartenrechnung auf den Konten erfassten Gemeinkosten auf die Kostenstellen. Die Zeilen 2 bis 14 des BAB zeigen das Ergebnis dieser Verteilung der Gemeinkosten. Bei der Verteilung der Kosten gibt es folgende Möglichkeiten:

- direkt aufgrund von Belegen. Die Hilfslohnkosten werden z. B. mit Hilfslohnscheinen zugeordnet. In diesem Fall sprechen wir von direkt zurechenbaren Gemeinkosten oder **Stelleneinzelkosten.**

- indirekt über sogenannte Schlüssel. Beispiel sind die Sozialkosten, die proportional zu den Lohn- und Gehaltskosten zugeordnet werden. In diesem Fall sprechen wir von **Stellengemeinkosten.**

Aus der Struktur der Hauptbereiche entnehmen wir, dass nur die Fertigungshauptstellen eine direkte Beziehung zum Produkt haben, da dieses nur in ihnen bearbeitet wird. Wie bekommen wir nun die Kosten der anderen Stellenbereiche, z. B. der Fertigungshilfsstellen, auf die Fertigungshauptstellen und damit über diese auf das Produkt? Zwischen den einzelnen Hauptbereichen erfolgt ein interner Leistungsaustausch. So gibt z. B. der allgemeine Bereich Leistungen an den gesamten Betrieb ab.

Der Bereich Fertigungshilfsstellen gibt auch Leistungen an den Bereich Fertigungshauptstellen ab. Die Kosten für diesen Leistungsaustausch werden durch eine Stellenumlage aufgrund der abgegebenen Leistungen zwischen den Kostenstellen verrechnet.

Betrachten wir wieder den BAB (nach S. 112): In den Zeilen 16 bis 18 werden die Kosten des allgemeinen Bereiches aufgrund von Verbrauchszahlen auf die Kostenstellen der anderen Bereiche verteilt, in den Zeilen 20 bis 24 sind es die Kosten für die Leistungen des Bereiches Fertigungshilfsstellen an den Bereich Fertigungshauptstellen.

Das war der zweite Schritt der Kostenstellenrechnung, die interne Leistungsverrechnung. Die Kosten, die direkt oder indirekt mit der Herstellung des Produktes verbunden sind, befinden sich nun auf den Kostenstellen des Bereiches Fertigungshauptstellen.

Jetzt kann der dritte Schritt beginnen, Gemeinkostenverrechnungssätze und Kostenkennzahlen zu ermitteln. In der Kalkulation wird eine proportionale Beziehung zwischen den Gemeinkosten jeder Stelle und den erbrachten Leistungen gesucht. Ziel ist, jedem Erzeugnis die Gemeinkosten möglichst **verursachungsgerecht** zuzuordnen. Das soll mit den Gemeinkostenzuschlagssätzen oder Gemeinkostensätzen erreicht werden.

Bevor wir diese **Gemeinkostensätze** errechnen, müssen wir wissen, welche wir benötigen. Verwendet werden sie im Prinzip in der Zuschlagskalkulation. Schauen Sie sich bitte die Abb. 28 an, dann erkennen Sie, dass wir vier Zuschlagssätze benötigen, den Material-, den Fertigungs-, den Verwaltungs- und den Vertriebsgemeinkostensatz. Im Einzelnen errechnen sich diese Werte wie folgt:

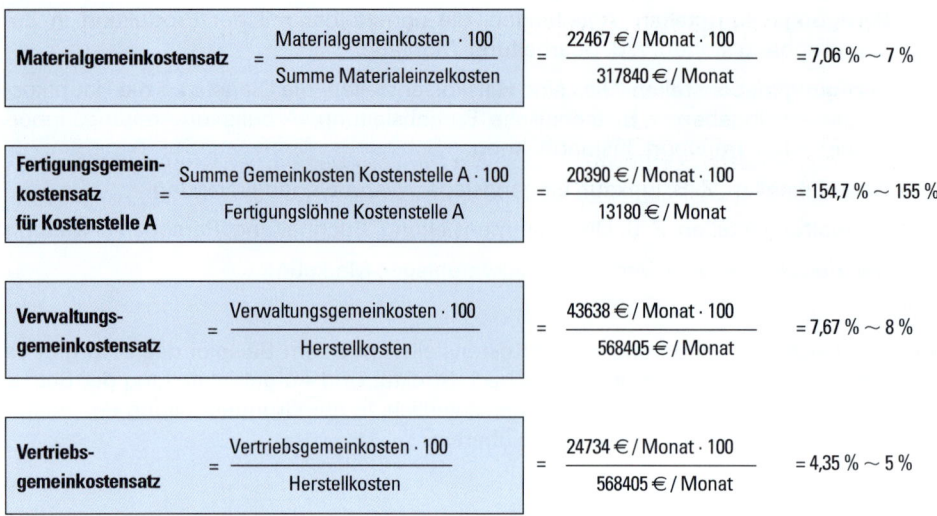

Abb. 28: Zuschlagssätze

Neben der Verteilung der Kosten auf die Kostenstellen und die Ermittlung von Zu-
schlagssätzen für die Kalkulation kann der BAB noch für weitere Aufgaben verwendet
werden. Er vermittelt einen ausgezeichneten Überblick über die Kostenstruktur und bildet damit die Grundlage für Kostenanalysen oder -vergleiche. Das gilt im Vergleich zwischen den Kostenstellen, als auch im zeitlichen Vergleich der Kostenentwicklung.

5.4.5 Kostenträgerzeit- und Kostenträgerstückrechnung

Sie ist die dritte Technik der Betriebsabrechnung. Bei ihr geht es um die Ermittlung der
Kosten je Kostenträger, den Leistungseinheiten des Betriebes. **Kostenträger** können
dabei die Erzeugniseinheit sein oder ein Arbeitsvorgang, ein Auftrag oder eine Dienst-
leistung.

Die Kostenträgerrechnung wird in zwei Bereiche unterteilt:

▶ **Kostenträgerzeitrechnung**. Bei ihr verrechnen wir die Kosten eines Zeitraums auf die
in diesem Zeitraum erzeugten Einheiten. Das Ergebnis sind die Kosten je Erzeugniseinheit. Diese Rechnung wenden wir z. B. dann an, wenn in einer Abteilung nur ein
Produkt bearbeitet wird oder ähnliche Produkte über Äquivalenzziffern zu Einheitspro-
dukten umgerechnet werden können.

▶ **Kostenträgerstückrechnung**. Sie ordnet die Kosten den einzelnen Kostenträgern zu
ohne Berücksichtigung des Zeitraums. Dies ist die Rechnung, die wir als Kalkulation
bezeichnen.

5.9   Was ist eine gemischte Kostenart? Nennen Sie Beispiele.

5.10   Welche Kostenarten werden in einem Maschinenstundensatz zusammenge-
       fasst. Begründen Sie, warum es gerade diese sind.

5.11   Welche Informationen aus dem BAB sind für den Meister wichtig?

5.12   Welcher der Kostenstellenbereiche hat eine direkte Beziehung zum Produkt?

5.13   Sie wissen, dass die Werte zur Errechnung der Gemeinkostenzuschläge dem
       BAB entnommen werden können.

       a) Welche Gemeinkostenzuschläge müssen errechnet werden?

       b) Wo finden Sie die Angaben dafür im BAB? Geben Sie in dem nach S. 112
          abgebildeten BAB jeweils die zutreffende Spalte und Zeile an.

5.5 Zuschlagskalkulation und weitere Kalkulationsverfahren

Situation

„Bei unseren Meisterbesprechungen im Betrieb wird uns immer wieder gesagt, wir sollten Kosten einsparen, die Kalkulationen würden zu hohen Preisen führen.

Wie sehen denn Kalkulationen aus? Und dienen sie nur zur Preisbildung?"

5.5.1 Vor- und Nachkalkulation

Die Hauptaufgabe der Kalkulation ist die Ermittlung der Kosten je Leistungseinheit. Daneben hat die Kalkulation weitere Aufgaben:

– Die kalkulierten Selbstkosten mit den Marktpreisen vergleichen.

– Lagerbestände bewerten

– Kosteninformationen zur Verfügung zu stellen, für Kostenvergleiche oder als Grundlage für Entscheidungen, z. B. um zu entscheiden, ob ein Teil oder eine Baugruppe selbst hergestellt oder fremdbezogen wird.

Es gibt die Vor-, Zwischen- und Nachkalkulation.

▶ Die **Vorkalkulation** ist eine Vorausrechnung für geplante Leistungen. Sie stützt sich auf Standard- oder betriebliche Erfahrungswerte und soll entweder einen Angebotspreis kalkulieren, vor allem bei Einzelaufträgen, oder die voraussichtlichen Kosten für einen Kosten- oder Wirtschaftlichkeitsvergleich ermitteln.

▶ Die **Zwischenkalkulation** dient vor allem dazu, halbfertige Erzeugnisse zu bewerten, z. B. für die Bilanz oder für das Lager. Bei länger dauernden Fertigungsvorgängen wenden wir sie zur Zwischenkontrolle an, um Kostenabweichungen rechtzeitig zu erkennen.

▶ Die **Nachkalkulation** wird nach Erstellung der Leistung zur Kostenkontrolle durchgeführt. Sie stellt die wirklich angefallenen Kosten zusammen und vergleicht sie mit den Werten der Vorkalkulation. Bei Produkten, die laufend oder in größeren Mengen gefertigt werden, dient sie dazu, die ermittelten Selbstkosten des Produktes mit dem Marktpreis zu vergleichen.

5.5.2 Divisionskalkulation

Sie ist die einfachste Form. Bei ihr teilen wir die Gesamtkosten durch die Anzahl der produzierten Leistungseinheiten.

$$\text{Kosten / Leistungseinheit} = \frac{\text{Summe Kosten}}{\text{Summe erstellte Leistungseinheiten}}$$

Vorraussetzung dafür ist, dass die Produkte einheitlich sind und sich zu den Kosten proportional verhalten. Anwendung findet sie in Betrieben mit einheitlicher Massenfertigung, z. B. Elektrizitätswerken, Zementwerken, Ziegeleien.

Es kommt jedoch selten vor, dass ein Betrieb völlig gleichartige Produkte erzeugt. Häufiger ist, dass einander ähnliche Erzeugnisse hergestellt werden, z. B. verschiedene Sorten eines Erzeugnisses. In diesen Fällen wenden wir die **Divisionskalkulation mit Äquivalenzziffern** an. Wir finden diese Form in der chemischen Industrie, bei Brauereien oder Spinnereien.

Beispiel: In einem Betrieb werden z. B. drei verschiedene Wellen aus gleichem Material gegossen. Sie unterscheiden sich nur durch das Gewicht. Für die Kalkulation liegen folgende Werte vor:

Produkt	Gewicht	Produzierte Menge
Welle A	3 kg	3000 Stück
Welle B	6 kg	5000 Stück
Welle C	7,5 kg	4000 Stück
Gesamtkosten für alle Wellen 25 300 €		

Die Rechnung führen wir in einem Tabellenschema durch:

a	b	c	d	e	f
Sorte	bearbeitete Menge	Äquivalenz-ziffer	Rechen-Einheit	€ je Rechen-einheit	€ je Sorten-einheit
A	3000	1	3000	25 300	1,10
B	5000	2	10 000	23 000	2,20
C	4000	2,5	10 000	= 1,10	2,75
Summe			23 000		

Halten wir die einzelnen Schritte der Äquivalenzziffernrechnung fest:

(1) Wir tragen die gefertigten Mengen jeder Sorte in Spalte a ein.

(2) Wir berechnen die Äquivalenzziffern (oder Verhältniszahlen). Der einzige Unterschied bei den Wellen ist das Gewicht. Alle anderen Daten sind gleich. Wir können also annehmen, dass die Kosten je Wellensorte durch das unterschiedliche Gewicht bestimmt werden. Das Verhältnis ist 3 : 6 : 7,5 oder 1 : 2 : 2,5. Damit haben wir die Äquivalenzziffern. Für Welle A 1, für Welle B 2 und für Welle C 2,5. Diese Werte tragen wir in Spalte b ein.

(3) Wir errechnen die Recheneinheiten, d. h., wir rechnen alle Sorten auf eine Einheitssorte um. Dadurch können wir die einfache Divisionskalkulation anzuwenden. Das Ergebnis, die Kosten je Recheneinheit sehen Sie in Spalte d.

(4) Multiplizieren wir die Kosten je Recheneinheit mit den Äquivalenzziffern, dann erhalten wir die Kosten je Welle.

Welle A	1,10 · 1	=	1,10 € / Welle
Welle B	1,10 · 2	=	2,20 € / Welle
Welle C	1,10 · 2,5	=	2,75 € / Welle

5.5.3 Zuschlagskalkulation

Sie ist die wohl am weitesten verbreitete Form und geht von der getrennten Zurechnung der Einzel- und Gemeinkosten auf die Kostenträger aus. Die Einzelkosten werden direkt mit Einzelbelegen, die Gemeinkosten indirekt mit den Gemeinkostensätzen auf die Kostenträger verrechnet.

Wir unterscheiden die summarische, differenzierte und erweiterte Form.

▶ Die summarische Zuschlagskalkulation

Hier nehmen wir die Gemeinkosten als Bezugsgröße für den Zuschlag, meistens der Fertigungslohn oder das Material. Sehen wir uns wieder ein Beispiel an:

Ein Schreinermeister fertigt u. a. Tische. Er benötigt je Tisch 10 Fertigungsstunden zu je 18,– € und Material mit 300,– €. Der Gemeinkostensatz ist auf den Fertigungslohn bezogen und beträgt 150 %.

Die Kalkulation für einen Tisch sieht dann so aus:	
Materialkosten	300,– €
Fertigungslohn 10 · 18,– €	180,– €
Fertigungseinzelkosten	480,– €
Gemeinkosten 150 % von 180,– €	270,– €
Selbstkosten	750,– €

Diese summarische Zuschlagskalkulation eignet sich für Kleinbetriebe, bei denen die Gemeinkosten im Verhältnis zur Zuschlagsbasis niedrig sind. Je größer der Betrieb ist und je mehr die Gemeinkosten steigen, desto mehr müssen wir die Kalkulation differenzieren.

▶ Die differenzierte Zuschlagskalkulation

Bei ihr verwenden wir mehrere Bezugsgrößen als Zuschlagsbasis. Das ist notwendig, weil das Verhältnis der Materialgemeinkosten zu den Materialkosten ein anderes sein kann, als das der Fertigungsgemeinkosten zu den Fertigungslöhnen. Ebenso kann auch in den einzelnen Kostenstellen der Fertigunghauptstellen das Verhältnis der Fertigungsgemeinkosten zu den Fertigungslöhnen sehr unterschiedlich sein.

Bei vier Hauptkostenbereichen ergibt sich das in Abb. 29 gezeigte Kalkulationsschema

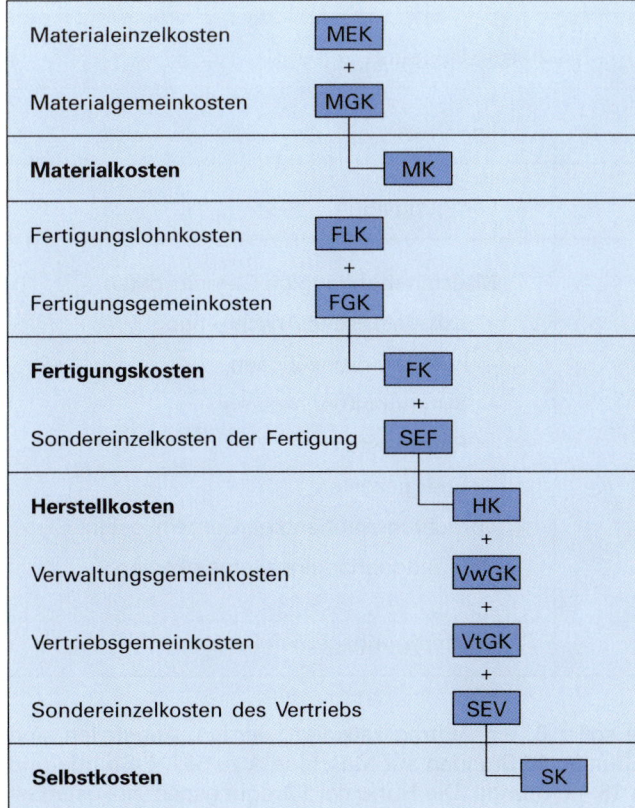

Abb. 29: Schema der Zuschlagskalkulation

Die für diese Rechnung benötigten Gemeinkostenzuschlagssätze, das wissen Sie bereits, ermitteln wir über den BAB. Im Schema sehen Sie eine Kostenart „Sonderkosten der Fertigung". Sie enthält die Kosten für Modelle oder Sonderwerkzeuge, die speziell für dieses Erzeugnis oder diesen Auftrag benötigt werden.

Aufgaben

5.14 Ein Schreinermeister fertigt u. a. Stühle. Er benötigt je Stuhl 8 Fertigungsstunden zu je 20,– € und Material mit 400,– €. Der Gemeinkostensatz ist auf den Fertigungslohn bezogen und beträgt 200 %. Berechnen Sie die Selbstkosten. Ermitteln Sie die Höhe der Selbstkosten unter Verwendung des Kalkulationsschemas für die differenzierte Zuschlagskalkulation.

5.15 Wir haben z. B. folgende Daten, mit denen wir eine Kalkulation erstellen sollen:
Verbrauchtes Fertigungsmaterial: 25 kg zu je 15,– €/kg

Fertigungslohn Kostenstelle A: 12 Stunden zu je 20,– €/Stunde

Fertigungslohn Kostenstelle B: 8 Stunden zu je 22,– €/Stunde

Sonderkosten für eine Spezialvorrichtung: 300,– €

Die Gemeinkostenzuschläge entnehmen wir dem BAB in der Anlage.

▶ Erweiterte Zuschlagskalkulation

Bei der bisher besprochenen differenzierten Zuschlagskalkulation werden die Fertigungsgemeinkosten in den Fertigungshauptstellen proportional zum Fertigungslohn zugeschlagen. Das setzt voraus, dass sich diese Gemeinkosten und der Fertigungslohn proportional zueinander verhalten. Das war früher bei einem geringen Technisierungsgrad auch der Fall. Das stimmt in vielen Betrieben heute nicht mehr.

Da in den Fertigungsgemeinkosten auch die Kosten für die Maschinen und technischen Anlagen enthalten sind, ist durch die ständig wachsende Technisierung der Produktion diese Voraussetzung der Proportionalität nicht mehr gegeben. Es werden Maschinen, z. B. Roboter, eingesetzt, um Arbeitskräfte zu ersetzen. Das bedeutet, dass die Fertigungslöhne sinken, aber die Fertigungsgemeinkosten steigen. Bei der erweiterten Zuschlagskalkulation nehmen wir diese störenden Kostenarten aus den Fertigungsgemeinkosten heraus und rechnen sie dem Kostenträger über einen Stundensatz direkt zu. Die Fertigungskosten gliedern sich dann wie folgt:

Zuschlagskalkulation	
differenziert	**erweitert**
Fertigungslohn	Fertigungslohn
Fertigungsgemeinkosten	Maschinenabhängige Gemeinkosten – kalkulatorische Abschreibung – kalkulatorische Zinsen – Instandhaltungskosten – Raumkosten – Energiekosten Vorrichtungsabhängige Gemeinkosten Werkzeugabhängige Gemeinkosten Restfertigungsgemeinkosten

In einer Fertigungshauptstelle soll z. B. ein Auftrag kalkuliert werden. Angefallen sind 20 Lohnstunden zu je 20,– €/Stunde, 10 Stunden auf Maschine A zu 50,– €/Stunde und 6 Stunden auf Maschine B zu 15,– €/Stunde. Die Höhe der Fertigungsgemeinkosten ist 400 %. In diesem Satz ist der Anteil für die Maschinenkosten 250 %. Die Differenz, also die Restfertigungsgemeinkosten, sind dann 150 %. Wir kalkulieren:

differenziert		erweitert	
Fertigungslohn	400,–	Fertigungslohn	400,–
Fertigungsgemeinkosten		Maschinenkosten A	500,–
400 % auf Fertigungslohn	1 600,–	Maschinenkosten B	90,–
		Restfertigungsgemeinkosten	
		150 % auf Fertigungslohn	600,–
Summe	2 000,–	Summe	1 590,–

In diesem Fall ergibt die differenzierte Kalkulation einen zu hohen Wert. In einem anderen Fall würde sie einen geringeren Wert errechnen. Bei einer Situation, in der die Maschinenkosten je Stunde von den Lohnkosten je Stunde abweichen, muss die erweiterte Kalkulation gewählt werden. Das gilt besonders dann, wenn sie beträchtlich höher sind.

Aber wie errechnen wir für die Maschinen die Kosten je Stunde? Bevor wir rechnen können, brauchen wir noch einige Angaben über die Maschine A, deren Kosten wir berechnen. Diese Angaben können wir in den meisten Betrieben aus Maschinenkarten entnehmen, die für jede Maschine angelegt sind. Dies sind:

Anschaffungswert der Maschine	300 000 €
Wirtschaftliche Abschreibungszeit	10 Jahre
Betrieblicher kalkulatorischer Zinssatz	10 %
Instandhaltung	6 % vom Beschaffungswert
Raumbedarf der Maschine	60 m²
Raumkosten der Maschine	80 € /m² und Jahr
Energiebedarf	16 kWh
Energiekosten	0,30 € /h
Jährliche Nutzung der Maschine	1 500 Stunden

Wir errechnen zunächst die Maschinenkosten je Jahr.

$$\text{Kalkulatorische Abschreibung} = \frac{\text{Anschaffungswert}}{\text{wirtsch. Nutzungszeit}} = \frac{300000,-\,€}{10\ \text{Jahre}} = 30000,-\,€/\text{Jahr}$$

$$\text{Kalkulatorischer Zins} = \frac{\text{Anschaffungswert} \cdot \text{Zinssatz}}{2} = \frac{300000,-\,€ \cdot 10}{2 \cdot 100} = 15000,-\,€/\text{Jahr}$$

$$\text{Instandhaltung} = \text{Anschaffungswert} \cdot \text{Prozentsatz} = \frac{300000,-\,€ \cdot 6}{100} = 18000,-\,€/\text{Jahr}$$

$$\text{Raumkosten} = \text{Anzahl m}^2 \cdot €/\text{m}^2 = 80\ \text{m}^2 \cdot 60\ €/\text{m}^2 \text{ und Jahr} = 4800,-\,€/\text{Jahr}$$

$$\text{Energiekosten} = \text{Verbrauchte kWh} \cdot €/\text{kWh} \cdot \text{Nutzung/Jahr}$$

= 16 kWh x 0,30 €/kWh · 1500 h/Jahr = 7200,– €/Jahr

Addieren wir die Werte, erhalten wir als Summe/Jahr 75 000,– €

Für die Maschinenkosten/Stunde dividieren wir die Kosten/Jahr durch die Nutzungszeit/Jahr.

75 000 €/Jahr : 1500 Stunden/Jahr = 50,– €/Stunde

Die Maschinenkosten betragen demnach für die Maschine A 50,– €/Stunde.

Die Maschinenkosten/Stück ergeben sich aus dem Zeitanteil, der für die Bearbeitung der Produkteinheit auf der Maschine benötigt wurde.

Für Vorrichtungskosten und Werkzeugkosten gilt:

$$\text{Euro/Erzeugniseinheit} = \frac{\text{Anschaffungswert} + \text{Reparaturkosten}}{\text{Bearbeitete Stückzahl}}$$

5.6 Erlöse, Kosten und Beschäftigungsgrad

5.6.1 Beschäftigungsgrad, fixe und variable Kosten

„Sie gehen bei Ihrer Rechnung davon aus, dass die Maschine A voll ausgelastet ist. Bei uns im Betrieb ist das aber nicht bei allen Maschinen so. Ich habe Ihrer Rechnung einen Fall mit geringerer Auslastung durchgerechnet. Bei 1000 Stunden Nutzung bekomme ich 72,60 € heraus. Woran liegt das? Habe ich falsch gerechnet?"

Nein. Bei der Kostenartenrechnung wurde bereits angesprochen, dass sich die Kostenarten unterschiedlich zum Beschäftigungsgrad verhalten. Hier haben wir einen typischen Fall der Einwirkung der fixen, also von der Zeit abhängigen Kosten. Sie unterscheiden sich von den variablen, also von der Menge oder der Beschäftigung abhängigen Kosten. Um zu erkennen, warum das so ist, sollten wir uns die Zusammenhänge noch einmal deutlich machen.

Beim Vergleich der Auslastung von Maschinen müssen wir von der verfügbaren Nutzungszeit ausgehen, die wir gleich 100 % setzen. Vergleichen wir die tatsächliche Nutzungszeit mit der verfügbaren, dann erhalten wir den **Beschäftigungsgrad**.

$$\text{Beschäftigungsgrad in \%} = \frac{\text{tatsächliche Nutzungzeit}}{\text{verfügbare Nutzungzeit}} \times 100$$

Bei der Maschine A entspricht die verfügbare Nutzungszeit/Jahr von 1500 Stunden einem Beschäftigungsgrad von 100 %. Mit diesem Beschäftigungsgrad von 100 % haben wir gerechnet. Bei ihrer Rechnung betrug die Auslastung 1000 Stunden, also einem Beschäftigungsgrad von 67 %. Je geringer die Auslastung ist, desto geringer ist der Anteil der Stunden, der auf die zeitabhängigen Kosten verteilt werden kann. Die Kosten je Stunde steigen also.

Sie haben sicher erkannt, dass sich auch hier wieder eine Einwirkung der Meister auf die Kosten ergibt, nämlich darauf zu achten, dass der Beschäftigungsgrad der Maschinen möglichst bei 100 % liegt, um so die Stundensätze für die Maschinen niedrig zu halten.

▶ **Fixe und variable Kosten**

Die unterschiedliche Höhe der Stundensätze entsteht durch die Einwirkung der fixen und variablen Kosten. Wiederholen wir noch einmal die Begriffe fix und variabel.

– **variable** (veränderliche) oder **mengenabhängige Kosten** verändern sich in der Summe mit der Ausbringungsmenge oder mit dem Beschäftigungsgrad. Bei Maschine A ist das die Energie.

– **fixe** (feste) oder **zeitabhängige Kosten** sind unabhängig von der Ausbringungsmenge oder dem Beschäftigungsgrad. Sie fallen für einen bestimmtem Zeitraum
immer in gleicher Höhe an, gleichgültig, ob viel oder wenig produziert wird. Bei
der Maschine A sind das Raumkosten, kalkulatorische Abschreibungen, kalkulatorische Zinsen.

5.6.2 Gesamtkosten und Stückkosten

Den Zusammenhang zwischen diesen Kostenarten und der Menge können wir in einer
Zeichnung erkennen. Wir haben folgende Kostensituation: Die Fixkosten für einen Monat
betragen 300,– €. Die variablen Kosten für ein Stück sind 10,– €/Stück. Der Preis liegt bei
20,– €/Stück. Wir untersuchen jetzt das Verhalten der Kosten bei unterschiedlichen Mengen, und zeigen das Ergebnis zunächst in einer Tabelle (Abb. 30) und dann in Zeichnungen (Abb. 31 und 32).

Stück	zeitabh. Kosten		mengenabh. Kosten		Gesamtkosten		Umsatz	
je Monat	Gesamt	je Stück	Gesamt	je Stück	Gesamt	je Stück	Gesamt	je Stück
1	300	300	10	10	310	310	20	20
20	300	15	200	10	500	25	400	20
30	300	10	300	10	600	20	600	20
40	300	7,50	400	10	700	17,50	800	20
70	300	4,28	700	10	1000	14,28	1400	20

Abb. 30: Zusammenhang zwischen Kostenverlauf und produzierter Menge

Aus diesen Daten erstellen wir zwei Zeichnungen, bezogen auf die Gesamtkosten
(Abb. 31) und auf die Kosten je Stück (Abb. 32).

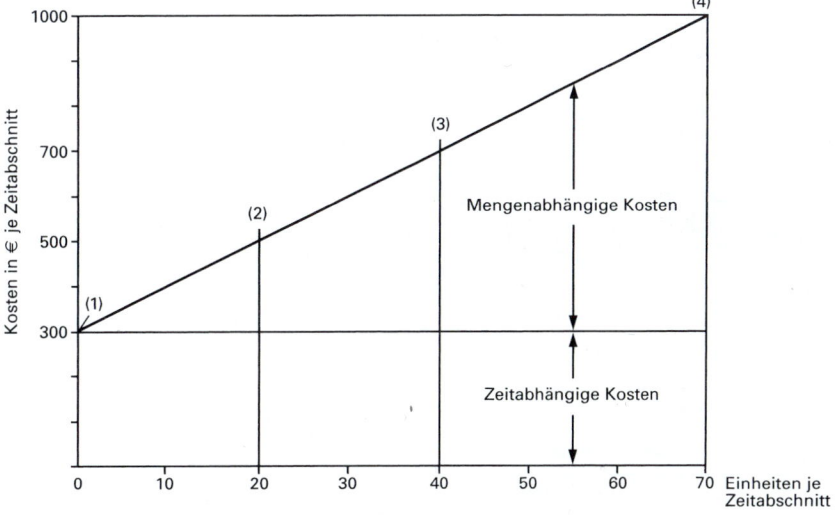

Abb. 31: Abhängigkeit der Gesamtkosten von Zeit und Menge

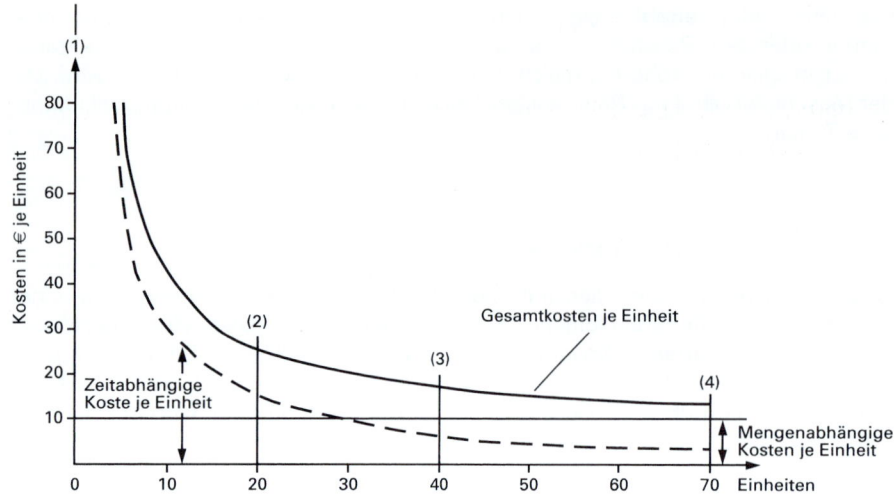

Abb. 32: Abhängigkeit der Kosten je Stück von Zeit und Menge

5.6.3 Erlöse, Kosten und Beschäftigungsgrade

Wir haben in unsere Tabelle auch gleich den Preis mit hineingenommen. Uns interessiert nicht nur, wie sich die Kosten zum Beschäftigungsgrad verhalten. Wir wollen auch wissen, ob wir mit Gewinn oder Verlust produzieren: Wie hoch muss die Auslastung unserer Maschine sein, damit wir Gewinn erzielen? Aus unserer Tabelle erkennen wir, dass wir mindestens 30 Stück produzieren müssen, damit Kosten und Umsatz ausgeglichen sind. Produzieren wir mehr, haben wir Gewinn, ist es weniger, Verlust. Den Punkt, an dem die Kosten durch den Umsatz das erste mal voll abgedeckt sind, nennen wir Kostenausgleichspunkt oder **„Break-even-point"**. Nicht immer können wir diesen Ausgleichspunkt den Tabellen so leicht entnehmen. Deshalb stellen wir die Beziehung grafisch dar. Das haben wir in Abb. 33 getan. Sie sehen in dieser Abb. 33 die Gewinnschwelle als Schnittpunkt zwischen der Gesamtkostenlinie und der Umsatzlinie. Der dazu gehörende Schnittpunkt auf der x-Achse ist der **kritische Beschäftigungsgrad**, oder die **kritische Menge**, auf der y-Achse der **kritische Umsatz**.

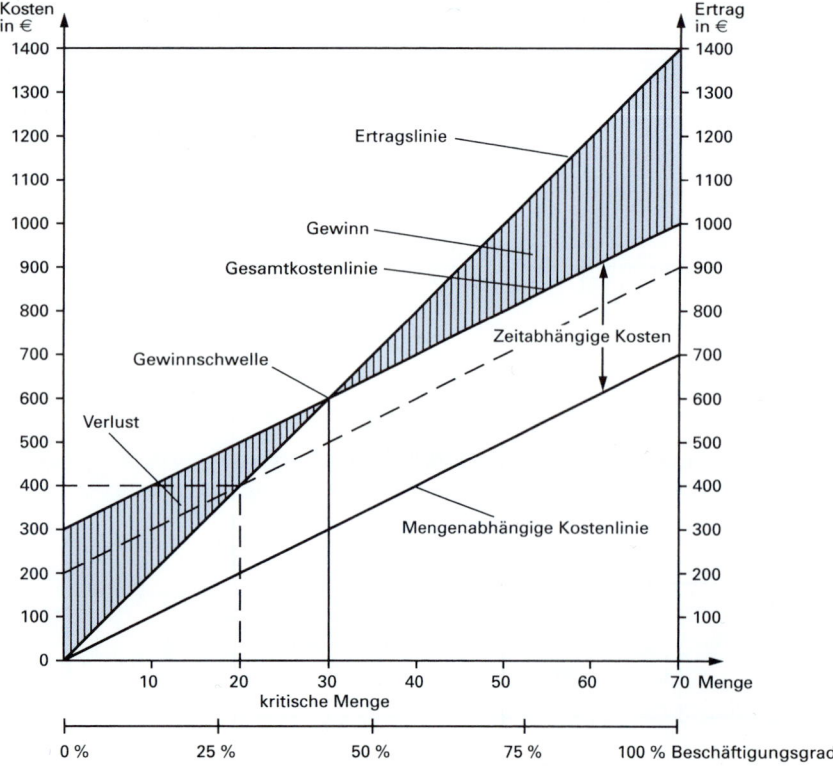

Abb. 33: Die Gewinnschwelle (Break even point) und die kritische Menge

5.16 a) Errechnen Sie den Maschinenstundensatz aus folgenden Daten:

Anschaffungswert der Maschine	400 000 €
Wirtschaftliche Abschreibungszeit	10 Jahre
Betrieblicher kalkulatorischer Zinssatz	10 %
Instandhaltung	7 % vom Beschaffungswert
Raumbedarf der Maschine	50 m^2
Raumkosten der Maschine	80 €/m^2 und Jahr
Energiekosten	6 €/h
Jährliche Nutzung der Maschine	1 600 Stunden

    b) Wie hoch wäre der Stundensatz, wenn die Maschine 1 240 Stunden/Jahr genutzt würde?

5.17 Eine Maschine wird 1 200 Stunden je Jahr genutzt. Die verfügbare Nutzungszeit beträgt 1 600 Stunden. Wie hoch ist der Beschäftigungsgrad?

5.7 Deckungsbeitragsrechnung

> *„Hier taucht das gleiche Problem auf wie beim Maschinenstundensatz. In der Tabelle Abb. 30 sehen wir, dass bei unterschiedlicher Produktionshöhe oder Auslastung unterschiedlich hohe Kosten anfallen. Nun, das wäre gut, wenn dabei die Proportionalität gewahrt bliebe. Aber die Kosten/Stück sind doch jedesmal anders".*

5.7.1 Struktur

Dies ist eine Erscheinung der Vollkostenrechnung. Auch hier ist es der Einfluss der fixen Kosten. Wie wir wissen, bleiben diese ja gleich hoch, egal welche Menge produziert wird. Zur Lösung dieses Problems werden die Kosten anders gegliedert. Wir unterscheiden jetzt Grenzkosten und Deckungsbeiträge. Daraus entwickeln wir die **Deckungsbeitragsrechnung**. Anhand der folgenden Tabelle sehen wir diesen Entwicklungsgang. Vergleichen wir die Kosten bei 40 und 70 Stück. Gehen wir davon aus, dass dies für das gleiche Produkt zwei verschiedene Aufträge sind:

Auftrag	Stück	Gesamtkosten	Kosten je Stück
1	70	1000	14,28
2	40	700	17,50
Differenz[*]	30	300	10

[*] Nur Stück und Gesamtkosten

Führen wir noch eine Rechnung durch, bevor wir das Ergebnis kommentieren. Als wir die beiden Aufträge miteinander verglichen, rechneten wir

$$\frac{1000\,€ - 700\,€}{70\,\text{Stück} - 40\,\text{Stück}} = \frac{300\,€}{30\,\text{Stück}} = 10\,€/\text{Stück}$$

Diese 10 € je Stück stellen den Kostenzuwachs dar, wenn wir die Produktionsmenge um ein Stück erhöhen. Wir nennen diesen Wert **Grenzkosten**. Verhalten sich die Kosten linear, dann können wir diese Grenzkosten mit den variablen Kosten/Stück gleichsetzen.

Der Deckungsbeitrag ist die Differenz zwischen dem Erlös und den Grenzkosten. Er soll dazu dienen, den Block der Fixkosten abzudecken. Wenn dieser abgedeckt ist, erzielen wir Gewinn.

> **Deckungsbeitrag** = Erlöse – Grenzkosten

5.7.2 Vorgehensweise

Betrachten wir wieder die Aufträge 1 und 2.

Auftrag 1	Gesamterlöse – Summe Grenzkosten	= **Deckungsbeitrag**
	1400 € – 70 Stück · 10 €/Stück	= 700 €
Auftrag 2	800 € – 40 Stück · 10 €/Stück	= 400 €

Nun müssen wir nur noch wissen, wie hoch die fixen Kosten sind. Dann können wir sagen, ob wir mit Gewinn oder Verlust verkaufen. Auch diese errechnen wir aus den gegebenen Zahlen. Die Gesamtkosten setzen sich bekanntlich aus den Fixkosten und den variablen Kosten zusammen.

> **Gesamtkosten** = Fixkosten + variable Kosten

Daraus leiten wir ab

> **Gesamtkosten** = Fixkosten + Menge · variable Kosten/Stück   bzw.
>
> **Fixkosten** = Gesamtkosten – Menge · variable Kosten/Stück

Wir ersetzen variable Kosten/Stück durch Grenzkosten, dann erhalten wir

> **Fixkosten** = Gesamtkosten – Menge · Grenzkosten

Setzen wir unsere Zahlen ein, ergibt sich für die Aufträge 1 und 2

Auftrag 1   x = 1000 € – 70 Stück · 10 €/Stück   = 300 €

Auftrag 2   x = 700 € – 40 Stück · 10 €/Stück   = 300 €

Die Summe Fixkosten (Fixkostenblock) ist mit 300 € bei beiden Aufträgen gleich. Vorhin hatten wir die Deckungsbeiträge bei den beiden Aufträgen ausgerechnet. Ziehen wir die errechneten Fixkosten ab, dann erhalten wir

Auftrag 1   700 € minus 300 €   =   400 € (Gewinn)

Auftrag 2   400 € minus 300 €   =   100 € (Gewinn)

▶ Das bedeutet in beiden Fällen einen Gewinn, allerdings fällt er bei der Menge 40 schon kleiner aus. Errechnen Sie einmal selbst den Gewinn bei einem 3. Auftrag, mit 20 Stück. Richtig, der Deckungsbeitrag reicht nicht aus, den Fixkostenblock abzudecken. Wir haben also nach der Vollkostendenkweise einen Verlust. Sollen wir also einen solchen Auftrag ablehnen?

▶ Nein. Zumindest nicht, solange wir noch freie Kapazität haben. Er deckt uns immerhin einen Teil der Fixkosten ab. Diese müssten sonst von den anderen Aufträgen getragen werden. Decken die anderen Aufträge, wie z. B. Auftrag 1 schon die Fixkosten ganz ab, dann erhöht der Deckungsbeitrag des Auftrags 3 den Gewinn.

Aufgaben / Fragen

5.18 Was ist ein Deckungsbeitrag?

5.19 Für zwei Aufträge zur Fertigung des gleichen Produktes haben Sie folgende Angaben:

Auftrag	Gefertigte Stück	Gesamtkosten in €
1	800	50 000
2	1200	58 000

Errechnen Sie folgende Werte:

a) die Grenzkosten

b) die zeitabhängigen Kosten

c) die Gesamtkosten bei einer Fertigung von 1600 Stück.

d) Nehmen Sie einen Auftrag mit 200 Stück an, wenn man Ihnen je Stück 30,– €/Stück zahlt?

e) Wie wäre es bei einem Angebot von 9,– €/Stück?

Begründen Sie bei d) und e) Ihre Entscheidung.

5.20 Welche Voraussetzungen müssen mindestens gegeben sein, dass wir unter Selbstkosten zum Deckungsbeitrag verkaufen können?

5.8 Kostenvergleichsrechnung und Wirtschaftlichkeitsrechnung

Situation

„In einer der Produktionsabteilungen sollte gestern ein Arbeitsvorgang geändert werden. Da wir inzwischen betriebswirtschaftlich handeln, wollten wir wissen, ob die Neugestaltung des Arbeitsvorgangs auch wirtschaftlicher ist."

5.8.1 Kostenvergleichsrechnung

Die Antwort gibt uns ein Kosten- oder Wirtschaftlichkeitsvergleich. Er ist eine Entscheidungshilfe. Wollen wir z. B. wissen, welches von zwei Verfahren für einen Arbeitsvorgang zu wählen ist, dann ermitteln wir für jedes der beiden Verfahren die Kosten, vergleichen sie, und wählen das Verfahren mit den niedrigeren Kosten.

Wirtschaftlichkeitsrechnungen können wir auch in folgenden Situationen einsetzen:

– Verlegen eines Arbeitsvorgangs von einer Maschine auf eine andere

– Ersatz eines Werkzeugs durch ein anderes

– Wahl eines anderen Materials

– Veränderung eines Ablaufs für einen Arbeitsprozess

Bei diesen Vergleichen werden immer Kosten einander gegenübergestellt. Das Ergebnis ist die relative Wirtschaftlichkeit. Also

$$\text{relative Wirtschaftlichkeit} = \frac{\text{Kosten Alternative 1}}{\text{Kosten Alternative 2}}$$

5.8.2 Gesamtkostenvergleich und Grenzstückzahl an Beispielen

Ein einfaches Beispiel für den Differenzenvergleich wird in folgender Aufgabenstellung deutlich: Ein Arbeitsvorgang soll von einer Fräsmaschine auf eine Sondermaschine verlegt werden. Dabei gibt es folgende Kostendifferenzen.

Kostenart	Fräsmaschine €/Stück	Sondermaschine €/Stück
Fertigungslohn	1,296	0,600
Restgemeinkosten	1,555	0,720
Maschinenkosten	4,320	1,712
Vorrichtungskosten	0,200	–
Werkzeugkosten	0,297	0,189
Summe	7,688	3,221
Differenz		4,447

Die Sondermaschine hat die niedrigeren Kosten, die Verlegung des Arbeitsvorganges ist wirtschaftlich. Es gibt aber auch Anwendungen, bei denen wir die Kosten mit dem Ertrag vergleichen müssen. Dann errechnen wir die absolute Wirtschaftlichkeit.

$$\text{absolute Wirtschaftlichkeit} = \frac{\text{Ertrag}}{\text{Kosten}}$$

Sie ist z. B. erforderlich, wenn wir ein Produkt entweder durch die Erhöhung der Qualität oder eine verbesserte Nutzungsmöglichkeit verändern. Hier prüfen wir, ob ein erzielbarer höherer Preis oder ein erhöhter Umsatz die Kosten abdeckt, die für diese Änderung aufgewendet wurden.

Situation

„Wir wollen in unserem Betrieb eine neue Maschine beschaffen, die statt der bisherigen 10 Stück/Stunde nun 25 Stück/Stunde herstellt. Können wir auch so eine einfache Kostensituation vergleichen?"

▶ Nein. Die bisher genannten Vergleiche sind **Differenzenvergleiche**. Wir Stellen lediglich die Differenz der Kosten zwischen zwei Alternativen fest und bestimmen das relativ wirtschaftlichere Verfahren, nämlich das mit den niedrigeren Kosten. Diese Vergleiche gelten immer nur für eine bestimmte Stückzahl, die bei beiden Alternativen gleich groß sein muss. Das ist bei der von Ihnen erwähnten Situation nicht der Fall. Wir können jetzt natürlich den Differenzenvergleich für mehrere unterschiedliche Stückzahlen machen, aber das ist umständlich. Hierfür setzen wir den Grenzstückzahlvergleich ein, auch als kritische Menge bezeichnet.

▶ Dieser **Grenzstückzahlvergleich** geht von der Aufteilung der Kosten in fixe und variable Anteile aus. Die Grenzstückzahl können wir sowohl grafisch, als auch rechnerisch ermitteln. Bei der grafischen Darstellung zeichnen wir die Gesamtkostenkurven beider Alternativen in ein Diagramm. Der Schnittpunkt beider Kurven ergibt die Grenzstückzahl. Ein solches Diagramm sehen Sie in Abb. 34. Die rechnerische Ermittlung sehen wir wieder an einem Beispiel.

Uns liegen folgende Angaben vor:

	Alternative 1	Alternative 2
variable Kosten / Stück	5,– €	3,– €
Summe fixe Kosten	1000,– €	3000,– €

Die Formel für die **Grenzstückzahl** n_{Gr} ist

$$n_{Gr} = \frac{\text{fixe Kosten 2} - \text{fixe Kosten 1}}{\text{variable Kosten/Stück 1} - \text{variable Kosten/Stück 2}}$$

Setzen wir die Zahlen ein.

$$n_{Gr} = \frac{3000,-\,€\,-\,1000,-\,€}{5,-\,€/\text{Stück}\,-\,3,-\,€/\text{Stück}} = 1000\ \text{Stück}$$

Die Grenzstückzahl liegt in diesem Fall bei 1000 Stück.

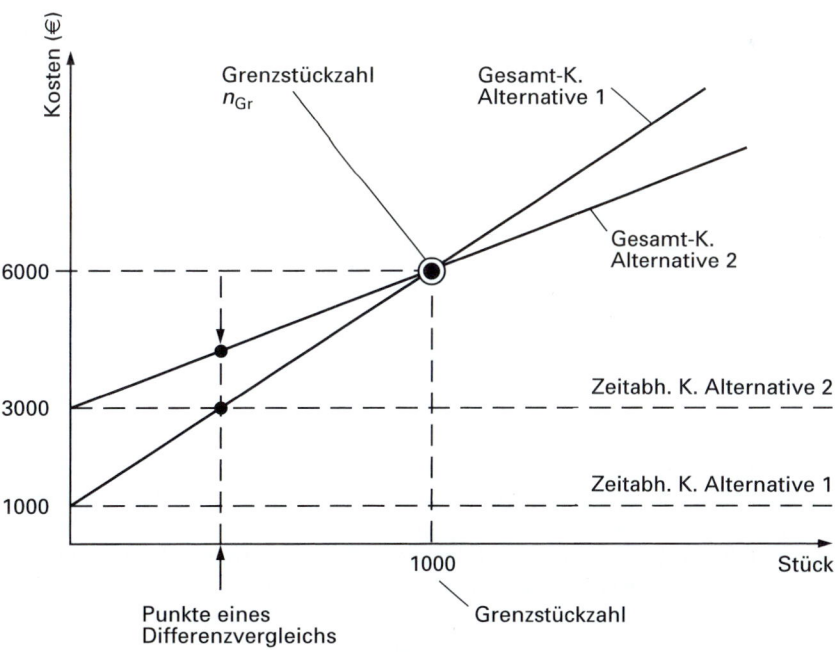

Abb. 34: Grafische Ermittlung der Grenzstückzahl

5.8.3 Wirtschaftlichkeitsrechnung bei Investitionsentscheidungen

Die Entscheidung, ob ein Vorschlag für eine Änderung angenommen werden kann, hängt nicht allein vom Ergebnis des Wirtschaftlichkeitsvergleiches ab. Im Betrieb gibt es häufig Änderungsvorschläge, für deren Verwirklichung mehr oder minder große Investitionen erforderlich sind. Aber Kapital ist nur beschränkt vorhanden. Wir müssen daher die Dringlichkeit der einzelnen Vorschläge bestimmen und sie so in eine bestimmte Reihenfolge für ihre Verwirklichung bringen. Eine einfache Methode ist die, die **Rückfluss-** oder **Amortisationszeit** des investierten Kapitals zu bestimmen. Je früher das Kapital zurückgeflossen ist, desto geringer ist das Risiko und desto früher kann das Kapital für weitere Projekte eingesetzt werden. Wir erhalten z. B. bei einem Wirtschaftlichkeitsvergleich eine Kostendifferenz und damit eine Kosteneinsparung von 120000 €/Jahr zugunsten der Neuinvestition. Diese beträgt 800000 €. Die Abschreibung geht über 10 Jahre.

$$\text{Kapitalrückflusszeit} = \frac{\text{Kapitalinvestition}}{\text{Kostenersparnis/Jahr} + \text{Abschreibung/Jahr}} = \frac{800\,000\ \text{€}}{120\,000\ \text{€/Jahr} + 80\,000\ \text{€/Jahr}} = 4\ \text{Jahre}$$

Diese Investition hat etwa eine mittlere Dringlichkeit und so im Allgemeinen nur eine geringe Chance zur Realisierung. Die Kapitalrückflusszeit sollte möglichst unter 3 Jahren liegen. Eine weitere Möglichkeit für Entscheidungen bei Investitionen sind der Break-Even-Point, den Sie ja schon kennen und das Return on Investment (ROI). Mit dem ROI wollen wir prüfen, welche Umsatzrendite wir haben, wie hoch der Kapitalumschlag ist und mit welchem Prozentsatz sich das Kapital verzinst hat.

5.9 Zweck und Ergebnis betrieblicher Budgets

Situation

„Bei unserer letzten Abteilungsleiterbesprechung im Betrieb wurden auch die Kosten angesprochen. Wir sollen für unsere Abteilung ein Budget für das nächste Jahr aufstellen. Wie sollen wir das machen?"

▶ **Aufstellung und Abweichungsanalyse**

Die Kostenrechnung dürfen wir nicht nur aus der Vergangenheit heraus betrachten. Die Erfahrungen, die wir aus den einzelnen Anwendungsformen bekommen, müssen natürlich für die Zukunft umgesetzt werden. Das bedeutet, dass der Planungs- und Budgetierungsgedanke wichtig ist. Daraus lassen sich zwei Methoden ableiten:

■ Die **Budgetkostenrechnung** zur Erfolgskontrolle und damit Überwachung der Betriebsergebnisse,

■ Die **Plankostenrechnung** für die Überwachung der Kostenentwicklung bei den Produkten und den Kostenstellen.

Grundlage für die Plankostenrechnung ist das **Budget**. Hier werden den Kostenstellen Planzahlen vorgegeben, die entweder aufgrund der Kostenentwicklung der Vergangenheit oder durch unternehmerische Zielsetzungen festgelegt werden. Sie sollen mit der Plankostenrechnung überwacht werden. Budget und Plankosten haben im Prinzip zwei Hauptaufgaben: Sie sollen die Grundlagen für die Vorplanung liefern und die Kostenentwicklung in den einzelnen Abteilungen bzw. Kostenstellen überwachen. Es gibt zwei Methoden, die starre und die flexible Plankostenrechnung.

▶ Bei der **starren Plankostenrechnung** werden die Einzel- und Gemeinkosten ohne Rücksicht auf den Beschäftigungsgrad zu festen Verrechnungswerten vorgegeben. Eine Auflösung in fixe und variable Kosten erfolgt nicht. Zur Überwachung dient ein Soll-Ist-Vergleich mit der Feststellung der Gesamtabweichung. Eine Analyse für die Ursache der Abweichung erfolgt meistens nicht. Diese Form finden wir hauptsächlich bei Verwaltungs- oder Stabsabteilungen, d. h. Abteilungen, bei denen kaum variable Komponenten zu finden sind.

Die **flexible Plankostenrechnung** passt die Plankosten der jeweiligen Beschäftigungs-
änderung an und berücksichtigt, dass sich die Fixkosten bei Beschäftigungsabweichungen nicht verändern. Dadurch sollen die Kosten, die ein Kostenstellenleiter meist
nicht verändern kann, aus der Abweichungsanalyse herausgenommen werden. Diese
Form wird überwiegend bei Fertigungsabteilungen angewandt, da hier der Anteil
variabler Kosten hoch ist, z. B. Energie, Löhne oder Material.

Die Ursachen für Abweichungen werden durch eine **Abweichungsanalyse** ermittelt.
Bei ihr wird nicht nur die Gesamtabweichung errechnet. Sie wird noch unterteilt in folgende Abweichungen:

– **verbrauchsbedingte Abweichungen (Verbrauchsabweichungen)**, z. B. beim Material oder benötigte Lohnstunden, bei der ein Meister gute Einwirkungsmöglichkei-
ten hat.

– **beschäftigungsbedingte Abweichungen (Beschäftigungsabweichungen)**. Diese
können durch die Kostenstellenleiter kaum beeinflußt werden, da hier die Ursache
in der Abweichung der Ist- von der Soll-Beschäftigung zu suchen ist, z. B. wenn die
Terminsteuerung mehr Aufträge zuweist.

Aufgaben

5.21 a) Ermitteln Sie aus folgenden Daten, welche Maschine wirtschaftlicher ist:

Kostenart	Maschine 1	Maschine 2
	€/Stück	€/Stück
Fertigungslohn	4,300	10,200
Restgemeinkosten	2,500	1,300
Maschinenkosten	8,400	3,800
Vorrichtungskosten	0,200	–
Werkzeugkosten	0,300	0,900
Summe	15,700	16,200
Differenz	0,500	

b) Wie heißt dieser Vergleich?

5.22 Es liegen folgende Werte vor:

	Alternative 1	Alternative 2
Variable Kosten/Stck	10,– €	20,– €
Summe fixe Kosten	4000,– €	2000,– €

Wo liegt die Grenzstückzahl bei diesen Alternativen?

5.23 Bei einem Wirtschaftlichkeitsvergleich ergibt sich eine Kostendifferenz von
300000,– €/Jahr zugunsten einer Neuinvestition. Diese Neuinvestition beträgt
1000000,– €. Ihre Nutzungszeit soll 8 Jahre betragen. Die Firma genehmigt nur
Neuinvestitionen, wenn die Kapitalrücklaufzeit weniger als 3 Jahre beträgt.
Befürworten Sie die Neuinvestition?

5.24 Die starre Plankostenrechnung hat viele Nachteile. Sie ist trotzdem in bestimmten Bereichen einsetzbar. In welchen?

Fallstudie

5.25 In Ihrem Betrieb werden zwei Tischarten produziert. Die Betriebsleitung nimmt
an, dass einer der beiden Verluste bringt und beabsichtigt, diesen aus der Produktion herauszunehmen.

Sie schlagen vor:

a) Die Kalkulationen zu überprüfen.

b) Wozu raten Sie, wenn die Annahme der Betriebsleitung stimmen sollte?

Es liegen folgende Daten vor	Tisch A	Tisch B
Verkaufspreis (in €)	450	250
Marktanteil	20 %	20 %
Produzierte Stück/Jahr	168 000	120 000
Materialeinzelkosten/Stück	267	154
Fertigungslohn/Stück (€)	19	18
Materialgemeinkosten %	1,4	1,4
Fertigungsgemeinkosten %	500	500
Verwaltungsgemeinkosten %	8	8
Vertriebsgemeinkosten %	6	6

Der Fixkostenanteil bei den Fertigungsgemeinkosten 50 %

bei den Verwaltungs- und Vertriebsgemeinkosten 100 %

1. Lösungshinweise zu den Lernaufgaben

1.1 Ein Betrieb ist die technisch-organisatorische Einheit, in der die Produkte erzeugt werden. Die Firma ist der juristische Begriff für den Namen des Betriebes.

1.2 Ja. Z. B. die Instandhaltungsabteilung, die Werkzeugmacherei oder die Kostenrechnung.

1.3 a) Ein Handwerksbetrieb. b) Eine GmbH.

1.4 Das Kapital wird nur zum Teil für die Herstellung der Erzeugnisse verwendet.

Dieser Teil ist bereits in den Produktionsfaktoren enthalten.

1.5 Nein. Bei der Konzentration wird die Selbstständigkeit der Partner eingeschränkt.

Beim Kartell bleibt sie erhalten.

1.6 Veränderungen in einem Funktionsbereich wirken sich fast immer auf andere Funktionsbereiche aus.

1.7 Nein. Er ist sowohl Anbieter als auch Kunde. Außerdem bietet er nicht nur Waren an, sondern auch Dienstleistungen.

1.8 Ja, er trägt zur Herstellung eines Produktes bei. Es ist statische Haltearbeit.

1.9 Sie müssen Arbeitsplatz und -ablauf bestmöglich gestalten und die Arbeitskraft motivieren, die bestmögliche Leistung zu vollbringen.

1.10 Die Arbeitskraft muss auch zum Erbringen der Leistung fähig sein.

1.11 35.7 Wellen/h

1.12

Arbeitsaufgabe	Stückzahl und Hauptabmessungen lt. Lieferschein kontrollieren.
Eingabe	Entladene Ware
Mensch	Prüfer
Betriebsmittel	Bandmaß, Schiebelehre
Arbeitsablauf	Ware lt. Lieferschein zählen, Abmessungen prüfen, Mängel an Einkauf melden
Umwelteinflüsse	Keine besonderen

1.13 Nur für den beeinflussbaren Anteil von 40 %

1.14 Er muss durch intensive Arbeitsgestaltungsmaßnahmen dafür sorgen, dass die Betriebsmittelkapazität möglichst hoch genutzt wird.

1.15 Es müssen alle Instandsetzungsarbeiten erfasst werden. Weiterhin sind regelmäßige Inspektionen erforderlich. Die Lebensdauer der einzelnen Verschleißteile muss bekannt sein.

1.16 Eigenständige Lösung

1.17 a) Ausschuss   b) Nacharbeit, also kein Materialverlust, sondern nur Zeitverlust

c) Materialabfälle   d) Lagerverluste

1.18 a) Wiederverwendung   b) Wiederverwertung   c) Wiederverwertung

2.1 Die Aufbauorganisation gestaltet den langfristigen Betriebsaufbau, d. h. die Betriebsgliederung in Organisationseinheiten. Die Ablauforganisation befasst sich mit der Verknüpfung der Arbeitsabläufe sowie das Zusammenwirken von Menschen, Arbeitsmitteln und Arbeitsgegenständen.

2.2 Jedes Unternehmen hat die unterschiedlichsten externen und internen Einflüsse.

2.3 Sie muss sich laufend an die Veränderungen in den betrieblichen Aufgabenstellungen anpassen und die Abläufe optimal gestalten.

2.4 Die Aufgabenanalyse geht von der Gesamtaufgabe aus. Sie zerlegt sie systematisch in Teilaufgaben, bis in die einzelnen Aufgabenelemente. Bei der Aufgabensynthese werden dagegen Teilaufgaben zu Stellen zusammengefasst.

2.5 Eine Stelle ist ein Bündel von Aufgaben, das von einer dafür geeigneten Person erledigt werden kann.

2.6 Ein Stellenplan ist eine Zusammenfassung aller Stellenbeschreibungen. Er bildet die Grundalage für die Arbeitsbewertung, die -unterweisung und die Personalplanung.

2.7 Leitungsstellen treffen Entscheidungen und erteilen Anordnungen. Stabsstellen beraten die Leitungsstellen und bearbeiten Spezialaufgaben.

2.8 Nein. Sie dürfen nur beraten.

2.9 Ein Dienstweg ist die Verknüpfung der einzelnen Instanzen in den verschiedenen Betriebsebenen.

2.10 Eine Hauptabteilung ist die Zusammenfassung von Stellen verwandter Art, die einer leitenden Instanz unterstellt sind.

2.11 Durch das Bilden von Stabsstellen und damit die Erweiterung der Linien- zur Stablinienorganisation.

2.12 Die Aufgaben für die Leitenden wurden immer komplizierter und erforderten immer mehr Spezialwissen, das von einer Person nicht mehr erbracht werden konnte.

2.13 Es traten zunehmend Kompetenzüberschreitungen oder Überschneidungen auf. Das führte zu Störungen in der Zusammenarbeit.

2.14 Die Stabsstellen übertreten oft ihre Befugnisse, ihre Tätigkeit wird auch oft als Einmischung empfunden.

2.15 Bedingt durch den heutigen hohen Ausbildungs- und Kenntnissstand fühlen sich die Arbeitskräfte oft unterfordert. Sie sind dadurch nicht ausreichend motiviert.

2.16 Die Aufgabenerweiterung, -bereicherung und -wechsel.

2.17 Beim Profit-Center dient der erarbeitete Gewinn zur Steuerung. Beim Cost-Center werden nur Soll-Ist-Vergleiche dazu verwandt.

2.18 Das Produktionsprogramm: Auf Maschine 1 und 2 je 420 Stück von A.

Auf Maschine 3 105 Stück von B.

Auslastung 83,33 %

2.19 Das Absatzprogramm bildet nach Abstimmung mit den betrieblichen Gegebenheiten die Grundlage für das Produktionsprogramm.

2.20 Die Grundlage für die Stückliste sind die Erzeugnisgliederung und die Zeichnung.

2.21 Es handelt sich um eine Mengenteilung.

2.22 Z. B. Arbeitsgang 1 wird auf Maschine 1, Arbeitsgang 2 auf Maschine 2 und Arbeitsgang 3 wird mit je 100 Stück auf die Maschinen 3 und 4 aufgeteilt.

2.23 Zu beachten sind die Fördergüter, die Fördermenge und die Lagerungsart.

2.24 Ein technisches System ist die Verkettung technischer Arbeitsmittel, z. B. Maschinen. Der Mensch wirkt hier nicht mit. Beim soziotechnischen System wirken Mensch und Arbeitsmittel zusammen.

2.25 Durch die Lohngruppe oder den Arbeitswert.

2.26 Zeichnungen, Stücklisten und Ablaufplan

2.27 Die Soll-Zeiten werden vorgegeben. Die Ist-Zeiten dokumentieren die wirklich erzielten Zeiten.

2.28 Die Soll-Zeit wird mit 50 min vorgegeben. Der Lohn beträgt 15,– €.

2.29 Von einem gut gestalteten Arbeitsplatz, intakten Arbeitsmitteln und qualitativ einwandfreiem Material.

2.30 Auf Arbeitsgegenstand, -bedingungen, -methoden, -weisen und -verfahren.

2.31 Im ersten Fall ist es eine Werkbankfertigung, im zweiten eine Werkstättenfertigung.

2.32 Das Reihenprinzip arbeitet flexibler durch den Einsatz von Puffern an den einzelnen Arbeitsplätzen.

2.33 Durch die sinkenden Produktlebenszeiten und die damit verbundene Typenvielfalt.

2.34 Die Bedarfsplanung für Arbeitskräfte, Material und Betriebsmittel.

2.35 Von den Arbeitsplänen, den Auftragsmengen und den zukünftigen Absatzchancen.

2.36 Sie bestimmt den qualitativen und quantitativen Materialbedarf unter Berücksichtigung der Materialverluste.

2.37 Aus der Stückliste und dem Fertigungsplan.

2.38 Möglichst geringe Lagerkosten sowie möglichst geringe Bestell- und Eigenfertigungskosten.

2.39 Wir erhalten stets einsehbare Datenträger für die Durchführung und Überwachung der Produktion und eine gute Grundlage für die Kostenrechnung.

2.40 Sie soll die kosten-, qualitäts- und termingerechte Auftragsdurchführung sichern.

2.41 a) 8 Stunden   b) 6 Stunden, 75 %   c) 2 Stunden

2.42 280 min = 50 Stück x (5 min + 100 min/50 Stück) / 125 %

2.43 Vom Beginn des ersten – bis zum Abschluss des letzten Arbeitsganges.

2.44 Die Termineinhaltung sichern, die Kapazitäten voll und gleichmäßig auslasten und einen wirtschaftlichen Einsatz der Produktionsmittel sicherstellen.

2.45 Dadurch, dass die Arbeitskräfte den Arbeitsplatz verlassen, sinkt die Auslastung und damit die Produktivität.

2.46 Der Meister kennt Arbeitskräfte und Maschinen am besten. Er kann daher in Abstimmung mit der Arbeitsverteilung die Feinzuteilung übernehmen.

2.47 Im Prinzip ja, aber dies ist nicht zweckmäßig. Besser geeignet ist die Lohn- oder Akkordkarte.

2.48 In ihnen werden Schwierigkeiten, Mängel und Störungen besprochen, sowie über Maßmahmen und deren Erfolg berichtet.

2.49 75 %

2.50 125 %

2.51 Sie soll die Fertigstellungstermine rückmelden und über Verzögerungen oder Störungen informieren.

2.52 Ein Kalender, in dem nur die Arbeitstage aufgeführt sind. Dadurch, dass man glatt durchzählen kann, wird die Terminierung wesentlich erleichtert.

2.53 Grundlage sind das Erzeugnissortiment, die Stücklisten und die Verwendungsnachweise.

2.54 Wird dieser Punkt erreicht, löst er eine Bestellung aus, damit der Anschluss an die Produktion gesichert ist. Beim Beschaffungsauslösebestand geht eine Meldung an den Einkauf zur Bestellung. Der Unterschied liegt in der Bearbeitungszeit für die Bestellaufträge.

2.55 Der verfügbare Bestand beträgt am 15.6. 12000 Stück.

2.56 Die Grundlagen bilden das Bürgerliche Gesetzbuch, das Hausrecht und besondere Betriebsvereinbarungen.

3.1 Sie gründet auf der Basis der Systemtheorie. Es wird nicht mehr von hierarchisch gegliederten Subsystemen ausgegangen, die neben- oder untereinander stehen, sondern von einem integrierten Ansatz, in dem Subsysteme miteinander funktionell verknüpft werden.

3.2 Ja. Die Arbeitnehmer werden in die Erarbeitung, Planung und Einführung von Änderungen mit eingebunden.

3.3 a) Mitarbeiter oder Führungskräfte leisten häufig Widerstand gegen Änderungen

   b) Um das Risiko zu vermindern, beginnen wir bei Teilbereichen oder mit begrenzten Pilotprojekten.

4.1 Ihr Ziel ist die Anpassung der Arbeitsmittel und der Arbeit an den Menschen. Dadurch soll der Energieaufwand des Menschen verringert und die körperliche Belastung vermindert werden.

4.2 Mit ihr wollen wir die Abmaße des Arbeitsplatzes an die menschlichen Körpermaße anpassen. Sie soll die Arbeit erleichtern und die Ermüdung vermindern.

4.3 Sie wurde aus den Bewegungen der Hand und des Armes abgeleitet. Dadurch sind Zeiten eindeutig bestimmbar und nicht mehr von der unsicheren Beurteilung des Leistungsgrades abhängig.

4.4 Der Freiheitsgrad wird im Arbeitsbereich erhöht, die individuelle Gestaltung von Leistung und Pausen ermöglicht und der Arbeitsumfang vergrößert oder bereichert.

4.5 Das Genfer Schema bildet die Grundlage für die Arbeitsbewertung und damit für eine gerechte Lohnfindung.

4.6 a) Geld- oder Stückakkord   b) 16,– €/Stunde

4.7 Der Akkordlohn. Er lässt sich eindeutig auf die Produkteinheit zuordnen.

4.8 Durch die Fragetechnik mit den W-Fragen (Abb. 22).

4.9 Es handelt sich um die Wertanalyse und die Nutzwertanalyse.

4.10 Durch das Abgrenzen bleiben die Gestaltungsaufgaben übersichtlich.

Die Systeme müssen in sich geschlossen, gestaltungsfähig, eindeutig bezeichnet und beschrieben sein.

4.11 Es gibt die

– Gebrauchsfunktion, Beispiel: Ein Messer schneidet.

– Geltungsfunktion, Beispiel: Der Wert eines Bildes.

4.12 Es funktioniert immer, und es gefällt beim Betrachten.

4.13 Ja. Hier liegen mehrere Verstöße vor: Der Betriebsrat wurde nicht eingeschaltet. Dieser hat das Recht der Mitbestimmung. Es wurde kein Gutachten erstellt. Eine Prüfung durch den Beauftragten des Vorschlagswesens fand nicht statt. Die Vergütung war nicht angemessen.

5.1 Die Finanzbuchhaltung wickelt die Beziehungen zur Außenwelt ab. Die Kostenrechnung ist auf die inneren Vorgänge konzentriert.

5.2 Sie müssen die Stillstandszeiten an den Maschinen gering halten, die Betriebsmittel, Arbeitskräfte und Material müssen rechtzeitig bereit gestellt werden. Die Instandsetzung und Wartung muss rechtzeitig und vorbeugend erfolgen.

5.3 Bei der Finanzrechnung wird der Aufwand mit einbezogen, bei der Kostenrechnung nicht. Hier ist der Gewinn die Differenz zwischen Umsatz und Kosten.

5.4 Kosten sind der in Geld ausgedrückte Verbrauch von Gütern, eigenen Arbeitsleistungen und fremden Dienstleistungen zur Erstellung von Sachgütern und/oder Dienstleistungen.

5.5 a) Der Aufwand umfasst den Verbrauch von Gütern und Diensten für die Vorgänge im Unternehmen, Kosten nur für die Erstellung betrieblicher Leistungen.
b) Deckungsgleich sind Zweckaufwand und Grundkosten.

5.6 Sie sind Datenträger, das bedeutet eine schriftliche Fixierung der Daten, auf die jederzeit zugegriffen werden kann.

5.7 Sie soll die Daten für innerbetriebliche Aufgaben des Rechnungswesens aufbereiten und Kosten und Leistungen ermitteln.

5.8 Die Ist-Kostenrechnung arbeitet mit reinen Istwerten. Die Normalkostenrechnung bereinigt sie auf die Kosten, die nur dem Verbrauch des Erfassungszeitraums zuzuordnen sind.

5.9 Eine Kostenart, die sowohl variable als auch fixe Kosten enthält. Beispiel: Instandhaltung.

5.10 Die Abschreibung, kalkulatorische Zinsen, Raumkosten, Instandhaltungskosten und Energiekosten. Diese Kostenarten werden durch die Maschine direkt verursacht.

5.11 Der BAB vermittelt einen Überblick über die Kostenstruktur und bietet eine Grundlage für Kostenanalysen und -vergleiche. Hier sind vor allem die Angaben wichtig, die jene Kostenstelle betreffen, welcher der Meister angehört.

5.12 Die Kostenstellenhauptbereiche.

5.13 a) Material-, Fertigungs-, Verwaltungs- und Vertriebsgemeinkostenzuschlag.

   b) Materialgemeinkosten Sp. 27, Z. 19; Materialeinzelkosten Sp. 5, Z. 28
      Fertigungsgemeinkosten Sp. 5, Z. 25; Fertigungslohnkosten Sp. 5, Z. 26
      Verwaltungsgemeinkosten Sp. 33, Z. 19; Herstellkosten Sp. 5, Z. 31
      Vertriebsgemeinkosten Sp. 38, Z. 19

5.14

Materialkosten	400,– €
Fertigungslohn 8 x 20,– €	160,– €
Fertigungseinzelkosten	560,– €
Gemeinkosten 200 % von 160,– €	320,– €
Selbstkosten	880,– €

5.15 Wir errechnen die Werte und setzen sie in das Schema in Abb. 37 ein.

	€	€	€
Materialeinzelkosten	375,–		
Materialgemeinkosten 7 %	26,25		
Materialkosten		401,25	
Fertigungslöhne Kostenstelle A	240,–		
Gemeinkosten Kostenstelle A 155 %	372,–		
Fertigungslöhne Kostenstelle B	176,–		
Gemeinkosten Kostenstelle B 170 %	299,20		
Fertigungskosten		1087,20	
Sonderkosten der Fertigung		300,–	
Herstellkosten			1788,45
Verwaltungskosten 8 %			143,08
Vertriebskosten 5 %			89,42
Selbstkosten			2020,95

5.16 Der Stundensatz beträgt   a) 63,50 €   b) 80,19 €

5.17 75 %

5.18 Die Differenz zwischen dem Umsatz und den Grenzkosten.

5.19 a) 20,– €   b) 34 000,– €   c) 66 000,– €

   d) Ja. Es wird noch ein Teil der Fixkosten abgedeckt.

   e) Nein. Der Betrag liegt unterhalb der Grenzkosten.

5.20 Der erzielbare Preis muss über den Grenzkosten liegen. Es muss noch ein Teil der Fixkosten abgedeckt werden, und es muss noch freie Kapazität zur Verfügung stehen.

5.21 a) Maschine 1 ist wirtschaftlicher.   b) Differenzenvergleich.

5.22 Bei 200 Stück.

5.23 Ja. Die Kapitalrücklaufzeit beträgt 2,35 Jahre.

5.24 Z. B. in Verwaltungsbereichen. Vorraussetzung ist, dass die variablen Anteile gering sind.

5.25 Wir kalkulieren zunächst die Tische nach der Zuschlagskalkulation

Tisch A

Materialeinzelkosten	267,00 €			
Materialgemeinkosten	3,74 €			
Materialkosten		270,74 €		
Fertigungslöhne	19,00 €			
Fertigungsgemeinkosten	95,00 €		Fixkostenanteil	47,50 €
Fertigungskosten		114,00 €		
Herstellkosten		384,74 €		
Verwaltungsgemeinkosten	30,78 €		Fixkostenanteil	30,78 €
Vertriebsgemeinkosten	23,08 €		Fixkostenanteil	23,08 €
Selbstkosten		438,60 €	Fixkostenanteil	101,36 €
Preis		450,00 €		
Gewinn		11,40 €		

Tisch B

Materialeinzelkosten	154,00 €			
Materialgemeinkosten	2,16 €			
Materialkosten		156,16 €		
Fertigungslöhne	18,00 €			
Fertigungsgemeinkosten	90,00 €		Fixkostenanteil	45,00 €
Fertigungskosten		108,00 €		
Herstellkosten		264,16 €		
Verwaltungsgemeinkosten	21,13 €		Fixkostenanteil	21,13 €
Vertriebsgemeinkosten	15,85 €		Fixkostenanteil	15,85 €
Selbstkosten		301,14 €	Fixkostenanteil	81,98 €
Preis		250,00 €		
Verlust		51,14 €		

Um zu erkennen, ob wir den Tisch B aus der Produktion herausnehmen, müssen wir prüfen, ob er noch einen Deckungsbeitrag bringt:

Deckungsbeitrag des Tisches B	Preis / Stück	250,00 €
	– Variable Kosten / Stück	219,16 €
	Deckungsbeitrag / Stück	30,84 €

Der Tisch B bringt nach dieser Rechnung noch einen positiven Deckungsbeitrag. Er muss also noch in der Produktion belassen werden.

Alternativen für Maßnahmen:

a) Den Preis erhöhen. Wird im Allgemeinen schwierig sein, wenn der Marktpreis von anderen bestimmt wird.

b) Prüfen, ob die Kosten gesenkt werden können. Hier fällt z. B. auf, dass die Fertigungsgemeinkosten sehr hoch sind.

c) Den Marktanteil erhöhen.

Nehmen wir Punkt c). Wir prüfen, bei welchem Marktanteil der Tisch B keinen Verlust mehr bringt.

Wenn wir die Stückzahl erhöhen, bleiben die Fixkosten gleich, nur der variable Kostenanteil erhöht sich.

Um den günstigen Marktanteil zu ermitteln, den Deckungsbeitrag bei unterschiedlichen Marktanteilen.

Marktanteil von 20 %	
Die variablen Kosten / Stück	219,16 €
Daraus ergibt sich die Summe der variablen Kosten bei 120 000 Stück	26 299 200,00 €
Die Fixkosten / Stück	81,98 €
Die Summe Fixkosten	9 837 600,00 €
Der Umsatz bei 120 000 Stück und einem Preis von 250,00 €	30 000 000,00 €
Der Gesamtdeckungsbeitrag des Tisches	3 700 800,00 €
Er reicht nicht aus, die gesamten Fixkosten abzudecken.	

Marktanteil von 54 %	
Die variablen Kosten / Stück	219,16 €
Daraus ergibt sich die Summe der variablen Kosten bei 324 000 Stück	71 007 840,00 €
Die Fixkosten / Stück	30,36 €
Die Summe Fixkosten	9 836 640,00 €
Der Umsatz bei 324 000 Stück und einem Preis von 250,00 €	81 000 000,00 €
Der Gesamtdeckungsbeitrag des Tisches	9 992 160,00 €
Der Deckungsbeitrag reicht aus, er bringt sogar noch einen leichten Gewinn.	

2. Prüfungsaufgaben

Die Fragen und Begriffe sind im Rahmen der Betriebswirtschaft zu verstehen und zu beantworten.

1.1 Was ist ein Betrieb?

a) Der Hauptsitz des Unternehmens   a) ☐

b) Eine technisch-organisatorische Einheit zur Erzeugung von Produkten   b) ☐

c) Eine Abteilung, in der nur Maschinen repariert werden   c) ☐

d) Die juristische Einheit des Unternehmens   d) ☐

e) Eine hektische Durchführung der Arbeiten   e) ☐

1.2 Was verstehen Sie unter einem Unternehmen?

a) Es ist der Versuch, etwas zu verkaufen   a) ☐

b) Es ist eine technisch-organisatorische Einheit   b) ☐

c) Es ist eine juristisch-finanzielle Einheit   c) ☐

d) Es sind die Gebäude und Anlagen des Betriebes   d) ☐

e) Es ist eine Aktion, um in einen Markt einzudringen   e) ☐

1.3 Ein Betrieb erstellt mit Hilfe von Produktionsfaktoren Produkte. Was sind Produktionsfaktoren?

a) Die einzelnen Arbeitsvorgänge zur Erzeugung des Produktes   a) ☐

b) Menschliche Arbeit, Betriebsmittel und Werkstoffe   b) ☐

c) Die Einstelldaten an den Maschinen   c) ☐

d) Die verschiedenen technischen Möglichkeiten der Produktion   d) ☐

e) Die Bestandteile der Produkte   e) ☐

1.4 Was verstehen Sie unter einem horizontalen Zusammenschluss?

a) Ein Hochhaus, in dem alle Verwaltungsabteilungen zusammengefasst wurden   a) ☐

b) Die Verbindung aller mit der Produktion beteiligten Abteilungen   b) ☐

c) Der Zusammenschluss von Unternehmen gleicher Produktions- und Handelsstruktur   c) ☐

d) Abteilungen auf der gleichen Ebene werden zu einem Arbeitskreis zusammengefasst   d) ☐

e) Eine Zusammenfassung aller gleichartigen Maschinen   e) ☐

1.5 Welche Aufgaben hat die Beschaffung für die Produktionsfaktoren?

a) Sie muss die Aufträge für die Betriebsmittel bereitstellen   a) ☐

b) Sie beschafft die Produktionsfaktoren für den Einsatz in allen betrieblichen Funktionsbereichen   b) ☐

c) Sie beschafft nur die Ausrüstung für die Lager   c) ☐

d) Sie hat die Aufgabe, das erforderliche Kapital für die Produktion zu beschaffen   d) ☐

e) Gar keine. Die Betriebsmittel beschafft die Instandhaltung   e) ☐

1.6 Was bedeutet Arbeit aus der Sicht des Arbeitsprozesses?

a) Alles was mit Mühe und Anstrengung verbunden ist   a) ☐

b) Die Tätigkeit, für die Lohn bezahlt wird   b) ☐

c) Jede Tätigkeit des Menschen, die der Erfüllung einer Arbeitsaufgabe dient   c) ☐

d) Die Summe von Energie, die während einer Tätigkeit umgesetzt wird   d) ☐

e) Die Summe aller Aufträge, die zu erledigen sind   e) ☐

1.7 **Was muss gewährleistet sein, dass eine Arbeit leistungsgerecht entlohnt werden kann?**

a) Sie muss quantitativ messbar und qualitativ bewertbar sein   a) ☐

b) Der Lohn für die Arbeit muss vorher ausgehandelt werden   b) ☐

c) Sie muss mit allen anderen Arbeiten vergleichbar sein   c) ☐

d) Ein Mindestlohn darf nicht unterschritten werden   d) ☐

e) Es muss ein Tarif vereinbart sein   e) ☐

1.8 **Warum sind Leistungsfähigkeit und Leistungsbereitschaft keine konstanten Größen?**

a) Weil Leistungen nicht bewertbar sind   a) ☐

b) Der Grund liegt in den unterschiedlichen Fähigkeiten, Kenntnissen und Konditionen der Menschen   b) ☐

c) Weil die Zeiten für einen Arbeitsprozess nicht immer vorherbestimmbar sind   c) ☐

d) Weil sie zu stark vom Wollen des Menschen abhängig sind   d) ☐

e) Weil sie je nach Wetterlage schwanken können   e) ☐

1.9 **Was versteht man unter einer Bezugsleistung?**

a) Sie ist ein Gradmesser für einen erfolgreichen Bezug von Waren   a) ☐

b) Sie ist die Leistung mit der Bezüge hergestellt werden   b) ☐

c) Sie ist die Summe aller Bezüge der Mitarbeiter im Betrieb   c) ☐

d) Sie ist die Leistung, mit der alle anderen Leistungen verglichen werden   d) ☐

e) Sie ist die Methode, den Bezug zweier Leistungen zueinander festzustellen   e) ☐

1.10 **Wenn wir von einem Arbeitssystem sprechen, was meinen wir damit?**

a) Die Art, wie eine Arbeit ausgeführt wird   a) ☐

b) Das Zusammenwirken von Produktionsfaktoren zur Erfüllung einer Arbeitsaufgabe   b) ☐

c) Eine andere Bezeichnung für einen Arbeitsplatz   c) ☐

d) Eine besondere Methode zur Ausführung von Arbeiten   d) ☐

e) Teil einer Maschine   e) ☐

1.11 **Es werden immer mehr Betriebsmittel eingesetzt. Was sind Betriebsmittel?**

a) Das für das Unternehmen erforderliche Kapital   a) ☐

b) Die Betriebsstoffe, wie Öle, Putzmittel oder Schmierfette   b) ☐

c) Die zum Antrieb der Maschinen erforderliche Energie   c) ☐

d) Alle beweglichen und unbeweglichen Einsatzmittel zur Unterstützung der Leistungserstellung   d) ☐

e) Die Einrichtung der Betriebswerkstätten   e) ☐

1.12 **Warum findet eine Substitution menschlicher Arbeit durch Betriebsmittel statt?**

a) Der Unternehmer will mit der Investition Kapital anlegen   a) ☐

b) Weil Betriebsmittel für alle Arbeiten besser geeignet sind   b) ☐

c) Wenn die Kosten je Stunde beim Betriebsmittel niedriger sind, als beim Einsatz des Menschen   c) ☐

d) Weil sie immer zur Verfügung stehen   d) ☐

e) Weil Betriebsmittel keinen Urlaub wollen   e) ☐

1.13 **Welche Aufgabe hat die Instandsetzung?**

a) Sie soll die Betriebsfähigkeit durch Reparatur wieder herstellen   a) ☐

b) Sie soll Mängel frühzeitig erkennen   b) ☐

c) Sie soll Inspektionen durchführen   c) ☐

d) Sie soll die neu beschafften Maschinen überprüfen und montieren   d) ☐

e) Sie soll Ersatzteile beschaffen   e) ☐

1.14 Was bezeichnen wir als Werkstoff?

a) Es ist nur ein anderer Begriff für Material   a) ☐

b) Werkstoffe sind wie Hilfs- und Betriebsstoffe, also nur ein Teil des Materials   b) ☐

c) Besonderes Material für Handwerker   c) ☐

d) Eine bestimmte textile Stoffart   d) ☐

e) Das Material, aus dem die Werkhalle gebaut wurde   e) ☐

1.15 Erklären Sie, was Energieträger sind.

a) Es sind die elektrischen Leitungen   a) ☐

b) Träger von Dampfleitungen   b) ☐

c) Betriebsstoffe   c) ☐

d) Solarzellen   d) ☐

e) Besonders starke Träger   e) ☐

2.1 Welche Aufgabe hat die Aufbauorganisation?

a) Sie plant die Aufbauten eines Messestandes   a) ☐

b) Sie organisiert die Montage von Maschinen   b) ☐

c) Sie gliedert den Betrieb in Organisationseinheiten   c) ☐

d) Sie hat die Aufgabe, demotivierte Mitarbeiter wieder aufzubauen   d) ☐

e) Sie führt im Betrieb zusätzliche bauliche Veränderungen durch   e) ☐

2.2 Was wollen wir mit der Aufgabenanalyse erreichen?

a) Analysieren, ob Aufgaben qualitativ richtig durchgeführt werden,   a) ☐

b) Eine Gesamtaufgabe systematisch in Teilaufgaben zerlegen,   b) ☐

c) Ermitteln, welche Produktionsmittel eine Aufgabe schnell ausführen können,   c) ☐

d) Feststellen, ob Aufgaben richtig beschrieben sind,   d) ☐

e) Analysieren, ob alle Aufgaben für einen Tag erledigt sind   e) ☐

2.3 Welche Aufgabe hat eine Aufgabensynthese?

a) Teilaufgaben werden zu Stellen zusammengefasst   a) ☐

b) Gleichartige Aufträge werden zu Großaufträgen gebündelt   b) ☐

c) Sie stellt den Aufgabenumfang für einen Tag zusammen   c) ☐

d) Computerprogramme werden für bestimmte Aufgaben zusammengestellt   d) ☐

e) Es werden neue Arbeitsformen für Aufträge erforscht   e) ☐

2.4 Was ist ein Organisationsplan?

a) Eine grafische Darstellung der Organisationssysteme   a) ☐

b) Eine schriftliche Darstellung der Arbeitsorganisation   b) ☐

c) Er weist aus, wie ein Lager zu organisieren ist   c) ☐

d) Eine Aufstellung aller Stellen im Büro   d) ☐

e) Ein Plan für die Durchführung von Betriebsversammlungen   e) ☐

2.5 Was verstehen wir in der Organisation unter einem Stellenplan?

a) Er registriert alle Stellen, wo Maschinen stehen   a) ☐

b) Er weist aus, wo es freie Stellen im Betrieb gibt   b) ☐

c) Er ist eine Darstellung der Teilaufgaben und sachlichen Zusammenhänge einer Stelle   c) ☐

d) Er zeigt an, an welcher Stelle im Lager die einzelnen Materialien liegen   d) ☐

e) Er gibt einen Überblick über alle vorhandenen Stellen im Betrieb   e) ☐

2.6 Was meinen wir, wenn wir von einer Stelle sprechen?

a) Die Bündelung von Teilaufgaben, die von einer Person erfüllt werden können   a) ☐

b) Einen bestimmten Lagerort   b) ☐

c) Einen Hinweispunkt im Fertigungsplan   c) ☐

d) Den Ort, an dem eine Maschine steht   d) ☐

e) Einen anderen Namen für „Abteilung"   e) ☐

2.7 **Was wird als Leitungsstelle bezeichnet?**

a) Eine Stelle, an der sich Leitungen befinden a) ☐

b) Ein Zentralcomputer, der andere Computer steuert b) ☐

c) Sie setzt die Transportmittel ein c) ☐

d) Sie trifft Entscheidungen und erteilt Anordnungen d) ☐

e) Sie leitet die Werkspost an die richtigen Stellen e) ☐

2.8 **Was verstehen wir unter Stabsstellen?**

a) Stellen, in denen Stäbe produziert werden a) ☐

b) Sie beraten andere Leistungsstellen b) ☐

c) Sie führen nach vorgegebenen Anweisungen Tätigkeiten aus c) ☐

d) Sie vertreten die Unternehmensleitung bei Außenorganisationen d) ☐

e) Sie richten Sonderarbeiten aus, z. B. Messestände aufbauen e) ☐

2.9 **Ist eine Instanz ein Betriebsmittel? Oder was ist sie?**

a) Eine Stelle, die Entscheidungs- und Weisungsbefugnis hat a) ☐

b) Eine juristische Position b) ☐

c) Eine Prüfstelle im Arbeitsablauf c) ☐

d) Eine Ablagestelle für wichtige Vorgänge d) ☐

e) Ein Gerät der Instandhaltungsabteilung e) ☐

2.10 **Wir beschreiten einen Dienstweg. Was für ein Weg ist das?**

a) Der Weg, den eine Arbeitskraft täglich im Betrieb zurücklegt a) ☐

b) Er schreibt vor, wie bei Beschwerden vorzugehen ist b) ☐

c) Der Weg, auf dem Investitionsanträge abgewickelt werden c) ☐

d) Über ihn werden Aufträge geleitet d) ☐

e) Die Verknüpfung der einzelnen Instanzen in den verschiedenen Betriebsebenen e) ☐

2.11 **Was meinen wir, wenn wir von einem Liniensystem sprechen?**

a) Eine Aufbauorganisation, in der die Anordnungen von der Leitung unmittelbar zur den nachfolgenden Stellen gehen a) ☐

b) Ein Planungssystem, das hauptsächlich Linien verwendet b) ☐

c) Ein Planungssystem für den Einsatz von werkseigenen Omnibussen c) ☐

d) Eine Methode für die Maschinensteuerung d) ☐

e) Eine Methode der linearen Planung e) ☐

2.12 **Welche Aufgabe hat ein Funktionalsystem?**

a) Vor dem Arbeitsbeginn prüft es, ob die Maschinen funktionieren a) ☐

b) Mit ihm werden mehrere Arbeitsfunktionen zusammengefasst b) ☐

c) Eine Stelle erhält von mehreren übergeordneten Stellen Anweisungen c) ☐

d) Mit ihm werden besondere Funktionen ausgegliedert d) ☐

e) Es erfasst und registriert alle Funktionen im Betrieb e) ☐

2.13 **Ein Hilfsmittel der Arbeitsgestaltung ist die Aufgabenbereicherung. Welche Aussage trifft zu?**

a) Sie ist ein Grundprinzip der organisatorischen Arbeitsgestaltung a) ☐

b) Eine Tätigkeit, bei dem wir besondere Erfahrungen gewinnen können b) ☐

c) Aufgaben, bei denen sich jemand schnell bereichern kann c) ☐

d) Ein Vorgang, bei dem Mitarbeiter sich zusätzliche Aufgaben aneignen d) ☐

e) Wenn ein Mitarbeiter an seinem Arbeitsplan mit einem Computer arbeiten kann e) ☐

2.14   Was verstehen wir unter einem Profit-Center?

a) Eine Stelle, in der alle Profite registriert werden a) ▢

b) Ein kleiner Betrieb mit einem eigenen Budget b) ▢

c) Ein Gerät zum Simulieren von Profit-Chancen c) ▢

d) Eine Stelle, in der Sie lernen können, wie Sie Profit machen können d) ▢

e) Ein besonderes Fitness-Center e) ▢

2.15   Die Aufgaben einer Produktionsplanung sind

a) Anfang und Ende eines Auftrags in der Verwaltung zu planen a) ▢

b) Dafür zu sorgen, dass technisch und wirtschaftlich geeignete Mittel ausgewählt und bereitgestellt werden b) ▢

c) Zu planen, wie eine Arbeitskraft ein Produkt herstellt c) ▢

d) Anzuweisen, wie eine Maschine zu bedienen ist d) ▢

e) Die Reihenfolge der zu produzierenden Erzeugnisse festzulegen e) ▢

2.16   Was stellt eine Erzeugnisgliederung dar?

a) Eine grafische Darstellung des Zusammenhanges zwischen Ausgangsmaterialien, Teilen und Baugruppen a) ▢

b) Im Prinzip die Sortimentsgliederung eines Betriebes b) ▢

c) Eine Zusammenstellung aller Einzelteile eines Produktes c) ▢

d) Sie gliedert die Erzeugnisse für bestimmte Lagerbereiche auf d) ▢

e) Sie unterteilt die Erzeugnisse in Rohteile, Halbzeuge und Fertigerzeugnisse e) ▢

2.17   Was wollen wir, wenn wir eine Arbeitsablaufgliederung erstellen?

a) Sie soll angeben, wie eine Arbeit ablaufen soll a) ▢

b) Sie zeigt, wie ein Transport zusammen gestellt wird b) ▢

c) Sie zeigt, welche Tätigkeiten in welcher Reihenfolge an welchen Arbeitsplätzen ausgeführt werden c) ▢

d) Sie gliedern den Arbeitsablauf in Teilaufgaben d) ▢

e) Sie unterteilt die Arbeitsabläufe in Transportvorgänge, Liegezeiten, Prüfvorgänge usw e) ▢

2.18   Was soll bei der Mengenteilung geschehen?

a) Die Arbeitskräfte werden in Gruppen unterteilt a) ▢

b) Die Produkte werden im Lager in Lagermengen aufgeteilt b) ▢

c) Die Zuordnung erfolgt so, dass jeder Arbeitsplatz nur eine Teilmenge eines Auftrags ausführt c) ▢

d) Es wird vorgegeben, welche Menge eines Auftrags je Tag zu produzieren ist d) ▢

e) Die Produkte werden danach unterteilt, ob sie in großen oder kleinen Mengen produziert werden e) ▢

2.19   Was verstehen wir unter einer Artteilung?

a) Arbeit wird so aufgeteilt, dass an jedem Arbeitsplatz nur ein Teil des Gesamtablaufes ausgeführt wird a) ▢

b) Produkte werden nach ihrer Art im Lager gelagert b) ▢

c) Produkte werden nach ihrer Materialart unterschieden c) ▢

d) Arbeitskräfte werden nach der Art ihrer Ausbildung eingestuft d) ▢

e) Arbeitskräfte werden nach Art der Leistung unterschieden e) ▢

2.20   Was können wir mit Hilfe der Materialflussgestaltung im Betrieb machen?

a) Definieren, wie fließendes Material aufbereitet wird a) ▢

b) Die Probleme analysieren, die bei flüssigem Material, z. B. Öl, auftreten b) ▢

c) Bestimmen, wie das Material durch das Lager fließt (z. B. first in, first out) c) ▢

d) Den Durchfluss des Materials so zu gestalten, dass wir kurze Durchlaufzeiten erreichen d) ▢

e) Den Weg für das Material vom Kunden ins Rohstofflager festlegen e) ▢

2.21 Was verstehen wir unter fördertechnischen Faktoren?

a) Die Art und Weise, wie Fahrzeuge sich bewegen a) ☐

b) Die Faktoren, durch die Fahrzeuge im Betrieb beeinflusst werden b) ☐

c) Die Fördergüter, Fördermengen und Lagerungsart c) ☐

d) Die Auflagen von innerbetrieblichen Fördermitteln d) ☐

e) Die technischen Daten der Fördermittel e) ☐

2.22 Welche Informationen können wir einem Arbeitsplan entnehmen?

a) Er gibt an, wie ein Auftrag bearbeitet wird a) ☐

b) Er gibt die auftragsunabhängigen Anweisungen an die Produktion b) ☐

c) Er gibt die Anweisung, wie viel je Monat zu produzieren ist c) ☐

d) Wir erkennen, wie die Fertigung räumlich strukturiert ist d) ☐

e) Er ist ein Bestandsplan der fertigen Erzeugnisse e) ☐

2.23 Wir wissen, Daten geben wichtige Informationen. Was sind Daten?

a) Hinweise auf Aufträge a) ☐

b) Ziffern, Buchstaben, Sonderzeichen und deren Kombinationen b) ☐

c) Angaben für bestimmte Ereignisse im Betrieb, die man sich merken muss c) ☐

d) Angaben im Terminkalender d) ☐

e) Sind Vorgaben für den Verkauf e) ☐

2.24 Was bedeutet die Belegungszeit bei der Festlegung von Vorgabezeit?

a) Die betriebsmittelbezogene auftragsabhängige Vorgabezeit a) ☐

b) Die Zeit, während der ein Arbeitsplatz belegt ist b) ☐

c) Die Telefone sind in dieser Zeit belegt c) ☐

d) In dieser Zeit werden in der Kantine Brote belegt d) ☐

e) Transportmittel sind in dieser Zeit in Gebrauch e) ☐

2.25 Wozu dienen Ablaufprinzipien?

a) Es sind Methoden, mit denen Abläufe an Maschinen analysiert werden a) ☐

b) Sie legen fest, wie Flüssigkeiten entsorgt werden b) ☐

c) Es sind Grundsätze zur räumlichen Anordnung und Verbindung
mehrerer Arbeitsplätze c) ☐

d) Es sind Grundsätze zum Ablauf der Arbeit am Arbeitsplatz d) ☐

e) Sie bilden die Grundlagen für den Ablauf von Sitzungen e) ☐

2.26 Was verstehen wir unter einer Werkbankfertigung?

a) Die Fertigung an einem ortsgebundenen Arbeitsplatz a) ☐

b) Einen Lagerplatz für gefertigte Produkte b) ☐

c) Die Produktion von Werkbänken c) ☐

d) Einen reinen Handarbeitsplatz an einer Werkbank d) ☐

e) Finanzpläne für das Werk, die dann als Unterlage für Besprechungen
bei Banken dienen e) ☐

2.27 Was geschieht bei der automatischen Fertigung?

a) Produkte werden für Automaten hergestellt a) ☐

b) Die Produktion wird fast ganz von Anlagen übernommen b) ☐

c) Die Arbeitskraft weiß automatisch, was geschehen muss c) ☐

d) Die Arbeit wird durch Impulse automatisch ausgelöst d) ☐

e) Anfang und Ende einer Arbeit wird durch Automaten bestimmt e) ☐

2.28 Was wollen wir mit einem Schichtwechselplan erreichen?

a) Dass die Auflage von Schichten beim Straßenbau regelmäßig ist a) ☐

b) Er regelt die Schichtenfolge bei Filtern b) ☐

c) Er soll die Nachteile der Schichtarbeit reduzieren c) ☐

d) Er schreibt die Folge für die Herstellung von Humus vor d) ☐

e) Er regelt, wann Schichten eingeführt werden dürfen e) ☐

2.29 Was wird bei einer Bestellmengenrechnung angestrebt?

a) Es soll erreicht werden, dass Bestellmengen eine bestimmte Höhe nicht überschreiten a) ☐

b) Für eine Bestellung werden die Kosten errechnet b) ☐

c) Es wird ermittelt, wie viel benötigt wird, um das Lager wieder aufzufüllen c) ☐

d) Es wird die Menge an Material für einen Auftrag errechnet d) ☐

e) Für sie gilt es, die wirtschaftlich günstigste Losgröße zu finden e) ☐

2.30 Was wird als Kapazität bei Maschinen bezeichnet?

a) Ein anderer Ausdruck für einen Maschinenspezialisten a) ☐

b) Das Fassungsvermögen eines Behälters b) ☐

c) Eine besonders leistungsfähige Maschine c) ☐

d) Das Leistungsvermögen eines Betriebsmittels d) ☐

e) Die Kennzeichnung für den täglichen Ausstoß an Maschinen e) ☐

2.31 Was bedeutet Vorwärtsterminierung?

a) Wir prüfen, ob es bei der Arbeit auch voran geht a) ☐

b) Die Termine werden für die nächsten 3 Jahre im Voraus als Grobtermine geplant b) ☐

c) Wir planen den Einsatz von Arbeitskräften für einen Monat voraus c) ☐

d) Wir terminieren so, dass beim Materialfluss keine Rückwärtstransporte anfallen d) ☐

e) Bei einer Angebotsabgabe nennen wir einen Liefertermin e) ☐

2.32 Was meinen wir, wenn wir von Durchlaufzeit sprechen?

a) Die Zeit, die jemand benötigt, um durch den Betrieb zu laufen a) ☐

b) Die Zeit, in der eine bestimmte Flüssigkeit durch eine bestimmte Rohrlänge läuft b) ☐

c) Die Zeit vom Beginn des ersten bis zum Ende des letzten Arbeitsganges c) ☐

d) Die Dauer für die Erledigung eines Auftrages d) ☐

e) Die Zeit, die ein Material vom Eingang ins Lager bis zum Ausgang an die Produktion benötigt e) ☐

2.33 Wozu dient die Laufkarte?

a) Als Passierschein zum Betreten des Werkes a) ☐

b) Sie begleitet den Arbeitsgegenstand vom ersten bis zum letzten Arbeitsvorgang b) ☐

c) Sie beschreibt, wie eine Maschine zum Laufen gebracht wird c) ☐

d) Es wird gezeigt, wie ein Computerprogramm abläuft d) ☐

e) Sie beschreibt den Weg, auf dem der Wachmann durch den Betrieb gehen soll e) ☐

2.34 Welche Aufgabe hat die Kostenkarte in der Fertigungssteuerung?

a) Als Auftragsbegleitkarte dient sie zur Erfassung der Kosten a) ☐

b) Auf ihr werden die Kosten für die Fertigungssteuerung eingetragen b) ☐

c) Sie weist aus, was eine Maschine kostet c) ☐

d) Auf ihr vermerkt ein Abteilungsleiter seine Kostenauslagen d) ☐

e) Sie zeigt, welche Kostenarten in den Arbeitsplatzkosten enthalten sind e) ☐

2.35 Was verstehen wir unter einer Terminüberwachung?

a) Sie überwacht, ob für Aufträge Termine festgelegt werden a) ☐

b) Sie weist die Besprechungstermine aus und überwacht sie b) ☐

c) Sie überwacht die Termine der Verkehrsmittel, mit denen die Arbeitskräfte den Betrieb erreichen können c) ☐

d) Sie überwacht die Einhaltung der Urlaubstermine der Arbeitskräfte d) ☐

e) Sie überprüft den termingerechten Fortgang der Arbeiten e) ☐

2.36 Was bestimmen wir in der Materialdisposition beim Primärbedarf?

a) Den Materialbedarf, der als erster dem Lager entnommen wird   a) ☐

b) Das Material, das vorrangig zu bestellen ist   b) ☐

c) Den Bedarf an verkaufsfähigen Erzeugnissen und Ersatzteilen   c) ☐

d) Den Bedarf an besonders hochwertigem Material   d) ☐

e) Das Material, das Konstrukteure für die Materialbestimmung besonders vorziehen   e) ☐

2.37 Was bezeichnen wir als Halbzeuge?

a) Teile von Werkzeugen   a) ☐

b) Vorrichtungen zum Halbieren von Stangen   b) ☐

c) Die untere Hälfte einer Vorrichtung   c) ☐

d) Materialien, die bereits aufbereitet oder vorgeformt sind   d) ☐

e) Musterstücke, die nur halb fertig sind   e) ☐

2.38 Welche Befugnisse und Aufgaben hat der Werkschutz?

a) Er hat polizeiliche Befugnisse   a) ☐

b) Er nimmt den Schutz des Betriebes nach innen wahr, ihm stehen polizeiliche Befugnisse nicht zu   b) ☐

c) Er ist für die Umzäunung des Betriebs verantwortlich   c) ☐

d) Er ist eine Sicherung an Maschinen   d) ☐

e) Er schützt die Werkstoffe im Lager   e) ☐

3.1 Wo liegt die Zielorientierung der heutigen Organisationsentwicklung?

a) Ziel sind Effektivität, Effizienz und Humanität   a) ☐

b) Das Unternehmen zu vergrößern   b) ☐

c) Die Organisationsabteilung neu zu entwickeln   c) ☐

d) Darauf zu achten, dass die Organisation nicht zu groß wird   d) ☐

e) Einzelne Abteilungen auszugliedern   e) ☐

3.2 Was soll die Organisationsanalyse vermitteln?

a) Sie soll Organisationsschwachpunkte ausweisen   a) ☐

b) Sie soll einzelne Abteilungen überprüfen   b) ☐

c) Ein möglichst umfassendes Bild von der Organisation und den Strategien, Strukturen und Kulturen vermitteln   c) ☐

d) Die Arbeit der Organisationsberater analysieren   d) ☐

e) Prüfen, bevor etwas umorganisiert wird   e) ☐

4.1 Was meinen wir, wenn wir von einer Anordnungsbeziehung sprechen?

a) Die Vorschrift, nach der Anordnungen erteilt werden können   a) ☐

b) Sie grenzt ab, wer Anordnungen erteilen darf   b) ☐

c) Sie ist die Beziehung zwischen Mitarbeitern und Vorgesetzten   c) ☐

d) Sie ist die Beziehung zwischen Anordnung und Ausführung   d) ☐

e) Sie kennzeichnet die Abhängigkeit zwischen Ereignissen oder zwei Vorgängen   e) ☐

4.2 Welches Ziel streben Sie mit der organischen Arbeitsplatzgestaltung an?

a) Die Arbeitszeit an den biologischen Rhythmus anpassen   a) ☐

b) Den Plan zur Arbeitsplatzgestaltung festlegen   b) ☐

c) Bestimmen, welche Arbeitsplätze gestaltet werden müssen   c) ☐

d) Arbeitsmittel und Mitarbeiter für die Arbeitsplatzgestaltung bereitstellen   d) ☐

e) Die Arbeitsplatzgestaltung richtig zu organisieren   e) ☐

4.3 Welche Bedeutung hat das Genfer Schema für die Entgeltfindung?

a) Es ist die Grundlage für die Bewertung der Arbeit zur gerechten
   Entlohnung   a) ☐
b) Es ist ein in Genf entwickeltes Lohnsystem   b) ☐
c) Nach diesem Schema wird geprüft, ob richtig entlohnt wurde   c) ☐
d) Ein Schema zum Aufstellen von Lohngruppen   d) ☐
e) Es gibt Anleitungen für Lohnverhandlungen   e) ☐

4.4 Was wird unter einem Entlohnungsgrundsatz verstanden?

a) Alle Arbeiten müssen grundsätzlich entlohnt werden   a) ☐
b) Bestimmt Art und Weise, wie die Entlohnung insgesamt oder in
   wesentlichen Teilen geordnet wird   b) ☐
c) Regelt die Höhe der Mindestentlohnung   c) ☐
d) Regelt, wann die Löhne auszuzahlen sind   d) ☐
e) Bestimmt, dass nur der Unternehmer die Löhne festlegen kann   e) ☐

4.5 Wann werden Terminprämien gewährt?

a) Beim Einhalten oder Unterschreiten von Terminen   a) ☐
b) Nachdem alle Termine festgelegt wurden   b) ☐
c) Immer zu einem bestimmten Termin   c) ☐
d) Wenn eine Arbeitskraft eine bestimmte Zeit im Betrieb gearbeitet hat d) ☐
e) Wenn Kredite vorzeitig vor dem festgelegten Termin getilgt wurden   e) ☐

4.6 Was wird mit der Ablaufanalyse angestrebt?

a) Wissen, wie die Arbeit in einer Maschine abläuft   a) ☐
b) Erkennen des räumlichen und zeitlichen Zusammenwirkens von Mensch
   und Betriebsmittel mit dem Arbeitsgegenstand   b) ☐
c) Prüfen, wie Flüssigkeiten an Oberflächen ablaufen   c) ☐
d) Den Bewegungsablauf der Handhabungen bei den einzelnen Arbeits-
   verrichtungen gestalten   d) ☐
e) Sehen, wie Bewerbungsgespräche mit Bewerbern für eine freie Stelle
   ablaufen   e) ☐

4.7 Welche Aufgabe hat die Zielplanung?

a) Sie legt in Form von Soll-Daten fest, was erreicht werden soll   a) ☐
b) Planung der Ziele für Zahlungen   b) ☐
c) Sie bestimmt, welche Ziele bei Innovationen erreicht werden sollen c) ☐
d) Plant, welche Ziele bei Ausbildungsprozessen zu erreichen sind   d) ☐
e) Sie bestimmt, wie vorzugehen ist, um Produktionsziele zu erreichen e) ☐

4.8 Was bedeutet Synektik beim Suchen idealer Lösungen?

a) Die systematische Verwendung von Ähnlichkeiten mit schrittweiser
   Verfremdung   a) ☐
b) Ein Name für ein Planungsmodell   b) ☐
c) Die Bezeichnung für Ablaufstörungen   c) ☐
d) Eine besondere Produktionsmethode   d) ☐
e) Ein Ausdruck für Störungen bei Sinteranlagen   e) ☐

4.9 Was geschieht bei der Wertanalyse?

a) Wir vergleichen den Wert verschiedener Arbeitsmittel   a) ☐
b) Mit ihr wird der Wert in Euro einer ausländischen Rechnung festgestellt b) ☐
c) Ein Gutachter bestimmt den Wert eines gebrauchten Gegenstandes   c) ☐
d) Wir analysieren, welchen Wert eine bestimmte Werbemaßnahme hat   d) ☐
e) Sie ist eine Methode, die das Ziel hat, unnötige Kosten wirksam
   festzustellen   e) ☐

4.10 Welche Aufgabe hat die Nutzwertanalyse?

a) Alternativen zu vergleichen und bewerten   a) ☐

b) Sie untersucht, wie nützlich ein Auftrag ist   b) ☐

c) Festzustellen, ob Ratschläge etwas nutzen   c) ☐

d) Festzustellen, ob eine Arbeitskraft für eine bestimmte Aufgabe tauglich ist   d) ☐

e) Zu untersuchen, ob eine Maschine für einen bestimmten Auftrag genutzt werden kann   e) ☐

5.1 Was will das Unternehmen, wenn es ein Rechnungswesen einrichtet?

a) Es soll bestimmen, wie in der Statistik gerechnet wird   a) ☐

b) Es sorgt dafür, dass Rechnungen rechtzeitig bezahlt werden   b) ☐

c) Das vielfältige Geschehen im Unternehmen zahlenmäßig darstellen   c) ☐

d) Eine Form festlegen für die Schulung für das Erstellen von Rechnungen   d) ☐

e) Es ist eine Form der Mathematik   e) ☐

5.2 Wofür wird eine Finanzbuchhaltung eingerichtet?

a) Als Hauptbuch in der Geschäftsbuchhaltung   a) ☐

b) Sie erfasst alle finanziellen Beziehungen des Unternehmens zur Außenwelt   b) ☐

c) Zur Kontrolle des Einsatzes der Finanzen   c) ☐

d) Um die Finanzierung von Investitionen zu überwachen   d) ☐

e) Um die Ausgaben für Löhne und den Materialeinkauf zu verbuchen   e) ☐

5.3 Welche Aufgabe hat die Betriebsstatistik?

a) Sie stellt die Zahlen für die Bilanz zur Verfügung   a) ☐

b) Sie vergleicht die Umsatzzahlen über die einzelnen Jahre   b) ☐

c) Auskunft zu geben, wie viel LKW's welche Mengen zu Kunden transportiert haben   c) ☐

d) Sie weist aus, wie viel Kunden noch nicht bezahlt haben und wie hoch die ausstehenden Summen sind   d) ☐

e) Das im Unternehmen anfallende Zahlenmaterial zu erfassen, zu gliedern, darzustellen und auszuwerten   e) ☐

5.4 Was bedeutet in der Kostenrechnung der Ertrag?

a) Er ist der Wertezuwachs in einem bestimmten Zeitraum   a) ☐

b) Er stellt das Ergebnis der Produktion dar   b) ☐

c) Ein Begriff für den Ausstoß einer Maschine   c) ☐

d) Er ist die Leistung aus einem Arbeitsprozess   d) ☐

e) Er gleicht dem Umsatz aus dem Verkauf von Produkten   e) ☐

5.5 Kosten werden im Betrieb sehr wichtig genommen. Was sind Kosten?

a) Der in Geld bewertete Verbrauch von Gütern zur Erstellung betrieblicher Leistungen   a) ☐

b) Ein anderer Ausdruck für Ausgaben   b) ☐

c) Die Basis für die Beurteilung von Investitionsvorhaben   c) ☐

d) Alle unerwünschten Ausgaben für die Herstellung von Mustern   d) ☐

e) Aktivierungspflichtiger Aufwand   e) ☐

5.6 Welche umfassenden Aufgaben hat die Betriebsabrechnung?

a) Sie erstellt die Rechnungen für Lieferungen an Kunden   a) ☐

b) Sie rechnet die Kosten für den Betrieb von Leihwagen ab   b) ☐

c) Sie soll die Daten für die innerbetrieblichen Aufgaben des Rechnungswesens aufbereiten und auswerten   c) ☐

d) Die Spesenrechnungen der Mitarbeiter überprüfen   d) ☐

e) Die Energiekosten für den Einsatz der Maschinen im Betrieb zu berechnen   e) ☐

5.7 Wozu erstellen wir eine Kalkulation?

a) Wir wollen die Kosten ermitteln, welche für Hilfsarbeiten anfallen a) ☐

b) Um abzuschätzen, ob ein Beschluss mit einem Risiko verbunden ist b) ☐

c) Damit wir eine weitere Methode für die Statistik haben c) ☐

d) Wir ermitteln die Kosten je Erzeugniseinheit d) ☐

e) Wir errechnen die Preise aufgrund des Materialeinsatzes e) ☐

5.8 Was bedeuten Einzelkosten?

a) Eine Aufgliederung der einzelnen Kosten für die Produktion von Produkten a) ☐

b) Die Kosten für die einzelnen Posten auf den Lieferscheinen b) ☐

c) Die Kosten, die dem Kostenträger direkt zugerechnet werden c) ☐

d) Die Kosten, die aus Überwachungsgründen besonders hervorzuheben sind d) ☐

e) Die Kosten, die an einem einzelnen Arbeitsplatz anfallen e) ☐

5.9 Was stellen Kostenstellen dar?

a) Bereiche für die Kostenzuordnung bei gleichzeitiger Kostenverantwortung a) ☐

b) Stellen, an denen Kosten anfallen b) ☐

c) Stellen, die für besondere Kostenanalysen ausgewählt wurden c) ☐

d) Arbeitsplätze (Stellen), an denen die Kosten besonders hoch sind d) ☐

e) Stellen, die Kosten erfassen und verwalten e) ☐

5.10 Was für Stellen sind Fertigungsnebenstellen?

a) Stellen, an denen Nebenprodukte hergestellt werden a) ☐

b) Stellen, die neben den Fertigungswerkstätten liegen b) ☐

c) Arbeitsplätze mit nebensächlicher Fertigung c) ☐

d) Stellen, die bei sehr hohem Arbeitsanfall zusätzlich eingerichtet werden d) ☐

e) Hilfskostenstellen, die Dienste an die Hauptkostenstellen abgeben e) ☐

5.11 Wen oder was meinen wir, wenn wir vom Kostenträger sprechen?

a) Den Mitarbeiter, der Kosten verursacht hat und sie tragen muss a) ☐

b) Die Instanz, welche die Kosten bei Schadensvorfällen ersetzen muss b) ☐

c) Eine Kostenzuordnungseinheit, sie kann eine Erzeugniseinheit, ein Arbeitsvorgang oder ein Auftrag sein c) ☐

d) Ein Blatt, in das die Kosten eingetragen werden d) ☐

e) Einen Arbeitsplatz, der besonders hohe Nebenkosten zu tragen hat e) ☐

5.12 Was verstehen wir unter einer Vorkalkulation?

a) Eine Vorausrechnung für geplante Leistungen a) ☐

b) Die vorbereitenden Maßnahmen für die Erstellung von Kalkulationen b) ☐

c) Eine Kalkulation für die Tätigkeiten zur Vorbereitung der Produktion c) ☐

d) Ein Überschlag für den Kostenanfall in einem bestimmten Zeitraum d) ☐

e) Die Berechnung der vorraussichtlichen Kosten für einen bestimmten Zeitraum, die beim Einkauf von Materialien anfallen können e) ☐

5.13 Wozu dient eine Nachkalkulation?

a) Sie analysiert die Abweichungen von vorgegebenen Kostensätzen a) ☐

b) Sie wird nach Erstellung der Leistung zur Kostenkontrolle durchgeführt b) ☐

c) Sie ist die Erfassung der Kosten für Nachbesserungen c) ☐

d) Sie kalkuliert die Kosten, die beim Aufräumen des Arbeitsplatzes nach einer Arbeit anfallen d) ☐

e) Sie sucht die Kosten für Terminüberschreitungen bei Aufträgen herauszufinden e) ☐

5.14 Was geschieht bei der Divisionskalkulation?

a) Die Gesamtkosten werden durch die Anzahl der produzierten Einheiten geteilt a) ☐

b) Die Kosten werden je Abteilung (Division) erfasst und ausgewertet b) ☐

c) Die Kosten werden für jede einzelne Kostenart durch die gefertigte Menge geteilt und dem Produkt zugerechnet c) ☐

d) Die Kosten werden getrennt kalkuliert d) ☐

e) Die Produkte werden nach der Höhe ihrer Kosten in Divisionen unterteilt e) ☐

5.15 Wozu dient die Zuschlagskalkulation?

a) Wir kalkulieren, wann ein Zuschlag für einen Auftrag gegeben werden kann a) ☐

b) Nebenkosten werden nach Erfahrungssätzen zugeschlagen b) ☐

c) Die Einzelkosten und Gemeinkosten werden getrennt auf die Kostenträger verrechnet c) ☐

d) Es wird zugeschlagen, wenn die Kalkulation eine günstige Einkaufsgelegenheit ausweist d) ☐

e) Mit ihr kalkulieren wir mit Äquivalenzziffern e) ☐

5.16 Was ermitteln wir mit der Errechnung der Fertigungskosten?

a) Die Summe der Fertigungseinzel- und Fertigungsgemeinkosten a) ☐

b) Die Kosten, die angefallen sind, bis der Auftrag fertig ist b) ☐

c) Die Kosten für fremdbezogene Fertigteile c) ☐

d) Die Kosten für vorgefertigte Werkzeuge, die bei einem Auftrag für die Fertigung eingestzt werden d) ☐

e) Zusatzkosten, die anfallen, um einen Auftrag zu einem früheren Termin fertigzustellen e) ☐

5.17 Welche Kosten bezeichnen wir als Selbstkosten?

a) Die Kosten, die für den Betrieb zur Beschaffung eines Auftrags anfallen a) ☐

b) Die Kosten, die wir für die Entwicklung eines Produktes selbst aufbringen b) ☐

c) Die Summe aller Kosten für die Herstellung eines Kostenträgers c) ☐

d) Die Kosten, welche die Mitarbeiter als Anteil für ein Essen in der Betriebskantine selbst bezahlen d) ☐

e) Den Anteil des Mitarbeiters, den er für die Sozialversicherung abgezogen bekommt e) ☐

5.18 Was verstehen wir unter einem Beschäftigungsgrad?

a) Den Grad, der angibt, wie viel Mitarbeiter gerade beschäftigt sind a) ☐

b) Den Vergleich der tatsächlichen Nutzungszeit mit der verfügbaren Zeit b) ☐

c) Das Verhältnis der effektiven Anzahl Mitarbeiter zur Sollstärke an Mitarbeitern c) ☐

d) Es legt fest, wie viel Arbeit einer Arbeitskraft zugemutet werden kann d) ☐

e) Er zeigt an, um wie viel sich die Anzahl der Beschäftigten in einem Zeitraum erhöht oder vermindert hat e) ☐

5.19 Was sind variable Kosten

a) Kosten, die sich ständig verändern a) ☐

b) Sie sind gebunden an die einzelnen Aktionen des Marketing b) ☐

c) Sie verändern sich mit der Größe der Aufträge c) ☐

d) Sie verändern sich mit der Ausbringungsmenge d) ☐

e) Kosten, die durch Lohnerhöhungen entstehen e) ☐

5.20 Was zeigt ein kritischer Beschäftigungsgrad an?

a) Eine Beschäftigung an einer kritischen Gefahrengrenze a) ▢

b) Einen Beschäftigungsgrad, bei dem zu hohe Ausschussmengen anfallen b) ▢

c) Die Grenze, die nicht überschritten werden darf, um den Mitarbeiter nicht zu gefährden c) ▢

d) Eine Leistung eines Mitarbeiters, die zu niedrig ist d) ▢

e) Den Punkt, in dem Kosten und Umsatz gleich sind e) ▢

5.21 Was meinen wir, wenn wir vom Deckungsbeitrag sprechen?

a) Die Differenz zwischen dem Erlös und den Grenzkosten a) ▢

b) Die Angabe, über welche Summe ein Scheck gedeckt ist b) ▢

c) Die Deckungssumme für Versicherungsfälle c) ▢

d) Eine Rücklage, um unvorhergesehene Kosten abdecken zu können d) ▢

e) Den Teil der Einnahmen zum Abdecken von Nebenkosten e) ▢

5.22 Was verstehen wir unter Grenzkosten?

a) Den Kostenzuwachs, wenn sich die Produktionsmenge um ein Stück erhöht a) ▢

b) Die obere Grenze bei Preisverhandlungen b) ▢

c) Die Kosten für die Bestimmung der Grundstücksgrenzen c) ▢

d) Die Spanne innerhalb derer die Materialpreise für ein Produkt liegen dürfen d) ▢

e) Sie bestimmen die obere Grenze für die Kosten der Herstellung eines Produktes e) ▢

5.23 Welche Aufgabe hat der Wirtschaftlichkeitsvergleich?

a) Er prüft, ob die Betriebskantine rentabel ist a) ▢

b) Er vergleicht, wie die Abteilungen mit den Zuweisungen aus dem Etat wirtschaften b) ▢

c) Er stellt fest, welche von zwei Alternativen die kostengünstigere ist c) ▢

d) Er prüft den Benzinverbrauch der einzelnen Autos, um das wirtschaftlichste zu ermitteln d) ▢

e) Er stellt fest, ob der Leiter der Betriebskantine wirtschaften kann e) ▢

5.24 Was ermitteln wir mit der Grenzstückzahl?

a) Die maximale Stückzahl, die eine Maschine je Zeiteinheit produzieren kann a) ▢

b) Den Punkt, in dem die Kosten für zwei unterschiedliche Alternativen gleich sind b) ▢

c) Eine Kennzahl für das Fassungsvermögen eines Lagers c) ▢

d) Eine Zahl, die angibt, wie hoch ein Material belastet werden kann d) ▢

e) Die maximale Drehzahl an einer Maschine e) ▢

5.25 Was verstehen wir unter einer Amortisationszeit?

a) Sie sagt an, wie lange ein Werkzeug benutzt werden kann, bis es unbrauchbar ist a) ▢

b) Die Zeit, die eine Arbeitskraft benötigt, bis sie an ihrem Platz eingearbeitet ist b) ▢

c) Die Zeit, für die die Bank einen Kredit gewährt c) ▢

d) Die Zeit, die eine Maschine wirtschaftlich eingesetzt werden kann d) ▢

e) Die Zeit, in der investiertes Kapital wieder zurückgeflossen ist e) ▢

5.26 Welches ist das Ziel einer Budgetkostenrechnung?

a) Die Erfolgskontrolle. Sie dient der Überwachung der Betriebsergebnisse   a) ☐

b) Die Auswertung von Plankosten   b) ☐

c) Die Feststellung der Kosten, die für die Aufstellung eines Budgets anfallen   c) ☐

d) Eine Berechnungsmethode für die Kostenanteile im Budget zu finden   d) ☐

e) Die Durchführung einer Kostenrechnung für die Aufstellung einer Bilanz   e) ☐

5.27 Was machen wir bei der Plankostenrechnung?

a) Wir errechnen die Kosten für die Aufstellung von Plänen   a) ☐

b) Wir kalkulieren die Kosten für die Produktion von Plänen   b) ☐

c) Wir geben nur feste Kostenvorgaben vor, trotz geplanter Abweichungen vom Plan   c) ☐

d) Wir dürfen nur bestimmte genehmigte Methoden anwenden   d) ☐

e) Wir geben den Kostenstellen für die Kosten Planzahlen vor   e) ☐

5.28 Was wollen wir bei einer Abweichungsanalyse ermitteln oder feststellen?

a) Die Qualitätsabweichungen bei Ausschuss   a) ☐

b) Die Ursachen der Abweichungen bei Plankosten   b) ☐

c) Wann eine Arbeitskraft bei der Arbeit von den vorgegebenen Methoden abweicht   c) ☐

d) Die Abweichung des wirklichen Umsatzes mit dem geplanten Umsatz   d) ☐

e) Die Abweichungen beim Wareneingang gegenüber den Bestellvorgaben   e) ☐

3. Lösungen zu den Prüfungsaufgaben

1.1	b	2.5	c	2.24	a	4.3	a	5.12	c
1.2	c	2.6	a	2.25	c	4.4	b	5.13	b
1.3	b	2.7	d	2.26	a	4.5	a	5.14	a
1.4	c	2.8	b	2.27	b	4.6	b	5.15	d
1.5	b	2.9	a	2.28	c	4.7	a	5.16	a
1.6	d	2.10	c	2.29	e	4.8	a	5.17	c
1.7	a	2.11	a	2.30	d	4.9	e	5.18	b
1.8	b	2.12	c	2.31	e	4.10	a	5.19	d
1.9	d	2.13	a	2.32	c	5.1	c	5.20	e
1.10	b	2.14	b	2.33	b	5.2	b	5.21	a
1.11	d	2.15	b	2.34	a	5.3	d	5.22	a
1.12	c	2.16	a	2.35	e	5.4	a	5.23	c
1.13	a	2.17	c	2.36	c	5.5	a	5.24	b
1.14	b	2.18	c	2.37	d	5.6	c	5.25	e
1.15	c	2.19	a	2.38	b	5.7	d	5.26	a
2.1	c	2.20	d	3.1	a	5.8	c	5.27	e
2.2	b	2.21	c	3.2	c	5.9	a	5.28	b
2.3	a	2.22	b	4.1	e	5.10	e		
2.4	a	2.23	b	4.2	a	5.11	c		

1 Arbeitsrechtliche Vorschriften

1.1 Rechtsgrundlagen

Situation

> Ein Kollege berichtet, er sei durch seinen früheren Arbeitgeber per Handschlag zur Arbeit verpflichtet worden. Das halten alle anderen für nicht rechtmäßig. Nach ihrer Auffassung müsse ein Arbeitsvertrag in jedem Fall schriftlich abgefasst werden.

Zunächst sollen die vier Bereiche des Arbeitsrechts dargestellt werden:

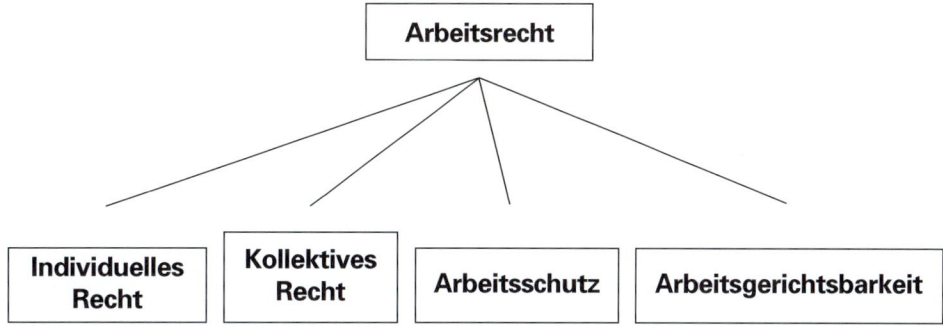

„Individuell" weist auf direkte Vertragsbeziehungen zwischen Arbeitgeber und Arbeitnehmer hin. Zum kollektiven Recht gehören tarifvertragliche Vereinbarungen und die Bestimmungen des Betriebsverfassungsgesetzes. Die Arbeitsschutzvorschriften sind im Arbeitszeitgesetz, dem Jugendarbeitsschutzgesetz und vielen anderen Gesetzen und Rechtsverordnungen niedergelegt.

1.2 Wesen und Zustandekommen des Arbeitsvertrages

Das Arbeitsrecht regelt die Beziehungen zwischen Arbeitgebern und Arbeitnehmern. Arbeitnehmer sind alle diejenigen, die unselbstständig tätig sind. Dazu zählen auch Auszubildende, Praktikanten und Heimarbeiter. Sie sind gegenüber dem Arbeitgeber zur Erbringung von Diensten verpflichtet, weisungsgebunden und abhängig von der Entgeltzahlung, z. B. Lohn, Gehalt, Provisionen, Prämien und Sachbezüge.

Die gesetzliche Grundlage dazu bietet das Bürgerliche Gesetzbuch (BGB), das hundert Jahre alt ist. Wenn auch ständig Anpassungen vorgenommen worden sind, so gelten doch einige Paragraphen und Bezeichnungen bis auf den heutigen Tag, wie z. B. der Begriff „Dienstvertrag". Er beinhaltet ganz allgemein, dass Dienste erbracht werden müssen. Das kann sowohl durch Selbstständige, wie z. B. Unternehmer, Architekten und Mediziner geleistet werden als auch durch Unselbstständige, z.B. Arbeiter und Angestellte. Für den Arbeitnehmer ist der Dienstvertrag ein Arbeitsvertrag, der durchaus mündlich geschlossen werden kann. Für die Klarstellung des Inhalts und die Absicherung im Streitfall ist es aber im Allgemeinen üblich, Arbeitsverträge schriftlich abzuschließen. Durch das 1995 in Kraft getretene Nachweisgesetz wird der Arbeitgeber sogar verpflichtet, dem Arbeitnehmer spätestens einen Monat nach Beginn des Arbeitsverhältnisses eine Niederschrift über die wesentlichen Arbeitsbedingungen auszuhändigen.

Wie auch bei anderen Verträgen setzt dieser gegenseitige Vertrag laut BGB ein Angebot und eine Annahme voraus. Es wird von einer rechtsgeschäftlichen Willenseinigung gesprochen, der Arbeitnehmer verpflichtet sich zu einer Leistung und der Arbeitgeber zur Vergütung.

Beim Abfassen eines Vertrages besteht grundsätzlich Vertragsfreiheit. Der Spielraum ist allerdings durch Gesetze, Tarife und Betriebsvereinbarungen eingeschränkt. Wie wird nun im Einzelnen ein Arbeitsverhältnis begründet? Am Beginn steht z. B. eine Zeitungs-anzeige, auf die sich ein Arbeitssuchender bewirbt. Er bietet seine Arbeitskraft an. Wird er zu einem Vorstellungsgespräch eingeladen, besteht unter bestimmten Voraussetzun-gen ein Freistellungsanspruch gegenüber seinem jetzigen Arbeitgeber. Die notwendigen Auslagen dagegen, wie z. B. Fahrt-, Übernachtungs- und Verpflegungskosten können beim zukünftigen Arbeitgeber geltend gemacht werden, vorausgesetzt, er wird zur Vor-stellung aufgefordert. Das gilt sogar für den Fall, dass kein Arbeitsverhältnis zustande kommt.

Der Einstellung geht meistens ein Bewerbungsgespräch voraus. Hier besteht ein gewis-ses Fragerecht des künftigen Arbeitgebers, das sich aber nur auf die zu leistende Arbeit bzw. den Arbeitsplatz beziehen darf. Der Rahmen für die Fragen wird durch viele Ge-richtsentscheidungen festgelegt. Dennoch gibt es eine Grauzone. Zulässig sind Fragen nach beruflichen und fachlichen Fähigkeiten, nach dem bisherigen beruflichen Werde-gang und natürlich auch nach den erworbenen Zeugnissen und durchgeführten Weiter-bildungen. Von Interesse ist auch ein Wettbewerbsverbot des früheren Arbeitgebers und eine vorhandene Schwerbehinderung (über 50 %). Unzulässig ist die Frage nach der Religionszugehörigkeit und nach der Mitgliedschaft in einer Gewerkschaft. Soll ein Kas-sierer eingestellt werden, ist es sicherlich zulässig, nach Eigentums- oder Vermögensde-likten zu fragen. Bei einem Berufskraftfahrer ist das Verhalten mit Alkohol am Steuer eine Frage von großem Interesse. Allgemein darf heute nicht mehr nach einer Schwanger-schaft gefragt werden, es sei denn, die werdende Mutter wäre durch die angebotene Tätigkeit gefährdet.

Wird ein Arbeitsverhältnis abgeschlossen, das auf falschen Angaben im Einstellungsge-spräch beruht oder werden Tatsachen verschwiegen, kann der Arbeitsvertrag wegen arglistiger Täuschung innerhalb einer rechtlich zulässigen Frist angefochten werden. Eine erfolgreiche Anfechtung führt dazu, dass der Vertrag von Anfang an als ungültig angesehen wird. Als Beispiel kann die Einstellung einer Person ohne Arbeitserlaubnis angeführt werden. Ist es zu einer Arbeitsaufnahme gekommen, obwohl der Arbeitsver-trag aus bestimmten Gründen von Anfang als nichtig anzusehen gewesen wäre, wird von einem faktischen Arbeitsverhältnis gesprochen. Die bereits erbrachte Arbeitsleis-tung und die dafür bezahlte Vergütung kann nicht mehr rückgängig gemacht werden, und deswegen wird der Arbeitsvertrag für die Vergangenheit so behandelt, als wäre er wirksam abgeschlossen.

Im Allgemeinen werden unbefristete Arbeitsverträge abgeschlossen. Es gibt aber auch befristete Verträge, die ohne Kündigung enden und nur abgeschlossen werden dürfen, wenn ein sachlicher Grund für eine Befristung vorliegt. Dazu zählen Arbeitsverträge zur Probe, Aushilfsverträge und Verträge zur Vertretung von Arbeitnehmern, die vorüber-gehend abwesend sind. Das sind z. B. Mutterschaftsvertretungen oder Vertretungen von Wehr- oder Zivildienstleistenden. Auch Ausbildungsverträge gehören zu den befristeten Arbeitsverträgen. Sachlicher Grund ist z. B. die Zweckerreichung, nämlich ein Berufsab-schluss. Das Gesetz für Teilzeitarbeit und befristete Arbeitsverträge lässt verschiedene Befristungen zu, so z. B. ohne Vorliegen eines sachlichen Grundes bis zur Dauer von 2 Jahren und bei Neugründungen eines Unternehmens bis zu 4 Jahren.

Fragen

1.1	In welche Bereiche lässt sich das Arbeitsrecht aufgliedern?
1.2	Was verstehen wir unter einem Dienstvertrag?
1.3	Definieren Sie den Begriff „Arbeitnehmer".
1.4	In welcher Form muss ein Arbeitsvertrag korrekt abgefasst sein?
1.5	Welche Fragen sind bei einem Einstellungsgespräch zulässig? Geben Sie zwei Beispiele an.
1.6	Beschreiben Sie den Unterschied zwischen befristeten und unbefristeten Verträ-gen.

1.3 Rechte und Pflichten aus einem Arbeitsverhältnis

1.3.1 Arbeitnehmer

Das Bürgerliche Gesetzbuch kennzeichnet als Hauptpflichten des Arbeitnehmers die Dienstleistungspflicht, dem die Lohnzahlungspflicht des Arbeitgebers gegenübersteht. Es gibt die Treuepflicht des Arbeitnehmers und die Verpflichtung des Arbeitgebers zur Fürsorge. Für einen Arbeitnehmer besteht vor allem die Arbeitspflicht. Er muss seine Arbeit persönlich leisten, kann sich also nicht durch andere vertreten lassen. Die Art der Tätigkeit wird im Allgemeinen durch den Arbeitsvertrag festgelegt, z. B. als Schlosser, Werkzeugmechaniker oder Industriekaufmann. Der Arbeitnehmer ist dem Weisungs- oder Direktionsrecht des Arbeitgebers unterworfen. Dieses Recht wird häufig delegiert. Der Industriemeister hat beispielsweise ein Weisungsrecht gegenüber seiner Arbeitsgruppe und gegenüber den ihm zugeordneten Auszubildenden. Grenzen gibt es bei diesem Recht durch Gesetze, tarifliche und Betriebsvereinbarungen, das Mitbestimmungsrecht des Betriebsrates und nicht zuletzt durch das Persönlichkeitsrecht des Arbeitnehmers.

Zu den Nebenpflichten des Arbeitnehmers gehört die Verschwiegenheitspflicht. Es dürfen keine Betriebsgeheimnisse, wie z.B. Bilanzen, Preislisten oder Kundendaten preisgegeben werden. Genauso wenig darf der Arbeitnehmer geschäftsschädigende Angaben oder herabwürdigende Äußerungen über seinen Arbeitgeber verbreiten. Für die Mitglieder des Betriebsrates ergeben sich besondere Verpflichtungen.

Es kann bei einem Arbeitsverhältnis auch ein Wettbewerbsverbot geben. Ein Arbeitnehmer beispielsweise darf nicht in seiner Freizeit in Konkurrenz zu seinem Arbeitgeber treten. Diese Pflicht gilt teilweise sogar über das Ende der Beschäftigung hinaus. Für ein bis zu zwei Jahre dauerndes Wettbewerbsverbot muss allerdings eine angemessene Entschädigung bezahlt werden. Schließlich wird auch beim Arbeitsvertrag von dem Grundsatz von „Treu und Glauben" ausgegangen. Die Treuepflicht bedingt, dass der Arbeitnehmer seine Arbeit bestmöglich für seinen Arbeitgeber und den Betrieb leistet. Auf der anderen Seite kann die Verletzung der aufgeführten Pflichten zu folgenden Konsequenzen führen:

● Lohnminderung
● Kündigung
● Schadensersatz

Schadensersatz wird z. B. dann fällig, wenn ein Arbeitnehmer einen Schaden mit Vorsatz oder durch grobe Fahrlässigkeit verursacht hat.

Die **Arbeitszeit** wird durch das 1994 in Kraft getretene Arbeitszeitgesetz festgelegt. Die „normale" tägliche Arbeitszeit beträgt danach acht Stunden. Wenn eine Verlängerung erfolgt, muss ein Zeitausgleich vorgenommen werden. Pausen sind bei mehr als sechs Stunden Arbeit mit mindestens dreißig Minuten und nach neun Stunden mit mindestens fünfundvierzig Minuten zu gewähren. Eine Pause muss, um einen Erholungswert aufzuweisen, wenigstens fünfzehn Minuten betragen. Eine Beschäftigung an Sonn- und Feiertagen ist grundsätzlich unzulässig. Es gibt aber viele betriebsbedingte Ausnahmen, die gerade bei der Arbeit im hochtechnologischen Bereich (bei der Computer-Chip-Herstellung) oder modernen Werkzeugmaschinen immer mehr erforderlich werden. Innerhalb des gesetzlichen Rahmens bestimmen Tarifverträge, Betriebsvereinbarungen und Einzelverträge die Dauer der Arbeitszeit.

1.3.2 Arbeitgeber

Seine Hauptpflicht ist die Vergütung. Sind Arbeitgeber und Arbeitnehmer tarifgebunden, dann gilt der Tarifvertrag. Das Gleiche gilt, wenn ein Tarif für allgemeinverbindlich erklärt wird. Die so festgelegten Löhne sind Mindestlöhne, die nicht selten überschritten werden (übertarifliche Bezahlung).

Nicht tarifgebundene Vertragspartner können sich tariflichen Regelungen anschließen oder individuelle Vereinbarungen treffen. Die Bezahlung erfolgt in Geld. Dabei lassen sich folgende Lohnformen unterscheiden:

● Zeitlohn (nach Länge der Arbeitszeit)
● Akkordlohn (nach dem erzielten Arbeitsergebnis)

- garantierter Mindestlohn (Mischsystem für Akkordarbeiter)
- Prämiensystem (Kombination von Zeitlohn und Stückprämie)
- Provision (prozentuale Beteiligung)
- Gratifikation (Sonderzuwendungen)

Eine typische Gratifikation ist das Weihnachtsgeld, das aber zurückbezahlt werden muss, wenn der Arbeitnehmer vor dem 31. März des Folgejahres kündigt, bzw. ihm gekündigt wird. Darüber hinaus gibt es viele weitere Leistungen des Arbeitgebers (vermögenswirksame Leistungen, Gewinnbeteiligungen, Zuschüsse, Zuschläge, Darlehen und Betriebsrenten).

Da der Lohn im Allgemeinen die Existenzgrundlage des Arbeitnehmers bildet, gibt es Sicherungen, damit er ihm möglichst vollständig zur Verfügung steht. So darf der Lohn nur bis zu einer bestimmten Grenze gepfändet werden. Wegen der starken sozialen Bindung unserer Wirtschaft ist auch eine Lohnzahlung ohne entsprechende Arbeitsleistung denkbar. Das gilt für die Entgeltfortzahlung im Krankheitsfall bis zu einer Dauer von sechs Wochen. Allerdings muss die Arbeitsunfähigkeit unverschuldet sein. Die Ausübung extrem gefährlicher Sportarten kann ebenso wie Trunkenheit am Steuer ein Hinderungsgrund sein. Der Lohnanspruch besteht auch bei familiären Anlässen, wie Geburten, Sterbefälle, schwere Erkrankungen von Angehörigen, Hochzeit und Silberhochzeit.

Es gilt der Gleichbehandlungsgrundsatz, der bereits im Grundgesetz steht und der durch das Allgemeine Gleichbehandlungsgesetz von 2006 verschärft worden ist. Gleichberechtigung herrscht zwischen Mann und Frau. Bei Arbeitsverhältnissen darf keiner wegen seiner Rasse, ethnischer Herkunft, Geschlecht, Behinderung, Alter, sexueller Identität und religiöser Zugehörigkeit diskriminiert werden. Zu den Nebenpflichten des Arbeitgebers gehört die Beschäftigungspflicht. Ein Arbeitnehmer hat ein Recht darauf, beschäftigt zu werden, weil davon ausgegangen werden muss, dass eine längere Freistellung selbst dann ehrverletzend und kränkend ist, wenn Lohn bezahlt wird. Weitere Nebenpflichten sind der Schutz des Lebens und der Gesundheit des Arbeitnehmers und die Wahrung der Persönlichkeitsrechte. In dem oben genannten Gesetz werden deswegen Belästigungen, abwertende Äußerungen, Beleidigungen und „mobbing" als unzulässig aufgeführt. Mit den persönlichen Daten muss sorgfältig umgegangen werden, ganz besonders in Hinblick auf die Gesundheit und die Einkommenssituation. Privatgespräche am Telefon zählen zur persönlichen Sphäre und dürfen nicht mitgehört werden. Zu den Pflichten zählt auch die Urlaubsgewährung, die im allgemeinen durch Tarifverträge geregelt wird und ansonsten entsprechend dem Bundesurlaubsgesetz vorgenommen wird. Der Mindesturlaub beträgt 24 Werktage, im Durchschnitt gibt es aber bereits fast dreißig Tage.

Der volle Urlaubsanspruch wird erst nach sechs Monaten Betriebsangehörigkeit gewährt. Ansonsten gilt jeweils ein Zwölftel des Jahresurlaubs für jeden vollen Beschäftigungsmonat. Die zeitliche Festlegung soll nach Möglichkeit mit den Arbeitnehmern abgestimmt werden, kann aber in die Betriebsferien gelegt werden. Verletzt ein Arbeitgeber seine Pflichten, so kann der Arbeitnehmer entsprechend darauf reagieren mit der Zurückhaltung seiner Arbeitsleistung bis hin zur Schadensersatzforderung. Beim Übergang eines Betriebes auf einen Nachfolger gelten die Arbeitsverträge weiter fort und zwar sowohl bei einer Gesamtnachfolge (der Betrieb wird vererbt) als auch bei einer Einzelnachfolge (der Betrieb wird verkauft).

1.3.3 Pflichten

Pflichten aus dem Arbeitsverhältnis	
Arbeitnehmer	**Arbeitgeber**

- Arbeitspflicht
- Nebenpflichten
  – Verschwiegenheit
  – Wettbewerbsverbot
  – Treue
	- Lohnzahlungspflicht
	- Lohnsicherung
	- Lohnzahlung ohne Arbeit
	- Gleichbehandlungsgrundsatz
	- Nebenpflichten

1.7 Ein Arbeitnehmer wird als kaufmännischer Angestellter eingestellt. Er wird angewiesen, abends immer den Betriebshof zu fegen. Ist das zulässig?

1.8 Eine Arbeitnehmerin geht regelmäßig neben ihrer Tätigkeit kellnern. Ihr Arbeitgeber will ihr das verbieten. Nehmen Sie zu diesem Fall Stellung.

1.9 Beschreiben Sie die Pausenregelung des Arbeitszeitgesetzes.

1.10 Nach dem Ende seiner Beschäftigung bei der Patent-GmbH soll ein Arbeitnehmer drei Jahre lang nicht bei Konkurrenzbetrieben tätig werden. Der Arbeitnehmer ist damit nicht einverstanden. Zu Recht?

1.11 Geben Sie eine Übersicht über die verschiedenen Lohnformen.

1.12 Ein Betrieb wird veräußert. Der neue Inhaber soll die bisherigen Arbeitnehmer übernehmen. Ist er dazu verpflichtet?

1.4 Beendigung eines Arbeitsverhältnisses

Einem Mitarbeiter des Betriebes wird während der Probezeit fristlos gekündigt, weil seine Arbeitsleistung nicht befriedigend gewesen sei. Er hält die Kündigung für nicht gerechtfertigt und wendet sich an den Betriebsrat, der bei der Kündigung einige Mängel entdeckt.

1.4.1 Arten der Beendigung

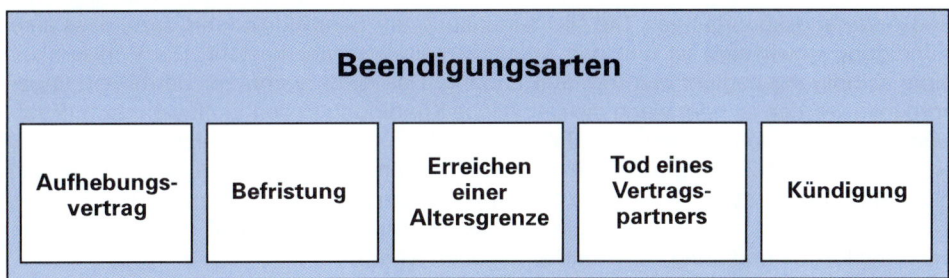

Beendigungsarten

| Aufhebungsvertrag | Befristung | Erreichen einer Altersgrenze | Tod eines Vertragspartners | Kündigung |

Aufhebungsvertrag

Für alle Kündigungen, Befristungen und Aufhebungsverträge von Arbeitsverhältnissen gilt die Schriftform (§ 623 Bürgerliches Gesetzbuch). Wollen Arbeitgeber und Arbeitnehmer das Arbeitsverhältnis einvernehmlich beenden, müssen sie den gesamten Vertragsinhalt schriftlich niederlegen und gemeinsam unterschreiben. In dem Schriftstück sind sowohl Nebenabreden aufzuführen, wie z. B. Regelungen zur Urlaubseinbringung, Zeugnisformulierung und zu Abfindungen als auch Ausgleichsklauseln. Damit wird erreicht, dass mit dem Aufhebungsvertrag alle gegenseitigen Ansprüche abgegolten werden. Eine Mitwirkung des Betriebsrates ist dafür nicht erforderlich. Ein Aufhebungsvertrag kann zum Beispiel wie folgt aussehen:

Zwischen der Cartex GmbH und Herrn Otto Binding wird folgender Aufhebungsvertrag geschlossen:

1. Das bestehende Arbeitsverhältnis wird in gegenseitigem Einvernehmen zum 31. Dezember 2013 beendet.

2. Herr Binding erhält für den Verlust des Arbeitsplatzes eine Abfindung in Höhe von 5000 €.

3. Der Resturlaub von 12 Arbeitstagen wird in der Zeit der Freistellung gewährt.

4. Es bestehen keine weiteren Ansprüche aus dem Arbeitsverhältnis und dessen Beendigung.

Ort, Datum

Arbeitgeber   Arbeitnehmer

Befristung

Befristete Arbeitsverhältnisse enden ohne Kündigung nach Ablauf der vereinbarten Zeit. Sie müssen schriftlich vereinbart werden. Das gilt z. B. für Saisonarbeiten im Gastgewerbe, Schwangerschaftsvertretungen aber auch für Berufsausbildungsverhältnisse, wenn das Ziel des Vertrages, der Berufsabschluss erreicht worden ist.

Wird die Befristung nicht schriftlich niedergelegt, kann es zu einem unbefristeten Arbeitsverhältnis kommen.

Erreichen einer Altersgrenze

Das Arbeitsverhältnis endet auch, wenn tarifvertraglich, betrieblich oder einzelvertraglich eine bestimmte Altersgrenze vereinbart worden ist.

Tod eines Vertragspartners

Stirbt der Arbeitnehmer, endet das Vertragsverhältnis mit sofortiger Wirkung. Beim Tod des Arbeitgebers wird das Arbeitsverhältnis nicht beendet, sondern durch die Erben weitergeführt, die in die rechtlichen Beziehungen eintreten.

Kündigung

Die Kündigung ist eine einseitige empfangsbedürftige Willenserklärung. Sie muss deutlich und zweifelsfrei abgefasst sein und muss schriftlich mitgeteilt werden. Das dient dem Schutz vor unbedachten Kündigungen und dem Nachweis, dass überhaupt eine Kündigung ausgesprochen worden ist. Durch Tarifverträge ist bereits in der Vergangenheit die Schriftform häufig vorgeschrieben gewesen. Die Vorschrift umfasst sowohl ordentliche Kündigungen (mit der Einhaltung einer Frist), außerordentliche (fristlose) und Änderungskündigungen. Die Nichteinhaltung der Schriftform führt dazu, dass eine Kündigung unwirksam ist und das Arbeitsverhältnis weiter besteht. Die Wirksamkeit einer Kündigung beginnt erst mit dem Zugang. Das heißt, wenn der Betroffene angesprochen worden ist oder wenn die schriftliche Kündigung in den Einflussbereich (Briefkasten) des Empfängers gelangt. Selbst ein Urlaub gilt nicht als Verzögerungsgrund, wenn es um den Zugang geht. Die Angabe von Kündigungsgründen ist grundsätzlich nicht erforderlich, es sei denn, dass es tarifvertraglich oder durch Betriebsvereinbarung vorgeschrieben ist. Bei Ausbildungsverhältnissen muss nach Ablauf der Probezeit bei einer fristlosen Kündigung der Grund angegeben werden.

● Ordentliche Kündigung

Diese Art ist der Regelfall für unbefristete Arbeitsverhältnisse. Es ist kein sachlicher Grund für die Rechtswirksamkeit erforderlich. Bestimmte Fristen und Termine müssen jedoch eingehalten werden. Für Angestellte und Arbeiter gelten einheitliche gesetzliche Kündigungsfristen. Während der Probezeit (höchstens 6 Monate) beträgt die Frist mindestens zwei Wochen. Als Grundkündigungsfrist sind vier Wochen zum 15. des Monats oder zum Monatsende festgelegt. Ausnahmen gibt es lediglich für vorübergehend zur Aushilfe Eingestellte und für kleinere Betriebe, die nicht mehr als zwanzig Mitarbeiter (ohne Auszubildende) beschäftigt haben. Hier ist der Kündigungstermin nicht festgelegt.

Die Betriebszugehörigkeit wird vom 25. Lebensjahr an berücksichtigt. Die Kündigungsfristen gelten arbeitgeberseitig nicht für Schwangere, in den vier Monaten nach der Entbindung und während des Erziehungsurlaubs. Existieren Tarifverträge, so gelten die dort festgelegten Vereinbarungen.

Soll z. B. einem 35-jährigem Mitarbeiter mit 8-jähriger Betriebszugehörigkeit zum 31. August 2013 gekündigt werden, so muss die Kündigung spätestens am 31. Mai 2013 zugehen. Eine Teilkündigung, das heißt die Änderung einzelner Arbeitsbedingungen ist nicht zulässig. Hier ist eine Änderungskündigung erforderlich. Sollte der Kündigungsempfänger damit nicht einverstanden sein, ist der gesamte Arbeitsvertrag beendet.

Allgemein gelten folgende Kündigungsfristen (jeweils zum Monatsende):

Betriebszugehörigkeit	Kündigungsfrist
2 Jahre	1 Monat
5 Jahre	2 Monate
8 Jahre	3 Monate
10 Jahre	4 Monate
12 Jahre	5 Monate
15 Jahre	6 Monate
20 Jahre	7 Monate

● Außerordentliche Kündigung

Für diese (fristlose) Kündigung ist ein wichtiger Grund erforderlich. Er muss so schwerwiegend sein, dass eine Fortsetzung des Arbeitsverhältnisses unzumutbar ist. Die außerordentliche Kündigung kann von Arbeitnehmern und Arbeitgebern gleichermaßen ausgesprochen werden. Diese stärkste Kündigungsform gilt auch für befristete Arbeitsverträge, für Schwerbehinderte und Betriebsratsmitglieder. Ausnahmen werden lediglich durch das Mutterschutzgesetz festgelegt. Vorbedingung ist, dass der wichtige Grund nicht länger als zwei Wochen bekannt ist. Beispiele sind Diebstahl und andere strafbare Handlungen, aber auch wiederholte Arbeitsverweigerungen und Dauererkrankungen.

1.4.2 Anhörung des Betriebsrates

Dem Betriebsrat wurden in Bezug auf Kündigungen starke Rechte eingeräumt. So ist sowohl eine ordentliche als auch eine außerordentliche Kündigung unwirksam, wenn der Betriebsrat nicht vorher unterrichtet worden ist. Er kann einer fristlosen Kündigung innerhalb von drei Tagen und einer ordentlichen innerhalb einer Woche schriftlich widersprechen. Das gilt, wenn soziale Gründe nicht ausreichend vom Arbeitgeber berücksichtigt worden sind, die Kündigung nicht mit vereinbarten Richtlinien übereinstimmt oder dem Arbeitnehmer im Fall der ordentlichen Kündigung nicht ein anderer Arbeitsplatz angeboten worden ist.

Ist der Widerspruch berechtigt, wird die Kündigung sozialwidrig und ist damit unwirksam. Der Arbeitnehmer muss dann bis zum Abschluss des Kündigungsschutzverfahrens weiter beschäftigt werden. Der Betriebsrat kann aber auch seinerseits die Entlassung oder Versetzung eines Mitarbeiters verlangen, wenn dieser den Betriebsfrieden nachhaltig gestört hat.

1.4.3 Kündigungsschutz

Arbeitnehmer können gesetzlichen Kündigungsschutz in Anspruch nehmen, wenn sie bereits länger als 6 Monate in einem Betrieb tätig sind und dieser mehr als zehn Mitarbeiter beschäftigt (ohne Auszubildende und Arbeitnehmer mit geringem Zeiteinsatz). Es gibt verschiedene Kündigungsgründe, die als sozial ungerechtfertigt angesehen werden. In einem Kündigungsschutzprozess muss der Arbeitgeber seine Kündigung rechtfertigen und die aufgeführten Gründe belegen.

Nach dem Kündigungschutzgesetz wird in personen-, verhaltens- und betriebsbedingte Kündigungen unterschieden. Personenbedingt bedeutet, dass objektive Gründe in der Person des Arbeitnehmers liegen. Dazu gehören dauernde krankheitsbedingte Arbeitsunfähigkeit, Alkoholabhängigkeit oder andere Suchtkrankheiten.

Die Unzumutbarkeitsschwelle ist hier vom Gesetzgeber hoch angesetzt worden. Ein Arbeitgeber muss zunächst durch Aushilfen, die Zuweisung anderer Arbeitsplätze oder sonstige Maßnahmen versuchen, krankheitsbedingte Ausfälle zu überbrücken.

Verhaltensbedingte Kündigungen beziehen sich auf Vertragsverletzungen, wie z. B geringe oder schlechte Arbeitsleistungen. Hier muss zunächst eine rechtzeitige und deutliche Abmahnung vorgenommen werden, bevor eine ordentliche Kündigung erfolgen kann. Bei Diebstahl hingegen ist eine Abmahnung nicht erforderlich.

Häufig gibt es auch betriebsbedingte Kündigungen, wenn auf Grund von Rationalisierungsgründen, Umsatzrückgang und Auftragsmangel eine Weiterbeschäftigung nicht mehr möglich ist. Der Arbeitgeber muss jedoch in besonderem Maße soziale Gründe bei der Auswahl der Betroffenen berücksichtigen, wie z. B. Dauer der Betriebszugehörigkeit, Familienstand und Lebensalter.

Hält ein Arbeitnehmer seine Kündigung für sozial ungerechtfertigt, muss er innerhalb von drei Wochen nach Zugang Klage vor dem Arbeitsgericht erheben. Trotzdem endet das Arbeitsverhältnis nach Ablauf der Kündigungsfrist. Bekommt ein Arbeitnehmer aber in der ersten Instanz Recht, hat er einen Weiterbeschäftigungsanspruch bis zum Ende des Rechtsstreites. Dieser spezielle Schutz besteht deswegen, weil Kündigungsschutzprozesse oft jahrelang dauern, wenn mehrere Instanzen durchlaufen werden. Wird eine Kündigung gerichtlich für unwirksam erklärt, kann eine Weiterbeschäftigung dennoch für beide Seiten unzumutbar sein, weil eine gute Zusammenarbeit nicht mehr zu erwarten ist. Für diesen Fall sieht das Kündigungsschutzgesetz die Festlegung einer Abfindung vor, die in Abhängigkeit von der Betriebszugehörigkeit und des Lebensalters bis zu achtzehn Monatsgehälter betragen kann.

Kündigungsschutz kann auch bei einer Änderungskündigung erfolgen. Der Arbeitnehmer sollte jedoch das Arbeitgeberangebot unter Vorbehalt annehmen, damit er nicht bei berechtigter Kündigung seinen Arbeitsplatz verliert.

Für bestimmte Arbeitnehmergruppen gelten besondere Kündigungsschutzbestimmungen. Dazu zählen Betriebsräte, Personalräte und Jugend- und Auszubildenden-Vertreter. Während der Amtszeit und bis einem Jahr nach Beendigung ihrer Tätigkeit darf ihnen nicht gekündigt werden. Eine außerordentliche Kündigung bedarf der Zustimmung des Betriebsrates. Ist diese nicht gegeben, muss das Arbeitsgericht entscheiden.

Schwerbehinderte genießen ebenfalls einen besonderen Schutz. Bei einer Betriebszugehörigkeit von mindestens sechs Monaten muss bei einer Kündigung die Hauptfürsorgestelle zustimmen. Das Mutterschutzgesetz sieht strenge Kriterien für eine Kündigung vor. So darf weder während der Schwangerschaft noch vier Monate nach der Entbindung gekündigt werden. Dasselbe gilt bei Inanspruchnahme des Erziehungsurlaubs.

Betriebe mit mehr als zwanzig Mitarbeitern haben bei sogenannten Massenentlassungen die Pflicht, das Arbeitsamt zu informieren und die Entlassung anzuzeigen. Das Arbeitsamt kann eine Entlassungssperre verfügen.

Jeder Arbeitnehmer hat einen Anspruch auf ein Zeugnis, wenn er seine Tätigkeit beendet. Das Zeugnis muss schriftlich erstellt werden und enthält als **einfaches Zeugnis** lediglich Angaben über die Art und Dauer der Beschäftigung. Auf Verlangen des Arbeitnehmers wird ein **qualifiziertes Zeugnis** (Normalfall) erteilt, das zusätzlich die Leistung und Führung bewertet. Grundsatz für das Ausstellen eines Zeugnisses ist Wohlwollen, Wahrheitstreue und Vollständigkeit. Wer mit seinem Mitarbeiter nicht zufrieden gewesen ist, darf einerseits das berufliche Fortkommen nicht behindern, muss aber andererseits die Belange des künftigen Arbeitgebers berücksichtigen. Deswegen hat sich eine eigene Zeugnissprache entwickelt.

1.13 Was verstehen wir unter einem befristeten Arbeitsvertrag? Geben Sie zwei Beispiele.

1.14 Arbeitgeber und Arbeitnehmer wollen sich nach mehrjähriger Zusammenarbeit voneinander trennen. Beschreiben Sie einen Lösungsweg.

1.15 Einem Arbeitnehmer soll nach vierzehnjähriger Betriebsangehörigkeit zum 31. Oktober 2008 gekündigt werden. Beschreiben Sie den Kündigungsablauf.

1.16 In einem Betrieb mit Arbeitnehmervertretung wird einem Mitarbeiter gekündigt. Er erhebt Widerspruch, weil der Betriebsrat darüber nicht informiert war. Zu Recht?

1.17 Erläutern Sie mit Hilfe eines Beispiels die außerordentliche Kündigung.

1.18 Erklären Sie den Unterschied zwischen einem einfachen und einem qualifizierten Zeugnis.

1.5 Geltungsbereich und Rechtswirksamkeit von Tarifverträgen

Das Tarifvertrags- und Arbeitskampfrecht gehört zum kollektiven Arbeitsrecht. Die

> Ein neuer Mitarbeiter möchte genaue Informationen über die Höhe seines Arbeitslohns und die ihm zustehenden Urlaubstage. Heinz Willmann verweist auf tarifliche Vereinbarungen. Er möchte daraufhin wissen, was diese für ihn bedeuten.

Grundlage dazu bietet das Grundgesetz durch die Garantie der Koalitionsfreiheit. Das bedeutet, dass Arbeitnehmer und Arbeitgeber Vereinigungen bilden können, um ihre Interessen bei der Gestaltung der Arbeitsbedingungen durchzusetzen. In diesem Zusammenhang wird auch von der Tarifautonomie gesprochen. Die Sozialpartner, Arbeitgeber und Gewerkschaften, können Lohntarife und Bedingungen für Arbeitsverhältnisse autonom aushandeln, ohne dass staatliche Stellen in diesen Prozess eingreifen dürfen.

1.5.1 Tarifvertrag

Es ist ein schriftlicher Vertrag zwischen Arbeitgebern oder einem Arbeitgeberverband auf der einen Seite und einer Gewerkschaft oder einer Spitzenorganisation der Arbeitnehmerseite auf der anderen Seite. Diese Vereinbarung enthält Rechte und Pflichten der Vertragspartner, Inhalte, Abschluss und Beendigung von Arbeitsverhältnissen und andere betriebliche und betriebsverfassungsrechtliche Fragen. Nach Art des Inhalts wird der Teil, der die Mindestbedingungen zugunsten der Arbeitnehmer regelt, normativ genannt.

Der schuldrechtliche Teil beinhaltet für die Vertragspartner die Verpflichtung, den Tarif-

Normen
● Inhalts- : Arbeitszeit, Lohnhöhe, Urlaub
● Abschluss-: Formvorschriften, Einstellungsgebote für Auszubildende, Übernahmebedingungen nach der Ausbildungszeit
● Beendigungs-: Kündigungsgründe, -fristen
● Betriebs-: Pausenregelungen, Arbeitserleichterungen
● Gemeinsame Einrichtungen: Wohlfahrt, Alterssicherung, überbetriebliche Ausbildungsstätten

vertrag tatsächlich durchzuführen und die sogenannte Friedenspflicht zu wahren (Einhaltung des Arbeitsfriedens während der Laufzeit des Tarifvertrages).

Ein Tarifvertrag wirkt grundsätzlich nur zwischen den tarifgebundenen Parteien. Wenn jedoch ein öffentliches Interesse besteht, soziale Arbeitsbedingungen zu erhalten, können Landes- und Bundesminister (meistens der Bundesarbeitsminister) einen Tarifvertrag für allgemeinverbindlich erklären. Das bedeutet, dass sich sowohl tarifgebundene als auch ungebundene Vertragspartner an die Regelungen halten müssen.

Die Tarifpartner gestatten manchmal, wichtige Fragen wie z. B. Arbeitszeitregelungen, Betriebsurlaub auf die betriebliche Ebene zu verlagern. Damit können Regelungen zwischen Arbeitgeber und Betriebsrat vereinbart werden, die sich nur auf einen Betrieb beziehen und als Betriebsvereinbarung bezeichnet werden. Dieser Weg ist aber nur zulässig, wenn Arbeitsbedingungen nicht durch Tarifverträge geregelt werden bzw. wenn Tarifverträge spezielle Öffnungsklauseln enthalten.

1.5.2 Arten der Tarifverträge

Im Allgemeinen wird bei Tarifverträgen nach folgenden Tarifarten unterschieden: Der Lohntarif legt Löhne und Gehälter fest und hat üblicherweise eine Laufzeit von einem Jahr. Dabei wird eine Lohngruppe als Ecklohn bestimmt, aus dem sich prozentual das Entgelt der anderen Lohngruppen errechnen lässt. Auf diese Weise braucht bei Verhandlungen jeweils nur ein Lohn festgelegt werden. In Rahmentarifverträgen werden die Merkmale der Lohngruppen erfasst und Vorschriften über Lohnfindungsmethoden erarbeitet, wie z. B. beim Akkord. Die Laufzeit beträgt mindestens drei Jahre. Weiterhin gibt es Manteltarife mit Regelungen über die Arbeitszeit, den Urlaub und die Kündigung. Auch hier ist die Laufzeit größer als beim Lohntarif.

1.5.3 Geltungsbereich

Hier besteht eine Untergliederung in eine zeitliche, räumliche, persönliche und fachliche Geltung. Die zeitliche Geltung eines Tarifvertrags ist gleichbedeutend mit der Laufzeit bzw. bis zu dem Zeitpunkt einer neuen Vereinbarung. Räumlich können Verträge für ein bestimmtes Gebiet oder für einzelne Bezirke bzw. Orte geschlossen werden. Die persönliche Geltung bezieht sich auf die Gruppen, die einbezogen werden, wie z. B. Arbeiter, Angestellte oder Auszubildende. Die fachliche Geltung enthält bestimmte Industriezweige (Industrie, Handel, Metall, Bau, Textil).

1.5.4 Betriebsvereinbarung

Das Betriebsverfassungsgesetz lässt eine schriftliche Vereinbarung zwischen Arbeitgeber und dem Betriebsrat eines Unternehmens zu, das für alle Arbeitnehmer in dem Betrieb unmittelbar und zwingend gilt.

1.5.5 Einzelarbeitsvertrag

Arbeitgeber und Arbeitnehmer können auch Einzelarbeitsverträge miteinander vereinbaren. Hier gilt der Grundsatz der Vertragsfreiheit, die Parteien können den Inhalt des Arbeitsverhältnisses frei bestimmen unter Berücksichtigung der Arbeitnehmerschutzbestimmungen, der tariflichen und der betriebsverfassungsrechtlichen Vorschriften.

1.6 Rechtliche Rahmenbedingungen von Arbeitskämpfen

Die Belegschaft eines Betriebes befürchtet, dass durch die Übernahme in einen großen Konzern Arbeitsplätze abgebaut werden. Sie beschließt zu streiken. Die Firmenleitung hält dieses Verhalten für unrechtmäßig und verweist auf die tarifvertraglich vereinbarte Friedenspflicht.

Sind Tarifverhandlungen der Sozialpartner gescheitert, kann es zu einem Arbeitskampf kommen, d. h., dass Arbeitnehmer durch kollektive Maßnahmen (Streik) versuchen, ihre Interessen in Bezug auf Löhne oder Arbeitsbedingungen durchzusetzen. Die Arbeitgeber ihrerseits können Arbeitnehmer aussperren, um bestimmte Ziele zu erreichen, wie z. B. die Abwehr vermeintlich überhöhter Lohnforderungen. Die Grundlage des Arbeitskampfrechtes liegt im Grundgesetz, weil hier den Tarifpartnern das Recht zugestanden wird, Arbeits- und Wirtschaftsbedingungen unabhängig vom Staat auszuhandeln. Daraus ergibt sich für die Tarifparteien der Zwang zu einer Einigung.

1.6.1 Streik

Ein Streik liegt dann vor, wenn eine größere Anzahl von Arbeitnehmern gemeinsam und planmäßig ohne Kündigung des Arbeitsvertrages und ohne Einverständnis des Arbeitgebers die Arbeit niederlegt, um z. B. die Verbesserung von Lohn- und Arbeitsbedingungen zu erreichen. Als wilder Streik wird eine Arbeitsniederlegung bezeichnet, die nicht gewerkschaftlich organisiert ist. Ein Warnstreik ist auf kurze Dauer beschränkt, ein Sympathiestreik soll einen Hauptstreik unterstützen.

1.6.2 Aussperrung

Die Arbeitgeberseite hat als Kampfmittel die Möglichkeit, Arbeitnehmer auszusperren, d. h., dass ein oder mehrere Arbeitgeber planmäßig und ohne Kündigung Arbeitnehmer von der Arbeit ausschließen, um ihre Interessen durchzusetzen. Streik und Aussperrung sind nur zulässig, wenn sie durch Arbeitgeberverbände bzw. Gewerkschaften organisiert werden und nicht gegen die Friedenspflicht verstoßen. Ein Arbeitskampf sollte aber erst dann vorgenommen werden, wenn alle Verhandlungsmöglichkeiten gescheitert sind, insbesondere eine Schlichtung. Damit ein Arbeitskampf nicht ausartet, soll das Prinzip der Verhältnismäßigkeit angewandt werden, wie z. B. keine Gewalt anzuwenden.

1.6.3 Rechtsfolgen des Arbeitskampfes

Bei rechtmäßigen Arbeitskämpfen führt die Teilnahme der Arbeitnehmer an einem Streik zur Suspendierung des Arbeitsverhältnisses. Es ruhen lediglich die Hauptpflichten – Arbeitsleistung und Vergütung. Nach Ablauf des Streiks wird das Arbeitsverhältnis wieder automatisch fortgeführt. Der ausgesperrte Arbeitnehmer hat nach Ablauf des Arbeitskampfes einen Anspruch auf Weiterbeschäftigung. Der ursprüngliche Arbeitsvertrag bleibt bestehen. Im Fall eines rechtswidrigen Arbeitskampfes (wilder Streik) besteht eine Verletzung der Arbeitspflicht. Der Arbeitgeber kann dem Arbeitnehmer außerordentlich aus wichtigem Grund kündigen und gegebenenfalls Schadenersatzansprüche geltend machen.

Fragen

1.19 Definieren Sie den Begriff Streik.

1.20 Welche Rechtsfolgen ergeben sich aus einem Streik für Arbeitgeber und Arbeitnehmer?

1.21 Eine erste Verhandlungsrunde zwischen Arbeitgebern und Gewerkschaften führt zu keiner Einigung. Die Gewerkschaften beschließen, sofort zu streiken. Nehmen Sie zu dieser Aussage Stellung.

2 Betriebsverfassungsgesetz und Mitbestimmungsrecht

Situation

Im Betrieb sollen neue Beurteilungsgrundsätze für die Beschäftigten erarbeitet werden. Die Personalabteilung informiert den Betriebsrat. Die Mitarbeiter, die gerade den Meisterkurs besuchen, verweisen darauf, dass hier stärkere Mitbestimmungsrechte der Arbeitnehmervertretung zu berücksichtigen sind.

Es gibt zwei Arten der Mitbestimmung: die betriebliche und die Unternehmensmitbestimmung. Das Betriebsverfassungsgesetz regelt die innerbetriebliche Ordnung und trifft Mitbestimmungs- und Mitwirkungsrechte der betrieblichen Arbeitnehmervertretungen. Die Beteiligungsrechte umfassen soziale, personelle und wirtschaftliche Angelegenheiten. Unternehmerische Entscheidungen über Produktion und Absatz, Investitionen und Finanzierung haben aber auch Auswirkungen auf die Beschäftigungssituation der Arbeitnehmer. Darum ist vom Gesetzgeber zusätzlich die wirtschaftliche Mitbestimmung verordnet worden.

2.1 Bestimmungen des Betriebsverfassungsgesetzes

Die Mitbestimmung hat bei deutschen Betrieben eine lange Tradition. Bereits um die Jahrhundertwende gab es im Bergbau Gesetze, in denen Arbeiterausschüsse vorgesehen waren. 1920 wurde ein Betriebsrätegesetz in Kraft gesetzt, bei dem in Betrieben mit über zwanzig Beschäftigten die Bildung eines Betriebsrates vorgeschrieben wurde. Besonders stark ausgeprägte Mitbestimmungsrechte werden aber erst durch das Betriebsverfassungsgesetz von 1972 für die private Wirtschaft und das Personalvertretungsgesetz des Bundes und der Länder für den öffentlichen Dienst beschrieben. Nach dem Betriebsverfassungsgesetz können in Betrieben mit mindestens fünf ständig wahlberechtigten und drei wählbaren Beschäftigten Betriebsräte gewählt werden. Wahlberechtigt sind alle Arbeitnehmer, die das achtzehnte Lebensjahr vollendet haben. Für die Wählbarkeit muss ein Arbeitnehmer mindestens sechs Monate in einem Betrieb beschäftigt sein. Betriebe, die sich überwiegend mit karitativen, religiösen, politischen, erzieherischen, künstlerischen oder wissenschaftlichen Fragestellungen beschäftigen, unterliegen nicht dem Betriebsverfassungsgesetz oder nur eingeschränkt. Da es sich um ein deutsches Gesetz handelt, gilt es für alle inländischen Betriebe, das heißt auch für Töchterfirmen ausländischer Unternehmen in Deutschland. Leitende Angestellte sind vom Betriebsverfassungsgesetz ausgenommen. Das ergibt sich aus der besonderen Funktion, die eher der Arbeitgeberseite zuzuordnen ist. Um aber dennoch eine Mitgestaltung zu gewährleisten, können leitende Angestellte ihre Interessen durch Sprecherausschüsse vertreten lassen. Nach dem Sprecherausschussgesetz sind dazu in der Regel mindestens zehn leitende Angestellte in einem Betrieb erforderlich. Eine Neufassung des Gesetzes trat 2001 in Kraft.

2.2 Rechte und Pflichten des Betriebsrates

Der Betriebsrat vertritt die Interessen der Arbeitnehmer gegenüber dem Arbeitgeber. Beide haben vertrauensvoll und im Zusammenwirken mit den Gewerkschaften und den Arbeitgeberverbänden zusammen zu arbeiten. Damit soll erreicht werden, dass die Arbeitnehmer stets auch das Wohl des Betriebes mit berücksichtigen und der Arbeitgeber nicht ausschließlich das betriebliche Interesse vertritt. Das Gesetz sieht dazu vor, dass sich Arbeitgeber und Betriebsrat mindestens einmal im Monat zu einer gemeinsamen Besprechung treffen mit dem ernsten Willen, zu einer Einigung zu kommen. Vorrangig ist der Betriebsfrieden, der Arbeitskämpfe zwischen den beiden Parteien genauso ausschließt wie die parteipolitische Betätigung im Betrieb. Arbeitgeber und Betriebsrat haben gemeinsam darüber zu wachen, dass alle im Betrieb Beschäftigten nach Recht und Billigkeit behandelt werden. Keiner darf wegen seiner Abstammung, Religion, Nationalität oder wegen seines Geschlechtes benachteiligt werden.

2.3 Wahlverfahren des Betriebsrates

Die Anzahl der Betriebsratsmitglieder hängt von der Anzahl der wahlberechtigten Arbeitnehmer ab. Bei fünf bis zwanzig wahlberechtigten Beschäftigten kann ein Betriebsrat gewählt werden. Die weitere Stufung ist der folgenden Übersicht zu entnehmen:

Betriebsräte	1	3	5	7	9	...
Wahlberechtigte	5–20	21–50	51–100	101–200	201–400	...

Arbeiter und Angestellte müssen ihrem zahlenmäßigen Verhältnis entsprechend im Betriebsrat vertreten sein, wenn dieser aus mindestens drei Mitgliedern besteht.

Der Betriebsrat wird alle vier Jahre in der Zeit vom 1. März bis zum 31. Mai in geheimer und unmittelbarer Wahl gewählt. Die gesamten Kosten der Wahl, wie z. B. Druck der Wahlunterlagen und Lohnausfall, sind allein vom Arbeitgeber zu tragen.

Die Mitglieder des Betriebsrates wählen aus ihrer Mitte einen Vorsitzenden und einen Stellvertreter, die nicht derselben Gruppe angehören sollen. Der Vorsitzende hat die Aufgabe, eine Tagesordnung festzulegen, die Beschlüsse des Betriebsrates zu vertreten, Sitzungen einzuberufen und zu leiten. Gibt es in einem Betrieb mehr als neun Betriebsratsmitglieder, wird ein Betriebsausschuss gewählt, dem kraft Amtes der Vorsitzende und sein Stellvertreter angehören. Der Betriebsausschuss hat die laufenden Geschäfte zu führen. Die Sitzungen des Betriebsrats finden während der Arbeitszeit statt. Dazu muss der Arbeitgeber über den Zeitpunkt einer Sitzung informiert werden. Er kann an der Veranstaltung beratend teilnehmen.

Die Tätigkeit der Mitglieder ist ehrenamtlich, wobei sie von der Arbeit unter Fortzahlung ihres Arbeitsentgelts freigestellt werden müssen. In größeren Betrieben werden Betriebsräte völlig von ihrer beruflichen Tätigkeit freigestellt. Die Kosten der gesamten Betriebsratsarbeit, wie Raum- und Bürokosten, Büromaterial und Fachliteratur sind vom Arbeitgeber ebenso zu tragen wie die Teilnahme an Schulungen und Seminaren. Für die Mitglieder des Betriebsrats gilt wie bereits angeführt ein besonderer Kündigungsschutz und in Bezug auf alle dienstlichen Angelegenheiten auch eine besondere Schweigepflicht.

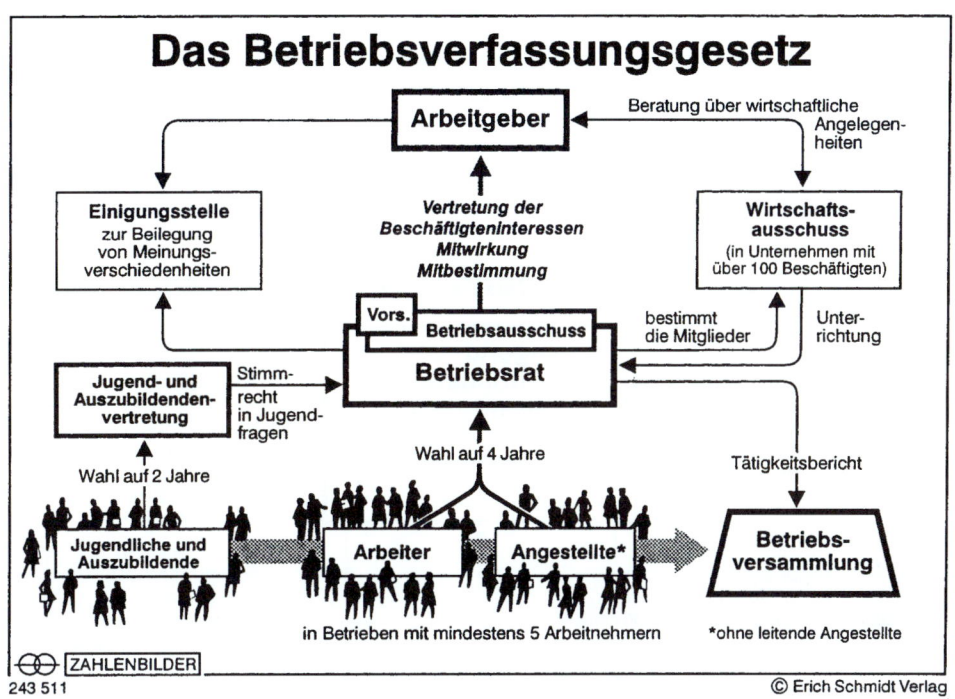

2.4 Jugend- und Auszubildendenvertretung

Seit 1988 können alle Arbeitnehmer unter 18 Jahren und alle Auszubildenden bis zum 25. Lebensjahr eine Jugend- und Auszubildendenvertretung wählen, vorausgesetzt, dass ein Betriebsrat existiert. Wählbar sind alle Arbeitnehmer bis zum 25. Lebensjahr. Gibt es in einem Betrieb fünf Jugendliche, fünf Auszubildende oder eine Kombination der beiden Gruppen, so kann eine Interessenvertretung aufgebaut werden. Die Jugend- und Auszubildendenvertretung ist aber kein eigenständiges Organ, sondern kann ihre Anliegen nur über den Betriebsrat zur Geltung bringen. Bei Betrieben mit bis zu 20 Arbeitnehmern, die jugendlich oder zur Ausbildung eingestellt sind, besteht die Jugendvertretung aus einer Person. Die weitere Verteilung ist der Übersicht zu entnehmen:

Anzahl der Jugendlichen und Auszubildenden	Jugendvertreter
5 – 20	1
21 – 50	3
51 – 150	5
151 – 300	7
301 – 500	9
501 – 700	11
701 – 1000	13
mehr als 1000	15

In ihrer zweijährigen Amtszeit besteht die Aufgabe der Jugend- und Auszubildendenvertretung darin, Maßnahmen beim Betriebsrat zu beantragen, die den Jugendlichen und Auszubildenden dienen. Das gilt besonders für Fragen der Berufsbildung und für das Einhalten der Ausbildungsvorschriften. Wenn nach Auffassung der Interessenververtretung Gesetze der Berufsbildung, wie z. B. das Jugendarbeitsschutzgesetz nicht eingehalten werden, dann wendet sie sich an den Betriebsrat, der seinerseits beim Arbeitgeber mit diesem Anliegen vorstellig wird.

Die Jugend- und Auszubildendenvertretung kann zu allen Betriebsratsitzungen einen Vertreter entsenden. An Sitzungen, die Belange der Jugendlichen bzw. Auszubildende betreffen, hat die gesamte Vertretung Teilnahmerecht. Für die Mitglieder der Jugendvertretung gibt es verschiedene Schutzrechte. Zum einen haben sie wie ihre Betriebsratskollegen einen besonderen Kündigungsschutz während ihrer Amtszeit und bis zu einem Jahr danach. Zum anderen kann der Jugendvertreter nach seiner Ausbildung seine Weiterbeschäftigung verlangen, es sei denn, dass es für den Arbeitgeber aus verschiedenen Gründen nicht zumutbar ist, wie z. B. Neuschaffung eines Arbeitsplatzes.

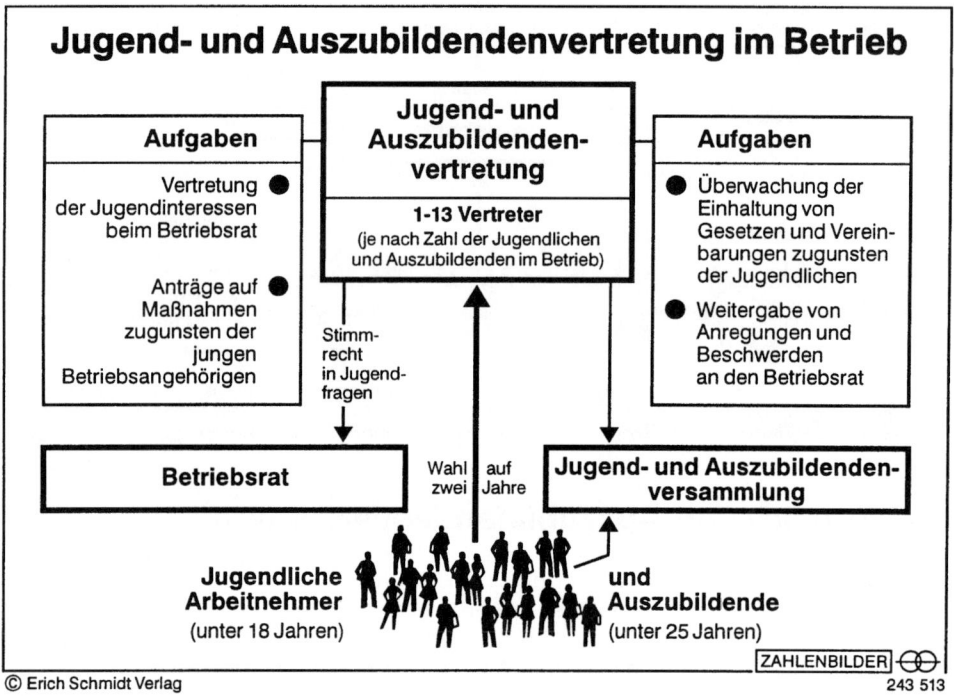

Jugend- und Auszubildendenvertretung im Betrieb

Aufgaben
● Vertretung der Jugendinteressen beim Betriebsrat
● Anträge auf Maßnahmen zugunsten der jungen Betriebsangehörigen

Jugend- und Auszubildendenvertretung
1-13 Vertreter
(je nach Zahl der Jugendlichen und Auszubildenden im Betrieb)

Stimmrecht in Jugendfragen

Aufgaben
● Überwachung der Einhaltung von Gesetzen und Vereinbarungen zugunsten der Jugendlichen
● Weitergabe von Anregungen und Beschwerden an den Betriebsrat

Betriebsrat

Wahl auf zwei Jahre

Jugend- und Auszubildendenversammlung

Jugendliche Arbeitnehmer (unter 18 Jahren)   **und Auszubildende** (unter 25 Jahren)

ZAHLENBILDER

© Erich Schmidt Verlag

243 513

2.5 Beteiligungsrechte

Der Betriebsrat hat nach dem Betriebsverfassungsgesetz abgestufte Beteiligungsrechte. Am stärksten sind echte Mitbestimmungsrechte, die vor allem im sozialen Bereich liegen. Mitbestimmung in diesem Sinn bedeutet, dass der Arbeitgeber die Zustimmung des Betriebsrats benötigt. Beispiele dafür sind Arbeitszeitvereinbarungen, die Änderung von Arbeitsplätzen, die Personalplanung und Beurteilungsgrundsätze, Kündigung von Betriebsratsmitgliedern und Durchführung der Berufsbildung. Mitbestimmungsrechte gibt es auch bei Betriebsänderungen, wenn ein Sozialplan aufgestellt wird. Daneben existieren vielfältige Mitwirkungsrechte, bei denen der Betriebsrat zu hören ist, wie z. B. bei einer Kündigung und bei der Bestellung eines Ausbilders. Hier kann der Betriebsrat ein Veto einlegen.

Bei wirtschaftlichen Angelegenheiten des Betriebes ist der Betriebsrat zu informieren und kann beratend tätig werden. Das gilt für Umbauten, technische Anlagen, die Personalplanung und die Förderung, Einrichtung und Maßnahmen der Berufsbildung. Darüber hinaus stehen auch dem einzelnen Arbeitnehmer verschiedene Rechte aus dem Betriebsverfassungsgesetz zu. Er hat das Recht, über seinen Arbeitsplatz informiert zu werden, kann in seine Personalakte Einsicht nehmen und hat auch ein Beschwerderecht. Durch die Reform des Gesetzes sollen Betriebsräte mehr Mitbestimmungsrechte bei der Einführung notwendiger Berufsbildungsmaßnahmen erhalten. Zu dem Aufgabenkatalog gehört auch die Förderung von Umweltschutzmaßnahmen und die Berücksichtigung des Anteils der Frauen an der Belegschaft.

2.6 Einigungsstelle

Gibt es zwischen Arbeitgeber und Betriebsrat in bestimmten Fragen keine Einigung, so muss nach dem Betriebsverfassungsgesetz eine Einigungsstelle eingerichtet werden. Sie ist mit einem unparteiischen Vorsitzenden und je zur Hälfte mit Arbeitgebern und Betriebsratsmitgliedern zu besetzen. Bei besonders strittigen Fragestellungen kann auch das Arbeitsgericht eingeschaltet werden.

2.7 Mitbestimmung im Unternehmen

Die Gesetzgebung ist durch die Montanmitbestimmung und dem Betriebsverfassungsgesetz der fünfziger Jahre und das Mitbestimmungsgesetz von 1976 geregelt. In der Montanindustrie gibt es bereits seit 1951 eine Mitbestimmung in Unternehmensorganen. So besteht der Aufsichtrat aus elf Mitgliedern, fünf Vertretern der Anteilseigner und fünf Arbeitnehmer, sowie ein sogenannter neutraler Vorsitzender. Die Zusammensetzung der Arbeitnehmer verlangt, dass mindestens zwei Mitglieder aus der Belegschaft kommen, und zwar je ein Arbeiter und ein Angestellter. Die anderen werden durch die im Betrieb vertretenen Gewerkschaften vorgeschlagen. Zusätzlich muss dem Vorstand eines Montanbetriebes ein Arbeitsdirektor als gleichberechtigtes Vorstandsmitglied angehören, der sich vor allem mit den sozialen Belangen der Arbeitnehmer beschäftigt.

Die Mitbestimmung in Betrieben mit weniger als zweitausend Mitarbeiter wird durch das Betriebsverfassungsgesetz von 1952 festgelegt (dieser Teil des Gesetzes hat auch nach der Neufassung von 1972 weiterhin Gültigkeit). Danach besteht eine Drittelregelung, das heißt, dass grundsätzlich in allen Aktiengesellschaften mit weniger als zweitausend Arbeitnehmern ein Drittel des Aufsichtsrats mit Arbeitnehmern besetzt wird. Von diesen Aufsichtsratsmitgliedern müssen wieder mindestens ein Arbeiter und ein Angestellter aus der Belegschaft kommen. Dieselbe Regelung gilt auch für GmbH's und bestimmte Genossenschaften mit mehr als fünfhundert Arbeitnehmern. Für Betriebe, die mehr als zweitausend Arbeitnehmer beschäftigen, gilt das Mitbestimmungsgesetz von 1976. Hierbei ist eine paritätische Mitbestimmung, wobei sich die Anzahl der Aufsichtratsmitglieder an der Größe (Mitarbeiter) des Unternehmens orientiert. Beispielsweise besteht der Aufsichtsrat eines Unternehmens mit bis zu zehntausend Arbeitnehmern aus einem Verhältnis von sechs zu sechs. Sechs Vertretern der Anteileignern stehen sechs Vertretern von Arbeitern, Angestellten und leitenden Angestellten gegenüber. Im Gegensatz zu der Montanmitbestimmung hat der Vorsitzende bei diesem Modell in einer Pattsituation zwei Stimmen.

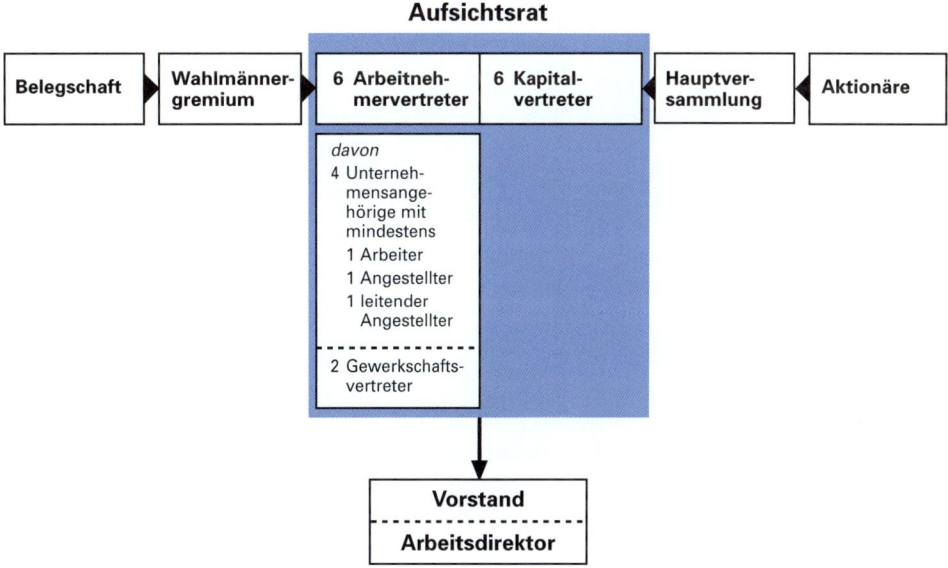

3 Arbeits- und Sozialgerichte

In der Bundesrepublik Deutschland lassen sich 5 selbstständige Gerichtszweige unterscheiden. Dazu gehört die ordentliche Gerichtsbarkeit mit den Zivil- und Strafgerichten und die besondere Gerichtsbarkeit mit den Verwaltungs-, Arbeits-, Sozial- und Finanzgerichten. Alle genannten Gerichte gibt es auf Länder- und Bundesebene. Innerhalb der Gerichtszweige existieren mehrere Instanzen. Instanz bedeutet, dass für das gerichtliche Verfahren verschiedene übergeordnete Stufen vorhanden sind und zwar die ersten beiden auf der Länderebene und die oberste auf der Bundesebene. Bekannt sind z. B. Amtsgerichte. Die nächsten Instanzen sind Landgerichte, Oberlandesgerichte, der Bundesgerichtshof und das Bundesverfassungsgericht in Karlsruhe. Wie auch der Übersicht „Organe der Rechtsprechung" zu entnehmen ist, zeigt das Gliederungsprinzip der Verwaltungs-, Arbeits- und Sozialgerichtsbarkeit drei Stufen, wohingegen der Finanzbereich lediglich zweistufig ist. Die Bundesgerichte sind über ganz Deutschland verteilt: Das Bundessozialgericht befindet sich in Kassel, das Bundesarbeitsgericht in Erfurt, das Bundesverwaltungsgericht hat seinen Sitz in Leipzig und die höchste Rechtsprechung für Finanzen ist in München. Daneben gibt es aus fachlichen Gründen noch ein Bundespatentgericht in München, wenn es um Streitigkeiten bei der Nutzung von Patenten geht.

Organe der Rechtsprechung

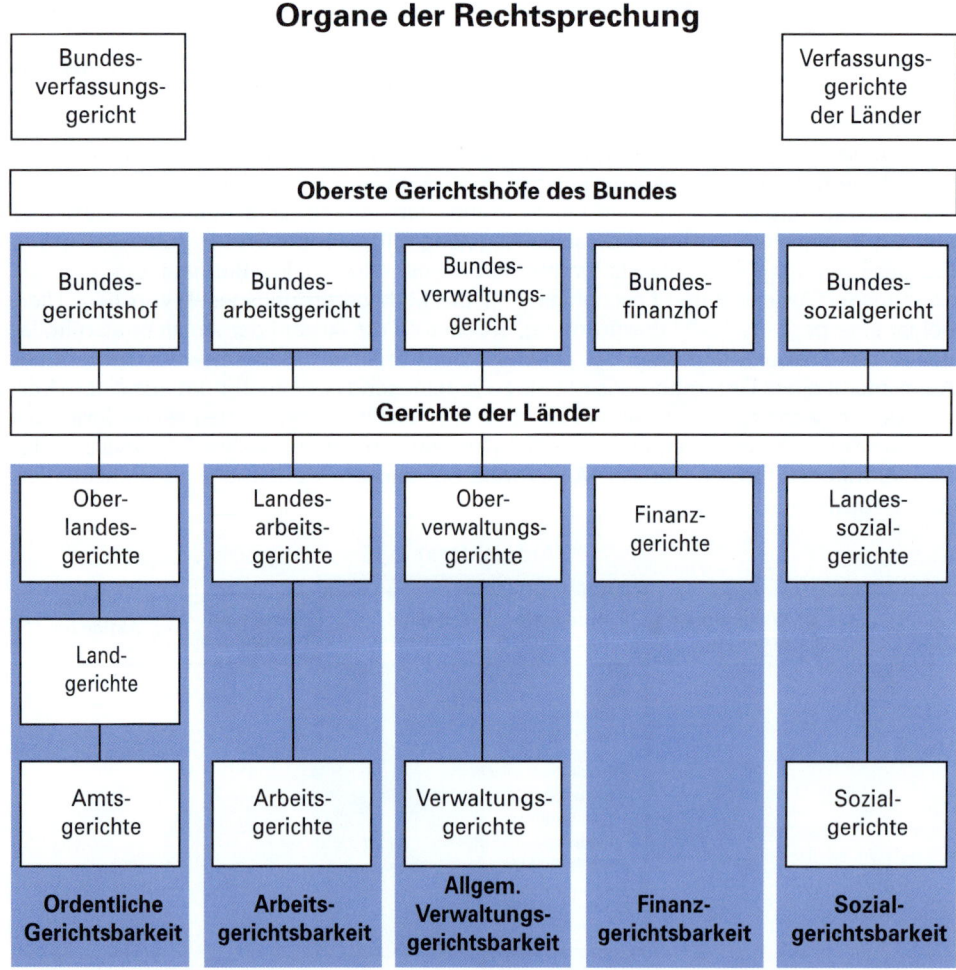

Quelle: Pötzsch, H., Die deutsche Demokratie, Bonn 1995

3.1 Arbeitsgerichte

Eine besondere Rolle spielen die Arbeitsgerichte. Sie sind für Auseinandersetzungen aus Verträgen zwischen Arbeitgebern und Arbeitnehmern zuständig. Eigentlich müssten hierbei Zivilgerichte tätig werden. Da es aber auch Arbeitsverhältnisse im öffentlichen Dienst gibt und dem Arbeitsleben in einer modernen Gesellschaft eine große Bedeutung beigemessen wird, ist hier eine besondere Gerichtsbarkeit eingerichtet worden. Arbeitsgerichte kümmern sich um Streitigkeiten bei Kündigungen, bei Löhnen, im Mitbestimmungsbereich, bei Streiks, bei tariflichen Angelegenheiten und entscheiden bei Konflikten zwischen Arbeitgeberverbänden und Gewerkschaften. Nach der ersten Instanz, dem Arbeitsgericht folgt das Landesarbeitsgericht als Berufungsinstanz und das Bundesarbeitsgericht. Die Besetzung erfolgt mit Berufs- und ehrenamtliche Richtern aus dem Arbeitgeber- und Arbeitnehmerlager. Die Parteien können den Rechtsstreit selber führen oder sich durch Fachleute von Berufsverbänden oder Gewerkschaften vertreten lassen. Es wird in jedem Fall zunächst versucht, eine gütliche Einigung zu erzielen. Das ist besonders bei Streitigkeiten zwischen Ausbildenden und Auszubildenden ausgeprägt. Existiert bei der zuständigen Stelle, z. B. der Industrie- und Handelskammer ein paritätisch zusammengesetzter Schlichtungsausschuss, so wird hier im Vorfeld ein Gütetermin mit erfahrenen Berufspraktikern durchgeführt. Wenn diese Bemühungen scheitern, gibt es einen weiteren Gütetermin beim Arbeitsgericht, und erst danach ist der Weg für eine gerichtliche Auseinandersetzung offen.

3.2 Sozialgerichte

Wenn es um Streitigkeiten über soziale Angelegenheiten geht, wie z. B. die Sozialversicherung, Arbeitslosen- und Unfallversicherung, Kindergeldansprüche und Kriegsopferversorgung können die Sozialgerichte angerufen werden. Es gibt insgesamt drei Instanzen, neben den Sozialgerichten die Landessozialgerichte und das Bundessozialgericht. Die Urteilsfindung wird von Berufsrichtern zusammen mit fachlich kompetenten ehrenamtlichen Richtern vorgenommen.

4 Sozialversicherung, Entgeltfindung und Arbeitsförderung

Bei einem Mitarbeiter ist plötzlich festgestellt worden, dass er zuckerkrank ist. Die Arbeitskollegen bedauern ihn und meinten, dass die Behandlung, die Medikamente und die technische Ausrüstung mit Spritzen und einem Blutzuckermessgerät sehr kostspielig sei. Heinz Willmann verweist darauf, dass es glücklicherweise eine gute Krankenversicherung gäbe, die diese Kosten weitgehend übernehme.

4.1 Grundlagen der Sozialversicherung

Im Allgemeinen besteht das Einkommen der nicht selbstständigen Erwerbstätigen aus ihrem Arbeitsentgelt. Wenn also krankheits-, unfall- oder altersbedingt keine Arbeitsfähigkeit mehr vorliegt, würde das zu einer Gefährdung der Lebensgrundlage des Arbeitnehmers und seiner Familie führen. Entsprechendes gilt für den Fall, dass jemand arbeitslos wird. Hier tritt die Sozialversicherung ein, die aus folgenden Bereichen besteht:

● Kranken-

● Unfall-

● Renten-

● Arbeitslosen-

● Pflegeversicherung.

Der Beginn dieses sozialpolitischen Engagements ist vor über hundert Jahren mit der berühmten „Kaiserlichen Botschaft" von 1881 durch die Bismarck'sche Sozialgesetzgebung eingeleitet worden. Heute gilt für die Bundesrepublik Deutschland nach dem Artikel 20 des Grundgesetzes, dass sie ein demokratischer und sozialer Bundesstaat ist. In den Aufgaben des **Sozialgesetzbuches (SGB)**, eine Zusammenfassung von zahlreichen Einzelgesetzen des Sozialrechts, wird auf die Verwirklichung sozialer Gerechtigkeit und Sicherheit hingewiesen. Das kommt unter anderem in der Sozialversicherung zum Ausdruck. Die einzelnen Versicherungen sind Körperschaften öffentlichen Rechts mit Selbstverwaltung und eigener Finanzhoheit.

4.2 Krankenversicherung

Die Aufgabe dieser Versicherung (Sozialgesetzbuch Teil V) besteht in der Gesundheitsvorsorge, Krankheitsverhütung, medizinischen Behandlung und Rehabilitation. Über 90 % aller Bürger sind heute Mitglieder in der gesetzlichen Krankenversicherung. Ihr Grundprinzip beruht auf dem Solidaritätsprinzip der Versicherten. D. h., der Einzelne bezahlt nicht seinen Mitgliedsbeitrag, damit er später etwas zurückfordern kann, sondern jeder versucht, verantwortungsvoll Gesundheitsvorsorge zu treffen und nur im Krankheitsfall die Versicherungsleistungen in Anspruch zu nehmen. Unabhängig vom Einkommen und Alter sollen damit zu tragbaren Beiträgen alle notwendigen und medizinisch sinnvollen Leistungen gewährleistet werden. Pflichtmitglieder sind alle Arbeitnehmer, Auszubildende, Arbeitslose, Rentner, Landwirte, Heimarbeiter und Studenten. Die Mitgliedschaft wird nur dann vorgeschrieben, wenn die sogenannte Versicherungspflichtgrenze (2013 4.350 €) nicht überschritten wird. Familienangehörige von Versicherten sind bis zu bestimmten Einkommensgrenzen mitversichert. Eine freiwillige Mitgliedschaft in der gesetzlichen Krankenversicherung ist unter bestimmten Voraussetzungen ebenfalls möglich.

Die Leistungen der Krankenversicherung sind sehr vielseitig. Zunächst einmal können die von den Krankenkassen zugelassenen Ärzte frei gewählt werden. Es werden sowohl die Arznei-, Heil- und Hilfsmittel als auch die Krankenhausbehandlung bezahlt. Dazu gibt es Maßnahmen zur Früherkennung, z. B. können Frauen und Männer von einem bestimmten Alter an Vorsorgeuntersuchungen zur Krebsfrüherkennung, auf Herz-Kreislauf-Erkrankungen oder Blutzucker beanspruchen. Kinder haben bis zum 6. Lebensjahr Anspruch auf Vorsorge. Zum Zahnersatz wird ebenso ein Zuschuss zu den Kosten gewährt (aber nur für Versicherte, die vor dem 1. Januar 79 geboren sind). Die Krankenversicherung übernimmt auch Mutterschaftsgeld, und zwar für sechs Wochen vor und acht Wochen nach der Geburt. Kosten für eine Haushaltshilfe bei Krankenhausaufenthalten werden erstattet, wenn ein Kind unter 12 Jahren im Haushalt lebt.

Grundsätzlich gewährt die gesetzliche Krankenversicherung nur Sachleistungen. Eine Ausnahme bildet das Krankengeld, das Versicherte bekommen, wenn sie länger als sechs Wochen arbeitsunfähig sind. Bis zu diesem Zeitpunkt bezahlt der Arbeitgeber das anfallende Einkommen entweder hundertprozentig oder teilweise nach dem Entgeltfortzahlungsgesetz.

Die Organisation der gesetzlichen Krankenversicherung wird mit einem gegliederten Krankenkassensystem durchgeführt. Es besteht aus sieben Kassenarten mit über fünfhundert Krankenkassen.

- Allgemeine Ortskrankenkassen
- Betriebskrankenkassen
- Innungskrankenkassen
- See-Krankenkasse
- Bundesknappschaft
- Landwirtschaftliche Kassen
- Ersatzkassen

Die Ausgaben des Krankenversicherungssystems müssen durch Beiträge finanziert werden, wobei Arbeitgeber und Arbeitnehmer jeweils die Hälfte beisteuern. Bei Auszubildenden, deren Bruttoeinkommen unter 325 € liegt, übernimmt der Arbeitgeber den gesamten Betrag. Die Höhe des Beitrags richtet sich nach dem Bruttoeinkommen. Durch die sprunghaft angestiegenen Ausgaben in der Vergangenheit war eine grundsätzliche Reform des Gesundheitswesens erforderlich. Der Gesetzgeber hat deswegen einige Vorschriften erlassen, um die Kosten zu dämpfen. So muss beispielsweise der Krankenversicherte einen Eigenanteil bei rezeptpflichtigen Medikamenten bezahlen, die Teilnahme an Kuren wird strenger gehandhabt und auch die Leistungen für Brillen sind zurückgegangen. Die erwartete Eigenverantwortlichkeit wird durch vermehrte Eigenleistung verstärkt. Der Beitragssatz beträgt 14,6 %, den sich Arbeitgeber und der Arbeitnehmer teilen, und zusätzlich 0,9 %, den der Arbeitnehmer allein zu tragen hat. Diese Regelung wurde im Rahmen des Gesundheitsfonds eingeführt. In diesen Fonds zahlen Arbeitgeber, Arbeitnehmer und der Bund Beiträge, die an die gesetzlichen Krankenkassen weitergegeben werden.

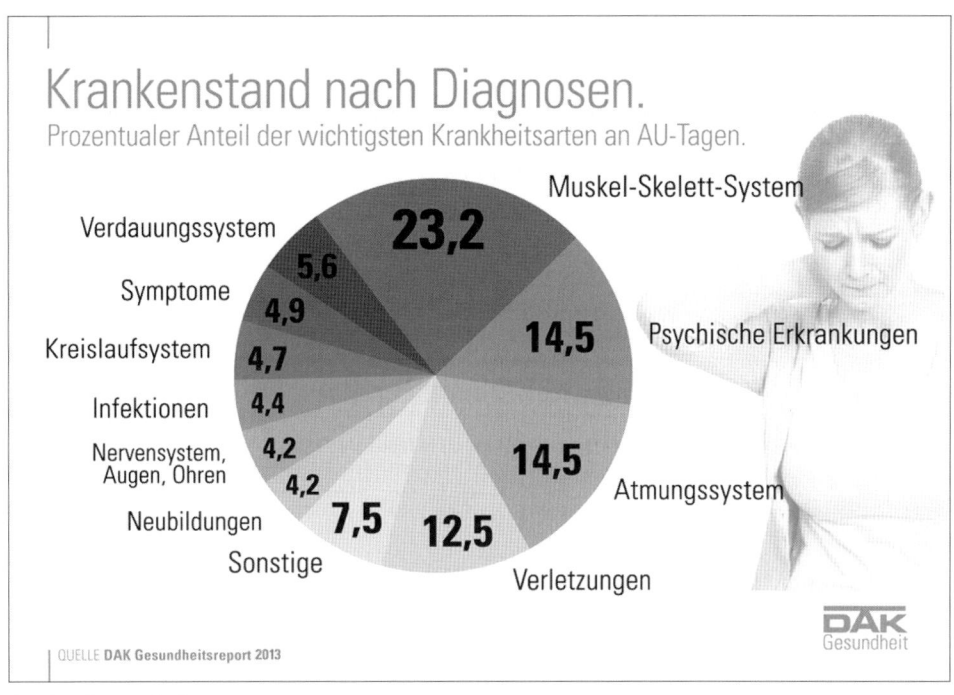

Krankenstand nach Diagnosen.
Prozentualer Anteil der wichtigsten Krankheitsarten an AU-Tagen.

Muskel-Skelett-System **23,2**

Verdauungssystem **5,6**

Symptome **4,9**

Kreislaufsystem **4,7**

Psychische Erkrankungen **14,5**

Infektionen **4,4**

Nervensystem, Augen, Ohren **4,2**

4,2

Atmungssystem **14,5**

Neubildungen **7,5**

Sonstige **12,5**

Verletzungen

QUELLE DAK Gesundheitsreport 2013

DAK Gesundheit

© DAK-Gesundheitsreport 2013

Die Leistungen der Krankenversicherung können auch im Ausland in Anspruch genommen werden. Das gilt für 27 Mitgliedstaaten der EU genauso wie für die Nachfolgestaaten Jugoslawiens, die Schweiz und einige andere. Dazu stellen die deutschen Krankenkassen Europäische Krankenversicherungskarten aus. Zukünftig soll es einen Gesundheitsfond geben, in den alle (einheitlichen) Beiträge einbezahlt werden. Anteilmäßig werden damit die einzelnen Kassen bedient.

4.3 Pflegeversicherung

Gegenwärtig sind weit über eine Millionen Menschen in Deutschland pflegebedürftig. Sie waren früher auf die häusliche Betreuung von Angehörigen und Freunden angewiesen und mussten die Kosten selber tragen und nicht selten sogar Sozialhilfe in Anspruch nehmen. Für diese Personengruppe ist 1994 als weitere soziale Absicherung die Pflegeversicherung (Sozialgesetzbuch XI) eingeführt worden.

Pflegebedürftigkeit bedingt, dass eine Person mindestens 6 Monate lang wegen einer körperlichen, geistigen oder seelischen Krankheit oder Behinderung im normalen Tagesablauf (Körperpflege, Ernährung, Mobilität, hauswirtschaftliche Versorgung) erheblich beeinträchtigt ist. Das wird von den Krankenkassen festgestellt und in drei Pflegestufen eingeteilt:

– **Stufe I** (erhebliche Pflegebedürftigkeit)
  Es ist mindestens einmal täglich Hilfe bei wenigstens zwei Verrichtungen aus den Bereichen Körperpflege, Ernährung und Mobilität mit einer Mindestzeit von eineinhalb Stunden erforderlich.

– **Stufe II** (Schwerpflegebedürftigkeit)
  Es ist mindestens dreimal täglich Pflegebedarf zu verschiedenen Tageszeiten mit einem Mindestbedarf von drei Stunden erforderlich.

– **Stufe III** (Schwerstpflegebedürftigkeit)
  Die Hilfe muss rund um die Uhr vorgenommen werden und es besteht zusätzlich ein Erfordernis für die hauswirtschaftliche Versorgung.

Pflegebedürftige können sich bei häuslicher Pflege zwischen Sachleistungen, Pflegegeld oder einer Kombination aus beiden entscheiden.

Sachleistung bedeutet, die Inanspruchnahme von Pflegediensten und Sozialstationen. Pflegegeld kann bezahlt werden, wenn die häusliche Pflege selbst sichergestellt wird. Die Pflegeversicherung lässt auch teilstationäre Lösungen zu.

131

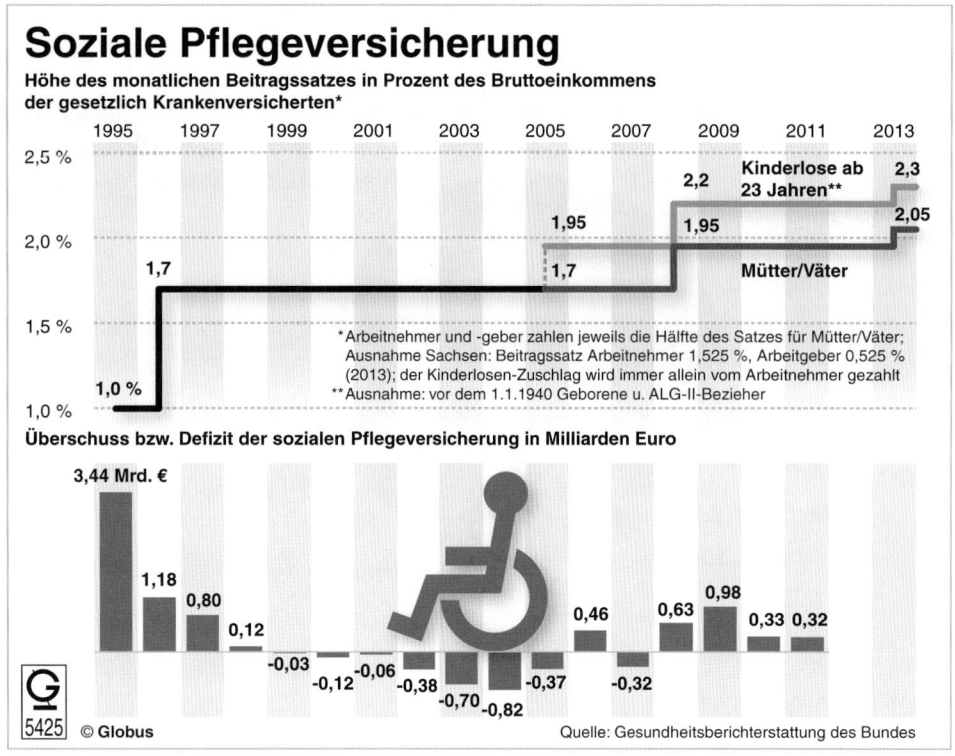

Soziale Pflegeversicherung

Höhe des monatlichen Beitragssatzes in Prozent des Bruttoeinkommens
der gesetzlich Krankenversicherten*

| 1995 | 1997 | 1999 | 2001 | 2003 | 2005 | 2007 | 2009 | 2011 | 2013 |

2,5 %

2,2 Kinderlose ab 23 Jahren** 2,3

1,95 2,05

2,0 %

1,95

1,7

1,7 Mütter/Väter

1,5 %

*Arbeitnehmer und -geber zahlen jeweils die Hälfte des Satzes für Mütter/Väter;
Ausnahme Sachsen: Beitragssatz Arbeitnehmer 1,525 %, Arbeitgeber 0,525 %
(2013); der Kinderlosen-Zuschlag wird immer allein vom Arbeitnehmer gezahlt
**Ausnahme: vor dem 1.1.1940 Geborene u. ALG-II-Bezieher

1,0 %

1,0 %

Überschuss bzw. Defizit der sozialen Pflegeversicherung in Milliarden Euro

3,44 Mrd. €

1,18

0,80

0,12

-0,03

-0,12 -0,06

-0,38

-0,70 -0,82

-0,37

-0,32

0,46

0,63

0,98

0,33 0,32

G 5425   © Globus   Quelle: Gesundheitsberichterstattung des Bundes

Seit dem 1. Juli 2008 ist eine Reform der Pflegeversicherung in Kraft getreten.
Danach kann sich ein pflegendes Familienmitglied bis zu 6 Monate (ohne Gehaltszahlung) vom Arbeitgeber (in Unternehmen mit 15 und und mehr Beschäftigten) freistellen
lassen und bleibt sozialversichert. Kurzfristig ist eine unbezahlte Freistellung für bis zu
zehn Tagen möglich.

Pflegende haben einen Anspruch auf eine vierwöchige Vertretung im Jahr.

Es sollen Pflegestützpunkte eingerichtet werden, in denen Betroffene sich an Pflegeberater wenden können.

Betreuungsbedürftige Demenzkranke können eine Zulage bis zu 2.400 € pro Jahr erhalten.

| Pflegestufe | Pflegesachleistung 2012 | |
	ambulant	stationär
I	450	1023
II	1100	1279
III	1550	1550
III⁺	1918	1918

Bei den Pflegestufen wurde eine Pflegezeit eingeführt. Pflegestufe I z. B. erfordert eine
tägliche Pflegezeit von mindestens 1,5 Stunden. Die Stufe III⁺ (sogenannte Härtefälle)
mindestens 7 Stunden oder mehrere Pfleger.

Wenn jemand vollständig auf Pflege angewiesen ist, so werden pflegebedingte Aufwendungen bis zu einem festgelegten Satz übernommen. Darüber hinaus leistet die Versicherung die Kostenübernahme von Pflegeheilmitteln, von pflegegerechten Umbauten
und von Pflegekursen für ehrenamtliche Pfleger oder Angehörige. Für sie können auch
Rentenversicherungsbeiträge abgeführt werden.

Die Pflegeversicherung ist ebenfalls eine Pflichtversicherung. Wer privat krankenversichert ist, muss sich auch privat pflegeversichern. Die Beitragsbemessungsgrenze entspricht derjenigen der Krankenversicherung. Arbeitgeber und Arbeitnehmer teilen sich
den Beitrag. Der Beitragssatz beträgt 2,05 % vom Lohn. Für Kinderlose (über 22 Jahre)
erhöht sich der Beitrag um 0,25 % Für Sachsen gibt es eine Ausnahmeregelung: Die
Arbeitnehmer bezahlen 1,525 %, die Arbeitgeber 0,525 %. Rentner tragen die Beiträge zur
Pflegeversicherung allein.

4.4 Unfallversicherung

Jährlich gibt es in Deutschland weit über eine Million Arbeits- und Wegeunfälle, 1,5 Mio. Schulunfälle und annähernd 20.000-mal werden Berufskrankheiten anerkannt.

Der Ursprung der Unfallversicherung aus dem letzten Jahrhundert war der Schutz vor Arbeitsunfällen. Heute ist der Umfang des Schutzes wesentlich größer geworden und umfasst nicht nur Arbeiter und Angestellte unabhängig von ihrem Einkommen sondern auch Auszubildende, Heimarbeiter, Landwirte und Helfer bei Unglücksfällen, den Zivil- und Katastrophenschutz und Blutspender. Selbst Kinder in Tageseinrichtungen, Schüler und Studenten genießen die Vorteile dieser Gesetzgebung. Die Beiträge werden von den Unternehmen oder vom Staat getragen. Unternehmer und ihre mitarbeitenden Familienangehörige haben das Recht, sich freiwillig zu versichern.

Versicherungsschutz besteht hier für alle Verrichtungen, die unmittelbar mit der Arbeit zusammenhängen. Ein Unfall wird dann zum Arbeitsunfall, wenn er während einer beruflichen oder anderen versicherten Tätigkeit eintritt. Dazu zählen auch Wegeunfälle, die sich auf dem direkten Weg zwischen Wohnung und Arbeitsort ereignen oder betriebsbedingt auf Reisen oder bei Veranstaltungen eintreten. Direkt bedeutet nicht in jedem Fall der kürzeste Weg, auch verkehrsübliche Wege sind geschützt. Eine private Unterbrechung hingegen nicht.

Die Versicherung bezieht auch Berufskrankheiten mit ein, selbst dann, wenn sie nicht durch die direkte berufliche Tätigkeit hervorgerufen worden sind, sondern durch langjährige schädliche Einwirkungen wie z. B. die Staublunge der Bergleute. An der Spitze dieser Krankheiten sind Hautallergien und Lärmschwerhörigkeit zu finden.

Die Leistungen der Unfallversicherung bestehen aus Sach- und Geldleistungen. Dabei werden im Rahmen der Heilbehandlung alle medizinischen Kosten übernommen. Ist ein Arbeitnehmer unfallbedingt arbeitsunfähig, so wird sein Verdienstausfall durch Verletztengeld ausgeglichen. Von Bedeutung ist auch die Berufshilfe, die der Wiedereingliederung des Versicherten in seine alte Berufstätigkeit oder in eine neue Arbeit dient. Dann wird eine Umschulung vorgenommen. Geldliche Leistungen in Form einer Unfallrente werden bezahlt, wenn die Erwerbstätigkeit eines Arbeitnehmers durch einen Unfall um mindestens 20 % gemindert wird. Unterstützt werden auch Pflegefälle und Hinterbliebene und schließlich gibt es das Sterbegeld.

Träger sind die gewerblichen und landwirtschaftlichen **Berufsgenossenschaften** so wie die Unfallversicherungsträger von Bund, Länder und Gemeinden. Die Finanzierung erfolgt durch Beiträge der Unternehmen bzw. Steuermittel im öffentlichen Bereich. Die Beitragshöhe ergibt sich aus dem Verdienst oder der Anzahl der Versicherten eines Unternehmens und der Gefährlichkeit der versicherten Tätigkeit. Differenziert wird nach Gefahrenklassen, die sich auf die Unfallhäufigkeit und -schwere beziehen.

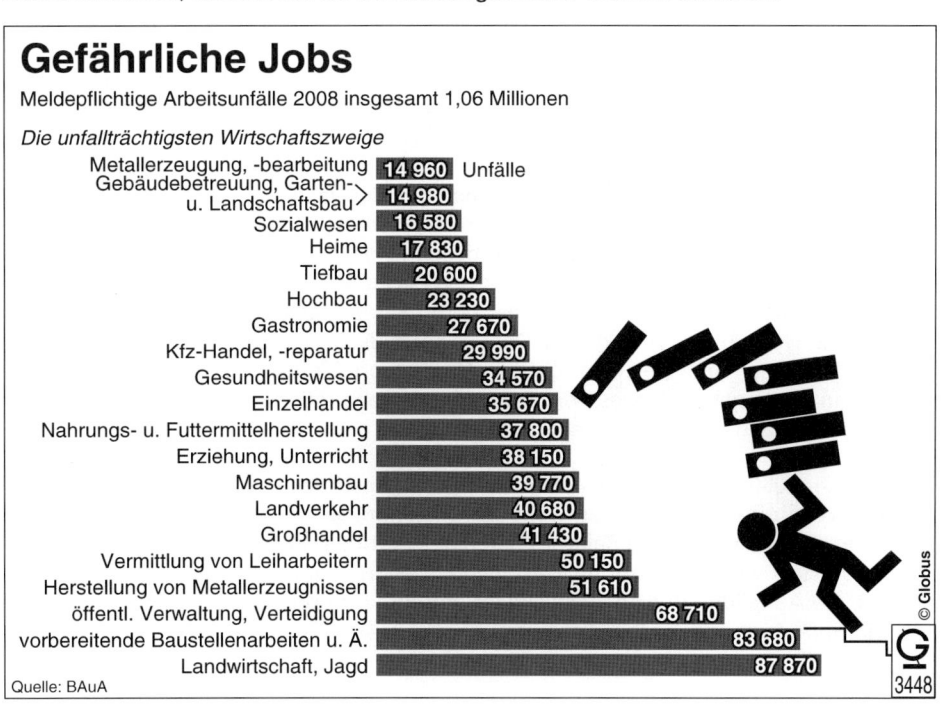

Gefährliche Jobs

Meldepflichtige Arbeitsunfälle 2008 insgesamt 1,06 Millionen

Die unfallträchtigsten Wirtschaftszweige

Wirtschaftszweig	Unfälle
Metallerzeugung, -bearbeitung	14 960
Gebäudebetreuung, Garten- u. Landschaftsbau	14 980
Sozialwesen	16 580
Heime	17 830
Tiefbau	20 600
Hochbau	23 230
Gastronomie	27 670
Kfz-Handel, -reparatur	29 990
Gesundheitswesen	34 570
Einzelhandel	35 670
Nahrungs- u. Futtermittelherstellung	37 800
Erziehung, Unterricht	38 150
Maschinenbau	39 770
Landverkehr	40 680
Großhandel	41 430
Vermittlung von Leiharbeitern	50 150
Herstellung von Metallerzeugnissen	51 610
öffentl. Verwaltung, Verteidigung	68 710
vorbereitende Baustellenarbeiten u. Ä.	83 680
Landwirtschaft, Jagd	87 870

Quelle: BAuA

© Globus

3448

133

Wenn der Job zur Last wird

Von je 1 000 Erwerbstätigen der jeweiligen Berufsgruppe in Deutschland fühlen sich durch ihren Beruf...

	körperlich belastet	psychisch belastet
Wissenschaftler	56	190
Führungskräfte	65	174
Techniker	103	147
Erwerbstätige insgesamt	*110*	*123*
Anlagen-, Maschinenbediener	209	120
Bürokräfte, kaufmänn. Angestellte	47	98
Dienstleistungsberufe, Verkäufer	105	97
Handwerksberufe	196	96
Landwirtschaft, Fischerei	193	96
Hilfsarbeitskräfte	100	55

3063 © **Globus** Quelle: Statistisches Bundesamt 2009   Stand 2007

Fragen

4.1 Was verstehen Sie unter dem Solidaritätsprinzip der Versichertengemeinschaft?

4.2 Stellen Sie den Prozentsatz Ihrer eigenen Krankenkasse fest.

4.3 Beschreiben Sie das gegliederte Krankenkassensystem.

4.4 Wie kann die häusliche Pflege organisiert werden?

4.5 Ermitteln Sie die Gefahrenklasse Ihres Betriebes.

4.6 Ein Mitarbeiter eines Unternehmens verletzt sich bei der Maschinenarbeit so stark, dass er seinen Beruf nicht mehr ausüben kann. Welche beruflichen Entwicklungsmöglichkeiten können Sie ihm empfehlen?

4.5 Rentenversicherung

Aufgabe der gesetzlichen Rentenversicherung (Sozialgesetzbuch Teil VI) ist es, Arbeitnehmern nach dem Ausscheiden aus dem Berufsleben ein menschenwürdiges Leben zu ermöglichen. Sie stellt damit ein wesentliches Element unserer sozialen Sicherung dar. Da für viele ältere Menschen die Rente das einzige Einkommen ist, soll die Höhe so bemessen sein und mit dem Nettoeinkommen der Berufstätigen wachsen, dass dieses Ziel erreicht werden kann. Neben der Altersrente werden aber auch Renten wegen verminderter Erwerbsfähigkeit und für Hinterbliebene gezahlt. Schließlich soll durch die Rentenversicherung die Erwerbsfähigkeit der Versicherten (Rehabilitation) erhalten werden. Bei der Abwicklung der Rentenfinanzierung und -zahlung wird der sogenannte Generationenvertrag zugrunde gelegt. Danach sorgt die jetzige berufstätige Bevölkerung für „ihre" Rentner und die nachfolgende Generation für die heutigen Berufstätigen, wenn sie in Rente gehen. Dieses Prinzip wird heute sehr kritisch gesehen, weil es immer weniger junge Menschen und immer mehr alte Leute gibt.

Bis zum Jahr 2050 kommen auf einen Rentner zwei zahlende junge Berufstätige. Die Zahl der unter 20-jährigen wird dann auf 16 % zurück gehen, die Zahl der über 60-jährigen auf 37 % steigen. Auf der anderen Seite können die Rentenbeiträge nicht beliebig erhöht und die Renten stark verringert werden. Deswegen werden heute viele Vorschläge diskutiert, wie z. B. die Aufteilung in eine staatliche Grundrente und private Zusatzversicherungen oder die Heraufsetzung des Rentenalters.

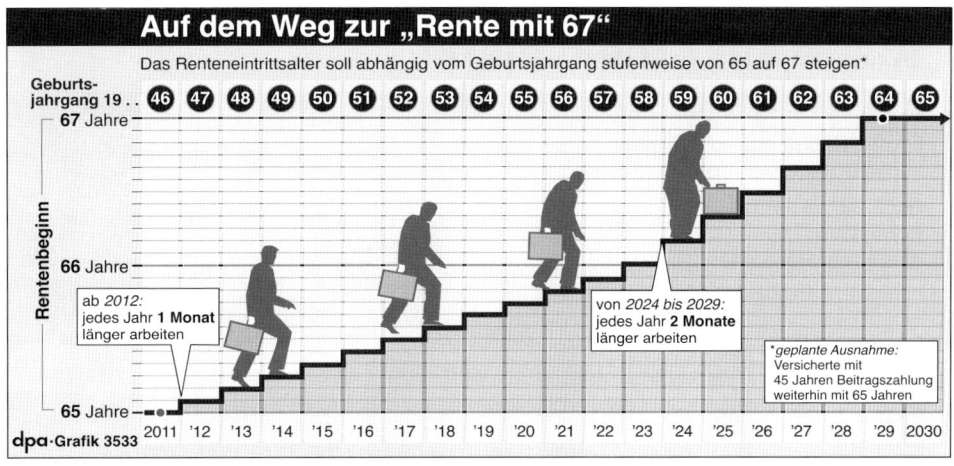

Auf dem Weg zur „Rente mit 67"

Das Renteneintrittsalter soll abhängig vom Geburtsjahrgang stufenweise von 65 auf 67 steigen*

Geburts-jahrgang 19 .. 46 47 48 49 50 51 52 53 54 55 56 57 58 59 60 61 62 63 64 65

Rentenbeginn

67 Jahre

66 Jahre

ab 2012: jedes Jahr **1 Monat** länger arbeiten

von 2024 bis 2029: jedes Jahr **2 Monate** länger arbeiten

*geplante Ausnahme: Versicherte mit 45 Jahren Beitragszahlung weiterhin mit 65 Jahren

65 Jahre

2011 '12 '13 '14 '15 '16 '17 '18 '19 '20 '21 '22 '23 '24 '25 '26 '27 '28 '29 2030

dpa-Grafik 3533

4.5.1 Renten

Die gesetzliche Altersgrenze für den Anspruch auf eine Regelaltersrente ist für Männer und Frauen das vollendete 65. Lebensjahr. Deswegen beabsichtigt die Bundesregierung das tatsächliche Rentenalter, das zurzeit 60,2 Jahre beträgt, dem gesetzlichen anzunähern. Der Rentenanspruch nach Arbeitslosigkeit oder Altersteilzeit wird ab 2006 stufenweise vom 60. auf das 65. Lebensjahr angehoben. Ein vorzeitiger Rentenbezug ist danach zwar möglich, aber nur mit einem Abschlag von 0,3 % je Monat. Will ein Arbeitnehmer also bereits mit 63 Jahren in Rente gehen, muss er mit einem Abschlag von 7,2 % rechnen. Das gesetzliche Rentenalter wird ab 2012 schrittweise bis 2029 auf 67 Jahre angehoben. Ein Arbeitnehmer Jahrgang 1947 muss demnach 65 Jahre und 1 Monat arbeiten, der Jahrgang 1958 66 Jahre und ab dem Jahrgang 1964 ist das Rentenalter für alle 67 Jahre. Wer allerdings 45 Beitragsjahre erfüllt hat, kann auch zukünftig ohne Abschläge mit 65 Jahren in die Rente gehen.

Durch verschiedene Maßnahmen wie die Einführung eines Nachhaltigkeitsfaktors soll erreicht werden, dass die Rentenbeitragssätze bis zum Jahr 2020 unter 20 % gehalten werden. Sie sollen bis zum Jahr 2030 nicht über 22 % steigen. Der Nachhaltigkeitsfaktor soll bei der jährlichen Anpassung der Rentenhöhe die Entwicklung der Erwerbstätigkeit, die Geburten sowie die steigenden Lebenserwartung berücksichtigen. D. h., bei guter wirtschaftlicher Entwicklung des Arbeitsmarktes kann die Rente entsprechend erhöht werden, wird in die Rentenkasse weniger eingezahlt, so fällt die Rentenanpassung geringer aus.

4.5.2 Alterseinkünfte

Ab 2005 wurde mit dem Alterseinkünftegesetz schrittweise zur nachgelagerten Rentenbesteuerung übergegangen. D. h., dass die Altersbezüge künftig voll besteuert werden. Andererseits sollen die Beiträge der Arbeitnehmer zur gesetzlichen Rentenversicherung von der Steuer befreit werden. Damit haben jüngere Arbeitnehmer mehr Geld zur Verfügung, um z. B. eine betriebliche oder private Altersvorsorge (Riester-Rente) aufzubauen.

Die Umstellung erfolgt stufenweise. Ein Rentner musste ab 2005 seine Rente zu 50 % versteuern. Die volle Besteuerung auf 100 % wird in jährlichen 2 %-Schritten bis 2020 und weiteren 1 %-Schritten bis 2040 erreicht. Dazu gibt es bestimmte Freibeträge. Umgekehrt unterlagen Rentenbeiträge ab 2005 nur zu 40 % der Steuerpflicht und werden in 2 %-Schritten bis zum Jahr 2025 völlig freigestellt.

4.5.3 Mitglieder und Beiträge der Rentenversicherung

Pflichtversicherte Mitglieder sind Arbeiter und Angestellte, Auszubildende, Erziehungs- und Pflegepersonen, Behinderte in anerkannten Werkstätten, Wehr- und Zivildienstleistende und selbständig Tätige, wie z. B. Handwerker, Landwirte, Hebammen, Artisten und Künstler. Wer selbstständig arbeitet, hat ebenfalls die Möglichkeit, freiwillig der Rentenversicherung beizutreten.

In Deutschland gibt es 16 Träger der Deutschen Rentenversicherung (DRV). Diese Körperschaften öffentlichen Rechts werden von den Versicherten und den Arbeitgebern selbstverwaltet und stehen unter staatlicher Aufsicht.

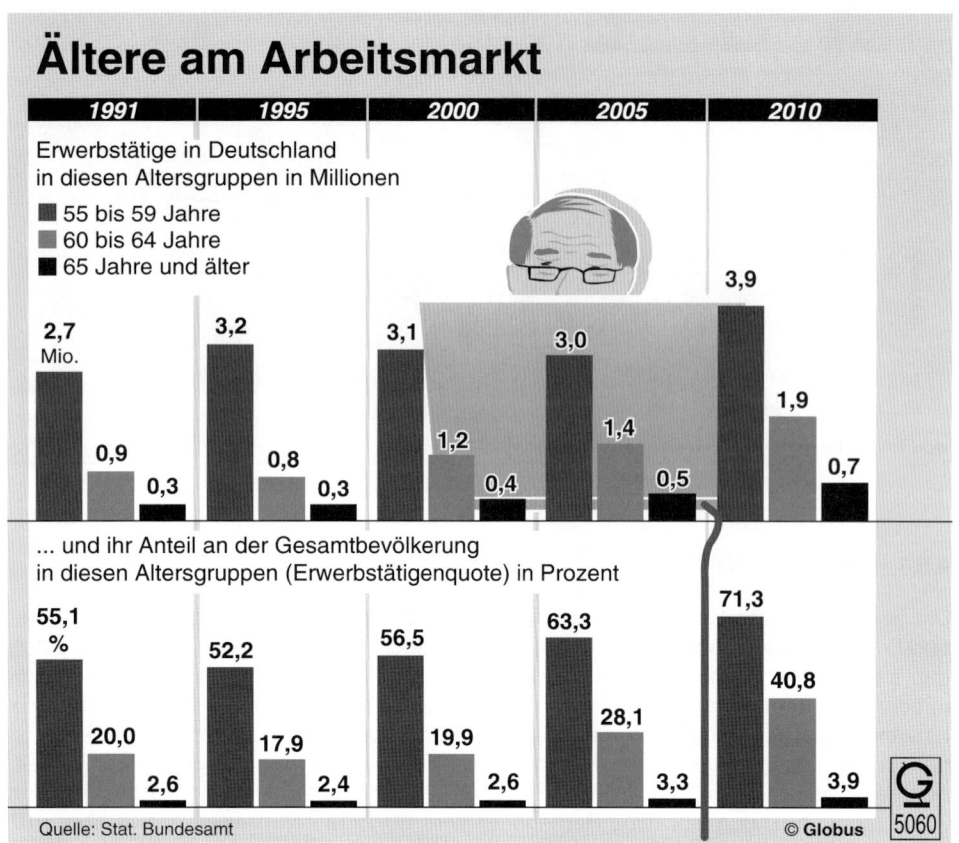

Ältere am Arbeitsmarkt

| 1991 | 1995 | 2000 | 2005 | 2010 |

Erwerbstätige in Deutschland
in diesen Altersgruppen in Millionen

- 55 bis 59 Jahre
- 60 bis 64 Jahre
- 65 Jahre und älter

1991: 2,7 Mio. · 0,9 · 0,3
1995: 3,2 · 0,8 · 0,3
2000: 3,1 · 1,2 · 0,4
2005: 3,0 · 1,4 · 0,5
2010: 3,9 · 1,9 · 0,7

... und ihr Anteil an der Gesamtbevölkerung
in diesen Altersgruppen (Erwerbstätigenquote) in Prozent

1991: 55,1 % · 20,0 · 2,6
1995: 52,2 · 17,9 · 2,4
2000: 56,5 · 19,9 · 2,6
2005: 63,3 · 28,1 · 3,3
2010: 71,3 · 40,8 · 3,9

Quelle: Stat. Bundesamt © Globus 5060

Die Beiträge werden bis zur Bemessungsgrenze (2013: 5.800 € für die alten und 4.900 € für die neuen Bundesländer) entsprechend dem Arbeitsentgelt von Arbeitgeber und Arbeitnehmer gemeinsam getragen. Der aktuelle Beitragssatz wird durch Verordnung festgelegt und beträgt 18,9 %.

Die **Altersrente** erhält, wer mit dem 65. Lebensjahr aus dem Berufsleben ausscheidet und mindestens 60 Kalendermonate Beiträge zur gesetzlichen Rentenversicherung bezahlt hat. Frauen können unter bestimmten Voraussetzungen bereits ab Vollendung des 60. Lebensjahrs Rente beziehen. Langzeitarbeitslose können, wenn sie bestimmte Versicherungszeiten nachweisen, mit 63 in Rente gehen, Schwerbehinderte, Berufs- bzw. Erwerbsunfähige mit dem vollendeten 60. Lebensjahr nach 35 anrechenbaren Versicherungsjahren.

Zukünftig wird zur Entlastung der Rentenversicherung die Altersgrenze wegen Arbeitslosigkeit und nach Altersteilzeit (Teilrenten für das Hineingleiten in den Ruhestand) zwischen 1997 und 2001 stufenweise auf das 65. Lebensjahr angehoben. Auch langjährig Versicherte können zukünftig erst in diesem Alter in Rente gehen. Dennoch gibt es für Versicherte eine Möglichkeit früher in Rente zu gehen (für Frauen mit dem 60., für Männer mit dem 63. Lebensjahr). Voraussetzung ist, dass sie die Minderung ihrer Rente akzeptieren. Dafür gilt, dass jeder Monat, für den vorzeitig Rente beantragt wird, die Rente um 0,3 % mindert.

Für die nach dem 1. Januar 1990 geborenen Kinder werden den Eltern die Kindererziehung mit drei Jahren pro Kind gutgeschrieben. Die Pflegebetreuung kann ebenfalls auf die Rentenzeit angerechnet werden. Personen, die einen pflegebedürftigen Angehörigen betreuen und nicht mehr als 30 Stunden wöchentlich nebenbei arbeiten, sind durch die Entrichtung von Beiträgen der Pflegekassen pflichtversichert.

Seit 2001 sind die Erwerbsminderungsrenten neu geregelt worden. Anstelle der früheren Berufsunfähigkeits- und Erwerbsunfähigkeitsrenten gibt es jetzt eine einheitlich geltende Rente. Dazu existieren zwei Abstufungen: Rente wegen teilweiser Erwerbsminderung (halbe Rente) und wegen voller Erwerbsminderung (volle Rente). Dabei gilt, wer noch 6 Stunden täglich und mehr arbeiten kann, ist nicht erwerbsgemindert. Bei 3 bis 6 Stunden pro Tag wird von teilweiser Erwerbsminderung ausgegangen. Bei einem Leistungsvermögen von unter 3 Stunden pro Tag besteht volle Erwerbsminderung.

Diese Renten sind Renten auf Zeit, d. h. sie werden nur befristet ausgezahlt und können längstens bis zum 65. Lebensjahr gewährt werden. Danach tritt die Regelaltersrente ein. Aufgrund des zu erwartenden geringeren Rentenniveaus in Zukunft soll der Beitrag der Rentenversicherung durch eine zusätzliche kapitalgedeckte Altersvorsorge ausgeglichen werden können. Mit der so genannten **Riester-Rente** ist dafür eine neue Förderung eingeführt worden. Wer in diesem Rahmen finanzielle Mittel für die private Altersvorsorge oder die betriebliche Altersversorgung aufwendet erhält dazu staatliche Zulagen. Neben einer Grundzulage gibt es zusätzlich Kinderzulagen. Für das Jahr 2013 beträgt die Grundzulage 154 € und für das erste Kind 185 €. Für alle weiteren Kinder 300 €. Daneben können die Aufwendungen bei den Sonderausgaben angerechnet werden. Diese Förderung erfordert neben den Zulagen eine eigene Leistung in Höhe von 4 % des versicherungspflichtigen Einkommens.

Für **Witwer** und **Witwen** leistet die Rentenversicherung normalerweise 55 % der Rente des Verstorbenen, wobei eigenes Einkommen des überlebenden Ehegatten angerechnet wird, wenn bestimmte Freibeträge überschritten werden. Waisen erhalten bis zur Volljährigkeit oder bei Ausbildung bis zur Vollendung des 27. Lebensjahres eine Waisenrente.

4.5.4 Rentenberechung

Die **Rentenberechnung** besteht aus drei verschiedenen Komponenten. Die Entgeltpunkte beziehen sich auf Dauer und Höhe der eingezahlten Beiträge. Dabei ergeben sich aus dem Verhältnis des Arbeitseinkommens eines Versicherten zum jährlichen Durchschnittseinkommen unter Berücksichtigung des Zugangsfaktors die „Persönlichen Entgeltpunkte" (PEP). Betrug z. B. 2012 das jährliche Arbeitseinkommen 32.446 € und das durchschnittliche Einkommen aller Arbeitnehmer ebenfalls, so wird für dieses Jahr 1,0 Entgeltpunkte angerechnet. Bei einem Einkommen des Arbeitnehmers von 24.335 € nur 0,75. Nach diesem Schema werden die gesamten Entgeltpunkte für Beitrags- und beitragsfreie Zeiten (Ausbildung, Kindererziehung) ermittelt und aufaddiert. Der Zugangsfaktor soll dabei Vor- und Nachteile von längeren und kürzeren Rentenbezugsdauern ausgleichen. Beginnt die Altersrente mit der maßgebenden Altersgrenze, so beträgt dieser Faktor genau 1,0. Durch den Rentenartfaktor (RAF) wird das Sicherungsziel der Rente bestimmt. Für Altersrenten und Renten wegen voller Erwerbsminderung beträgt der Faktor 1,0 und für Witwen- und Witwerrenten 0,55. Schließlich geht noch ein „Aktueller Rentenwert" (AR) in die Berechnung ein. Dieser Wert entspricht der Monatsrente, die ein Durchschnittsverdiener für ein Jahr Versicherungszeit erhält und beträgt 28,07 € (2012) für die alten und 24,92 € für die neuen Bundesländer. Damit wird eine aktuelle Anpassung an die Einkommensentwicklung (dynamische Rente) vorgenommen. Eine Erhöhung ist 2012 um ca. 2 % erfolgt. Die Rentenformel ergibt sich wie folgt:

Persönliche Entgeltpunkte · Rentenartfaktor · Aktueller Rentenwert = Monatsrente

Beispiel

> Ein Arbeitnehmer aus den alten Bundesländern hat 42 Jahre gearbeitet und geht mit 65 Jahren in den Ruhestand. Seine Beiträge haben 125 % des Durchschnittsentgelts aller Versicherten ausgemacht. Der Zugangsfakor beträgt 1,0, weil es hier um den normalen Eintritt in die Altersrente geht. Der Rentenartfaktor wird wegen der Altersrente ebenfalls mit 1,0 angesetzt.
>
> Für die Monatsrente gilt dann:
>
> PEP · RAF · AR   = Monatsrente
>
> 52,5 · 1,0 · 28,07 = 1.473,68 € für die alten Bundesländer (bzw. 1.308,30 € für die neuen Bundesländer bei AR = 24,92).

Die Renten werden jährlich zum 1. Juli angepasst. Dabei findet eine so genannte Nettoanpassung statt. Nettolöhne und Renten entwickeln sich in gleicher Weise. Die Standardrente, die ein Durchschnittsverdiener mit 45 Versicherungsjahren erreichen kann, hat sich seit 1960 wie folgt entwickelt:

1960	270,70 DM	**2007**	1176,00 €
1970	550,20 DM	**2011**	1236,00 €
1980	1232,50 DM		
1990	1781,00 DM		
1999	2173,05 DM		

Um auch in Zukunft ein angemessenes Rentenniveau leisten zu können, ist ein Drei-Säulen-Konzept entwickelt worden mit der **gesetzlichen Rentenversicherung**, der **betrieblichen Altersversorgung** und der **privaten Altersvorsorge** mit Lebensversicherungen, Aktienfonds und Immobilien. Damit soll auch die Eigenverantwortung der Bürger gestärkt werden. Dazu gibt es das Altersvermögensgesetz (AvmG), das die zusätzliche Altersvorsorge der Versicherten steuerlich begünstigt.

4.5.5 Altersteilzeit

Durch das Gesetz zur Förderung eines gleitenden Übergangs in den Ruhestand ist für Arbeitgeber und Arbeitnehmer die Grundlage geschaffen, Vereinbarungen über Altersteilzeit zu treffen. Diese sollen es Arbeitnehmern ermöglichen, ab dem 55. Lebensjahr in den Ruhestand zu gleiten und damit einen Arbeitsplatz frei zu machen. Deswegen wird dieser Übergang in die Rente auch von der Arbeitsagentur unterstützt. Die Verteilung der Arbeitszeit bleibt den Vertragspartnern überlassen. Bedingung ist lediglich, dass in einem Zeitraum von 3 Jahren die Arbeitszeit im Durchschnitt halbiert wird. Dieser Zeitraum kann bis auf 10 Jahre erweitert werden, die Vereinbarung muss in jedem Fall bis zum Rentenalter reichen.

Durch die Unterstützung der Arbeitsagentur erhält der altersteilzeitarbeitende Arbeitnehmer in der Regel mindestens 70 % des pauschalierten Nettoentgelts, das er erhalten würde, wenn er seine Arbeitszeit nicht vermindert hätte. Voraussetzung für die Erstattung von Leistungen der Arbeitsagentur ist die Einstellung eines Arbeitslosen oder die Übernahme eines Ausgebildeten auf den freigewordenen Arbeitsplatz. Die Fördermöglichkeiten endeten zum 1. Januar 2010.

4.6 Arbeitslosenversicherung

Die Sicherung eines hohen Beschäftigungsstandes gehört zu den im Stabilitätsgesetz festgeschriebenen Zielen des Staates (Magisches Viereck). Um dieses Ziel zu erreichen und zu erhalten gibt es die Arbeitsförderung mit der Arbeitsverwaltung und Berufsberatung, der Förderung der beruflichen Bildung und Rehabilitation. Von großer Bedeutung ist auch die Lohnersatzleistung an Arbeitslose. Wenn ein Arbeitnehmer seine Arbeit verloren hat, greift das „soziale Netz", um die finanziellen Folgen der Arbeitslosigkeit abzusichern. Es soll gewährleistet werden, dass der Lebensunterhalt von Arbeitslosen gesichert ist. Arbeitnehmer haben Anrecht auf Arbeitslosengeld, wenn sie sich persönlich bei ihrer Arbeitsagentur arbeitslos gemeldet haben und der Arbeitsvermittlung zur Verfügung stehen. Zusätzlich muss eine Anwartschaft von 360 Tagen beitragspflichtiger Tätigkeit in den letzten Jahren vor der Arbeitslosenmeldung erfüllt sein. Die Zeit für die Zahlung des Arbeitslosengeldes ist davon abhängig, wie lange in den letzten 7 Jahren Versicherungspflicht bei der Bundesagentur für Arbeit bestanden hat und wie alt der Arbeitslose ist.

Die Höchstdauer des Arbeitslosengelds I beträgt für 58-jährige und ältere 24 Monate. Ist ein Arbeitsloser beispielsweise 50 Jahre alt und war in den letzten sieben Jahren 1080 Kalendertage versicherungspflichtig, hat er einen Anspruch auf Arbeitslosengeld für 450 Kalendertage. Ist er unter 50 Jahren, gibt es lediglich einen Anspruch auf 360 Kalendertage.

Die Höhe der Unterstützung ist vom letzten Arbeitsverdienst abhängig und beträgt zwischen 60 % (ohne Kinder) und 67 % des Nettoarbeitsverdienstes.

Einen Anspruch auf das seit 2005 geltende **Arbeitslosengeld II** haben alle erwerbsfähigen Hilfebedürftigen zwischen 15 und unter 65 Jahren und die im gemeinsamen Haushalt lebenden Angehörigen.

Es folgt dem am letzten Nettolohn orientierten Arbeitslosengeld I. Damit wurde die bisherige Arbeitslosenhilfe mit der Sozialhilfe zusammengelegt. Die Eigenverantwortung der erwerbsfähigen Hilfebedürftigen soll gestärkt werden und dazu anregen, dass sie ihren Lebensunterhalt aus eigenen Mitteln und Kräften bestreiten. Hierbei spielt der Begriff der Zumutbarkeit bei einer Arbeitsaufnahme eine besondere Rolle. Grundsätzlich müssen die Empfänger des Arbeitslosengeldes II alles dafür tun, um wieder in den Arbeitsprozess eingegliedert zu werden. Es besteht also die Verpflichtung zur Aufnahme für jede zumutbare Arbeit.

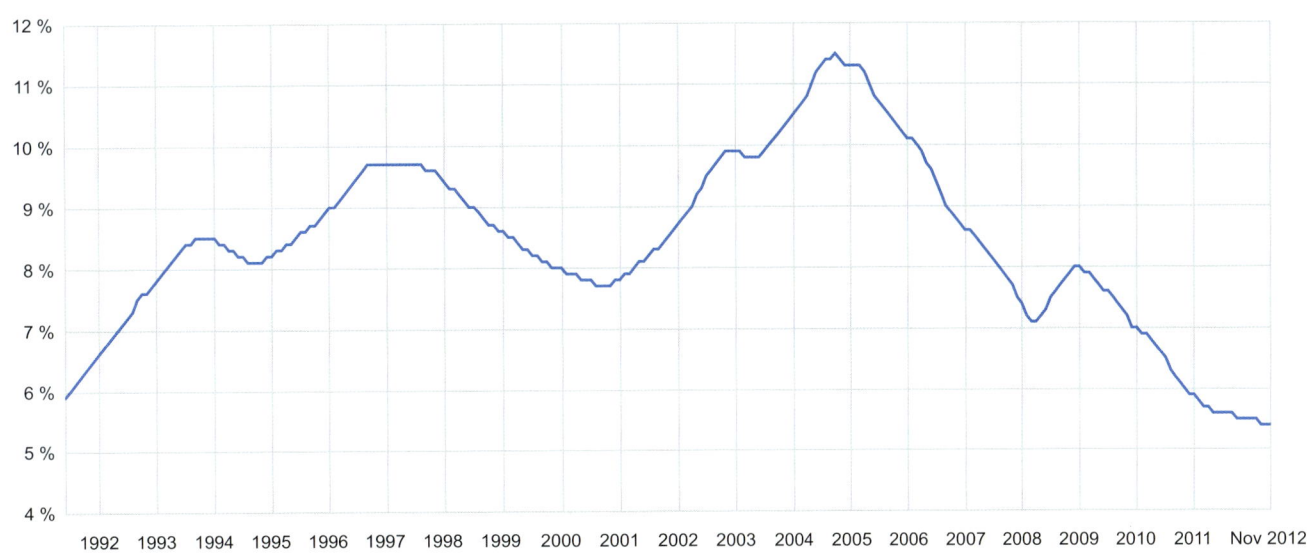

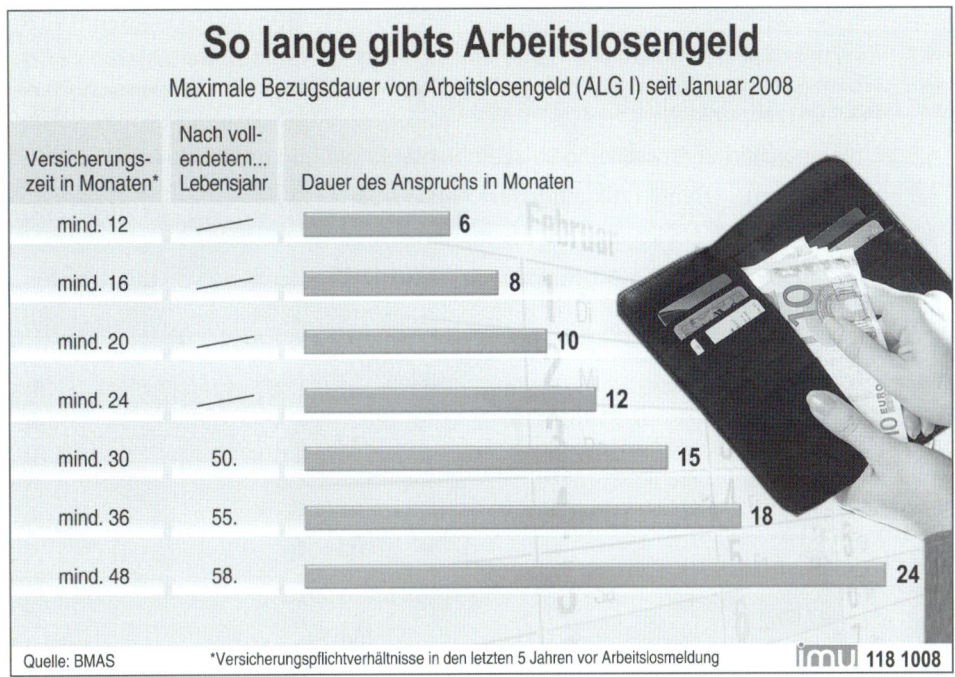

So lange gibts Arbeitslosengeld

Maximale Bezugsdauer von Arbeitslosengeld (ALG I) seit Januar 2008

Versicherungs-zeit in Monaten*	Nach voll-endetem... Lebensjahr	Dauer des Anspruchs in Monaten
mind. 12		6
mind. 16		8
mind. 20		10
mind. 24		12
mind. 30	50.	15
mind. 36	55.	18
mind. 48	58.	24

Quelle: BMAS   *Versicherungspflichtverhältnisse in den letzten 5 Jahren vor Arbeitslosmeldung   ımu 118 1008

Als erwerbsfähig werden diejenigen eingestuft, die noch mindestens drei Stunden täglich arbeiten können. Hilfsbedürftig sind diejenigen, die den eigenen Bedarf aus eigenen Mitteln nicht oder nicht vollständig decken können.

Erwerbsfähige Hilfebedürftige erhalten das Arbeitslosengeld II. Familienangehörige und Partner, die nicht erwerbsfähig sind und mit dem Betroffenen zusammenleben, erhalten das **Sozialgeld**.

Das Arbeitslosengeld II beträgt zurzeit (2013) 382 €. Für KLinder gelten folgende Beträge:

Alter	Sozialgeld
unter 6 J.	224 €
6–13 J.	281 €
14–17 J.	289 €
18 J.	306 €

Zusätzlich gibt es Geld für Unterkunft und Heizkosten. Eigenes Vermögen wird unter Berücksichtigung der jeweils geltenden Freibeträge angerechnet.

4.7 Arbeitsförderung

Die Arbeitsverwaltung hat noch weitere Aufgaben in Zusammenhang mit der Arbeitsförderung. So initiieren die Agenturen für Arbeit Arbeitsbeschaffungsmaßnahmen für schwer vermittelbare Arbeitslose, indem sie z. B. die Unternehmen unterstützen und einen Teil des Arbeitsentgelts für bestimmte Zeiten übernehmen. Für Arbeitslose die wieder in die Arbeitswelt eingegliedert werden sollen, bezahlen sie die Teilnahme an Weiterbildungslehrgängen bei gleichzeitiger Übernahme der Unterhaltskosten. Kurzarbeitergeld für konjunkturell oder strukturell bedingten Arbeitsausfall wird genauso bezahlt wie Konkursausfallgeld (Ausgleich für rückständigen Arbeitslohn) und Kosten für die berufliche Rehabilitation und Existenzgründung.

Die Arbeitsverwaltung besteht aus der Bundesagentur für Arbeit in Nürnberg mit dem Institut für Arbeitsmarkt und Berufsforschung, zehn Landes- und 178 örtlichen Arbeitsagenturen. Sie werden selbstverwaltet zu gleichen Teilen durch die öffentliche Hand (Bund, Länder und Gemeinden), Arbeitgeber und Arbeitnehmer.

Die Finanzierung erfolgt weitgehend durch die Beiträge, die je zur Hälfte von Arbeitgebern und Arbeitnehmern übernommen werden. Der gegenwärtige Beitragssatz beträgt zurzeit 3,0 % vom sozialversicherungspflichtigen Einkommen.

Fragen

4.7 Ermitteln Sie die monatliche Rente eines 65-Jährigen mit 37 Berufsjahren und einem Wert von 120 % gegenüber dem Durchschnittsentgelt aller Versicherten (44,4 Entgeltpunkte).

4.8 Unter welchen Voraussetzungen ist ein Rentenbeginn unter 65 Jahren möglich?

4.9 Wie können die Renten zukünftig gesichert werden?

4.10 Wie lange erhält ein 50-jähriger Arbeitnehmer Arbeitslosengeld?

4.11 Wie wird eine langzeitig Arbeitslose mit einem 12-jährigen Kind von der Agentur für Arbeit unterstützt?

5 Europäische Sozialpolitik

Situation

Bei einer Auslandsreise nach Spanien verletzt sich ein Kollege von Heinz Willmann am Bein. Er fragt sich, ob er die Arztrechnung selber bezahlen muss, oder ob seine Krankenversicherung auch im Ausland gilt. Schließlich wird in den Medien immer häufiger von Europa gesprochen. Sein Reisefreund beruhigt ihn mit dem Hinweis auf internationale Vereinbarungen.

In den Mitgliedstaaten der europäischen Union gibt es im Sozialbereich unterschiedliche Regelungen. So wird zwar angestrebt, einheitliche Mindeststandards festzulegen, aber auf diesem Weg sollen die weiter entwickelten Staaten genauso wenig Abstriche an ihrem Sozialsystem machen wie ärmere Mitglieder gezwungen werden sollen, sich einem Standard anzupassen, der für sie noch nicht finanzierbar ist. Im Arbeitsschutz hat es auf diese Weise schon eine gewisse Angleichung gegeben durch die „Gemeinschaftscharta der sozialen Grundrechte der Arbeitnehmer". Im Rahmen der Freizügigkeit innerhalb der Europäischen Union sollen Arbeitnehmer, die in einem anderen EU-Land eine Arbeit aufnehmen, hinsichtlich der Löhne und sonstiger Arbeitsbedingungen genauso behandelt werden wie inländische Kollegen. Insbesondere die Anrechnung von Versicherungszeiten oder die gegenseitige Anerkennung von Anwartschaften werden ungeachtet der nationalen Gesetze durch EU- Verordnungen abgesichert. Beispielsweise gilt für die Krankenversicherung, dass Arbeitnehmer und ihre Familienangehörige, die nicht in ihrem Heimatland wohnen, Sachleistungen der Krankenversicherung des Gastlandes erhalten. Touristen haben innerhalb der Mitgliedsstaaten dasselbe Recht. Rentenanwartschaften bleiben selbst dann bestehen, wenn ein Arbeitnehmer in mehreren Staaten der EU tätig gewesen ist. Hier zahlt dann jeder Staat die entsprechende Teilrente, die auch in vollem Umfang in ein anderes Land exportiert werden kann. Ein Ruhestand in Spanien muss also nicht an der Rentenzahlung scheitern. Die Rente wird wunschgemäß überwiesen.

Bei Arbeitslosigkeit gelten die Leistungen der Arbeitslosenversicherung des Beschäftigungslandes, gegebenenfalls auch deren Fördermaßnahmen. Die Beschäftigungszeit in einem Land wird bei der Bemessung des Arbeitslosengeldes in einem anderen Land berücksichtigt. Kindergeld wird nach dem sogenannten Beschäftigungslandprinzip gezahlt. D.h., ein Portugiese, der in Deutschland arbeitet, erhält für seine in Portugal verbliebenen Kinder deutsches Kindergeld. Leistungen der Pflegeversicherung werden grundsätzlich nur im Inland erbracht. Pflegeleistungen sind im Wohnsitzland in Anspruch zu nehmen, sofern es dort entsprechende Versicherungen gibt.

Darüber hinaus gibt es eine große Anzahl von Sozialversicherungsabkommen, um grenzüberschreitende Leistungen zu ermöglichen. Solche Verträge existieren unter anderem mit der Schweiz, USA, Kanada und Polen, um zu gewährleisten, dass für Sozialversicherte im jeweils anderen Vertragsstaat die Leistungsansprüche bestehen bleiben.

6 Arbeitsschutz und arbeitssicherheitsrechtliche Bestimmungen

6.1 Ziele des Arbeitsschutzes

Situation

Ein Kollege bemerkte, dass heutzutage viel für den Arbeitsschutz getan würde. Heinz Willmann meinte dazu, dass es bereits im 19. Jahrhundert einschlägige Vorschriften in der Gewerbeordnung gegeben habe. Danach waren „Gewerbeunternehmer verpflichtet, die Arbeitsräume, Betriebsvorrichtungen, Maschinen und Gerätschaften so einzurichten und zu unterhalten und der Betrieb so zu regeln, dass die Arbeiter gegen Gefahr für Leben und Gesundheit soweit geschützt sind, wie es die Natur des Betriebes gestattet" (Gewerbeordnung von 1897).

6.1.1 Grundlagen

Es gibt eine große Anzahl von Regelungen, die Arbeitnehmer vor den zahlreichen möglichen Gefahren im Betrieb schützen sollen. Gefahren gehen nicht nur von der Maschinen- und Anlagenarbeit aus, sondern auch von gesundheitlichen Stoffen, bei feuergefährlichen Materialien und bei Strahleneinwirkungen. Selbst die heute weit verbreitete Bildschirmarbeit beinhaltet gesundheitliche Gefahren. Bergarbeiter und Lackierer sind Beispiele für Berufe, die in der Vergangenheit häufig zu typischen Berufskrankheiten geführt haben. Der Arbeitsschutz muss deswegen vorbeugend wirken. Er soll vor Verletzungen, vor Erkrankungen und vor vorzeitiger Einbuße der Arbeitsfähigkeit schützen.

6.1.2 Arbeitsschutzgesetz

Durch das Arbeitsschutzgesetz soll die Sicherheit und der Gesundheitsschutz der Beschäftigten bei der Arbeit durch Maßnahmen des Arbeitsschutzes gesichert und verbessert werden. Dabei ist eine entsprechende EU-Richtlinie umgesetzt worden. Das Gesetz gilt für alle Tätigkeitsbereiche und umfasst neben der gewerblichen Wirtschaft und der Land- und Forstwirtschaft auch die freien Berufe sowie den öffentlichen Dienst.

Verantwortlich für den Arbeitsschutz ist der Arbeitgeber. Er muss alle Maßnahmen ergreifen, um die Sicherheit und die Gesundheit der Arbeitnehmer zu gewährleisten. Insgesamt ist die Arbeit so zu gestalten, dass eine Gefährdung für Leben und Gesundheit möglichst vermieden und die verbleibende Gefährdung möglichst gering gehalten wird. Darüber hinaus sollen Gefahren bereits an ihrer Quelle bekämpft und arbeitswissenschaftliche Erkenntnisse gerade im Hinblick auf den Stand der Technik, der Arbeitsmedizin und der Hygiene berücksichtigt werden. Generell sind Technik, Arbeitsorganisation, das soziale Umfeld und die Umwelt sachgerecht in Bezug auf den Arbeitsplatz miteinander zu verknüpfen. Bei besonders schutzbedürftigen Beschäftigten sind spezielle Gefahren zu berücksichtigen. Geschlechtsspezifische Regelungen sind im Allgemeinen nicht zulässig.

Der Arbeitgeber hat eine Dokumentationspflicht. Er muss Unterlagen besitzen, die sowohl die Gefährdungsbeurteilung als auch die festgelegten Arbeitsschutzmaßnahmen und das Ergebnis der Überprüfung beinhalten. Diese Pflicht gilt für Arbeitgeber mit mehr als 10 Beschäftigten.

6.1.3 Beteiligte Personen und Ämter

Bei der Übertragung von Aufgaben muss der Arbeitgeber darauf achten, dass Beschäftigte entsprechend ihren Fähigkeiten in der Lage sind, die Schutzvorschriften einzuhalten. Das gilt auch beim Einsatz von Fremdfirmen, die z. B. Reinigungs- oder Wartungsarbeiten durchführen.

Bereits in früheren Regelungen wurde die Unterweisungspflicht aufgeführt. Nach dem jetzigen Arbeitsschutzgesetz muss der Arbeitgeber ausreichend und angemessen über Sicherheit und Gesundheitsschutz unterweisen. Hat er mehr als 20 Beschäftigte, ist er verpflichtet, Sicherheitsbeauftragte zu bestellen. Deren Aufgabe besteht darin, den Arbeitgeber beim Arbeitsschutz zu unterstützen und sich fortlaufend vom Vorhandensein der vorgeschriebenen Schutzeinrichtungen zu überzeugen. Die Ausbildung dieser Spezialisten, die diese Aufgaben häufig neben ihrer eigentlichen Tätigkeit wahrnehmen, erfolgt durch die jeweiligen Berufsgenossenschaften.

Grundsätzlich ist zwar der Arbeitgeber für den Arbeitsschutz verantwortlich, das Arbeitsschutzgesetz hat aber die Beschäftigten mit in die Verantwortung einbezogen. Sie sind gehalten, den Weisungen der Sicherheitsbeauftragten zu folgen, die Geräte ordnungsgemäß zu bedienen und erforderliche Schutzausrüstungen zu verwenden. Klassische Beispiele sind dafür im gewerblichen Bereich die Verwendung von Schutzbrillen, Atemschutzmasken und Lärmschutzvorrichtungen. Beschäftigte dürfen den Arbeitgeber zu allen Fragen der Sicherheit und des Gesundheitsschutzes bei der Arbeit Vorschläge unterbreiten und können sich, wenn schwerwiegende Sicherheitsmängel nicht abgestellt werden, an die zuständige Arbeitsschutzbehörde wenden. Allerdings müssen zuvor alle innerbetrieblichen Abhilfemöglichkeiten ausgeschöpft sein.

Eine wichtige Rolle spielt auch der Betriebsrat. Er hat darauf zu achten, dass alle einschlägigen Bestimmungen im Betrieb eingehalten werden. Im Rahmen freiwilliger Betriebsvereinbarungen können darüber hinaus Maßnahmen beschlossen werden, die der Verhütung von Arbeitsunfällen und der Abwehr gesundheitsschädlicher Gefahren dienlich sind.

Für den Arbeitsschutz Verantwortliche		
Arbeitgeber – Sicherheitsbeauftragte – Fachkräfte für Arbeitssicherheit – sonstige Beauftragte		

Arbeitnehmer
– Weisungspflicht
– Umsicht am Arbeits-
  platz
– Verwendung von
  Schutzausrüstungen
	Arbeitsschutz	**Gewerbeaufsichtsamt**
		– Überwachungs-
		  funktionen
		– Technische
		  Überprüfungen

Betriebsrat
– Überwachung der
  einschlägigen Be-
  stimmungen
– Betriebsvereinba-
  rungen
		Berufsgenossenschaften
		– Erlass von Unfallver-
		  hütungsvorschriften

6.2 Arbeitszeitgesetz

Der einzelne Arbeitnehmer soll nicht durch zu lange Arbeitszeiten überfordert werden. Allgemein gilt, dass die Höchstdauer der täglichen Arbeitszeit acht Stunden beträgt. Bei einer möglichen Verlängerung auf zehn Stunden muss innerhalb von sechs Monaten oder vierundzwanzig Wochen ein Zeitausgleich erfolgen. Ausnahmen können durch Tarifverträge festgelegt werden. Zulässig ist die Arbeitsverlängerung eines Tages auch dann, wenn es um Rohstoffe oder Lebensmittel geht oder Arbeitsergebnisse zu misslingen drohen. Darüber hinaus gibt es Sonderbestimmungen für die Behandlung, Pflege und Betreuung von Personen und Tieren.

Pausen sind im Arbeitsschutzgesetz mit dreißig Minuten bei einer Arbeitszeit von mehr als sechs Stunden und fünfundvierzig Minuten bei mehr als neun Stunden vorgeschrieben. Dabei muss eine Pause mindestens fünfzehn Minuten dauern und in angemessener zeitlicher Lage während der täglichen Arbeitszeit gewährt werden. Für Nacht- und Schichtarbeit hat der Gesetzgeber spezielle Vorschriften erlassen. So gilt als Nachtzeit die Zeit von 23.00 Uhr bis 06.00 Uhr. Nachtarbeiter sind nach dem Arbeitsschutzgesetz Arbeitnehmer, die normalerweise Nachtarbeit in Wechselschicht oder an mindestens achtzig Tagen im Kalenderjahr zu leisten haben. Auch hier gilt die Acht-Stunden-Regel mit der Verlängerungsoption auf zehn Stunden bei einem Zeitraum von einem Monat oder vier Wochen.

Besondere Schutzmaßnahmen werden durch eine vorgeschriebene ärztliche Untersuchung vor Aufnahme der Nachtarbeit festgelegt, die danach in dreijährigem Rhythmus wiederholt werden muss. Nachtarbeitnehmer haben einen Anspruch auf Zusatzurlaub bzw. Zusatzentgelt.

Der Arbeitnehmer soll nach Beendigung seiner täglichen Arbeitszeit eine ununterbrochene Ruhezeit von mindestens elf Stunden erhalten. Das gilt auch für zulässige Sonn- und Feiertagsarbeit und Wochenbereitschaftsdienst. Unter bestimmten Voraussetzungen kann auch eine Reduzierung auf zehn oder sogar neun Stunden Ruhezeit vorgenommen werden, wenn ein Zeitausgleich erfolgt.

Grundsätzlich besteht ein Beschäftigungsverbot für Sonn- und Feiertage. Es gibt aber zahlreiche Ausnahmen, wie z. B. im Fremdenverkehr, im Dienstleistungsbereich und bei speziellen Produktionsprozessen. Das Gesetz legt aber fest, dass mindestens fünfzehn Sonntage im Jahr beschäftigungsfrei bleiben.

6.1 Wodurch wird im Arbeitsschutz der Europagedanke verwirklicht?

6.2 Für welche Bereiche gilt das Arbeitsschutzgesetz?

6.3 Wie ist die Zusammenarbeit der verschiedenen Gruppen beim Arbeitsschutz?

6.4 Wer überwacht die Einhaltung der Schutzmaßnahmen?

6.5 Führen Sie Beispiele von Schutzmaßnahmen auf, die in Ihrem Betrieb gebräuchlich sind.

6.3 Sonderschutzrechte für schutzbedürftige Personen

6.3.1 Jugendarbeitsschutzgesetz

Situation

Ein 16-jähriger Auszubildender wendet sich hilfesuchend an Heinz Willmann: Er solle jetzt 8 1/2 Stunden täglich arbeiten. Der meinte, das könne zulässig sein, wenn die tarifvertragliche Wochenarbeitszeit bzw. 40 Stunden/Woche nicht überschritten werde.

Für Jugendliche und Kinder besteht ein besonderer Arbeitsschutz, der im Jugendarbeitsschutzgesetz niedergelegt ist. Nach der letzten Änderung vom März 1997 wird als Kind definiert, wer unter 15 Jahre alt ist. Die Jugendphase verläuft vom 15. bis zum 18. Lebensjahr. Grundsätzlich ist die Beschäftigung von Kindern verboten. Ausnahmen gibt es bei leichten und kindgerechten Arbeiten bis zu 2 Stunden täglich (in landwirtschaftlichen Familienbetrieben 3) bzw. 10 Stunden wöchentlich (15 in landwirtschaftlichen Familienbetrieben). Zu diesen Tätigkeiten gehören z. B. Zeitungsaustragen, Nachhilfeunterricht, Babysitten und Handreichungen beim Sport. Wichtig ist, dass die Sicherheit, die Gesundheit und die Entwicklung der Kinder nicht nachteilig beeinflusst wird. Auch die Fähigkeit, dem Unterricht mit Nutzen zu folgen, darf nicht beeinträchtigt werden. Die tägliche Arbeitszeit ist für Jugendliche auf 8 Stunden begrenzt, es sei denn, dass sie an einzelnen Tagen auf weniger als 8 Stunden verkürzt wird. Dann darf sie auch bis zu 8 $\frac{1}{2}$ Stunden dauern. Da von einer 5-Tage-Woche ausgegangen wird, beträgt die wöchentliche Arbeitszeit 40 Stunden. Das Jugendarbeitsschutzgesetz lässt auch eine andere tarifliche Lösung zu, wobei eine Verlängerung bis zu 9 Stunden möglich ist, wenn innerhalb von 2 Monaten eine durchschnittliche Wochenarbeitszeit von 40 Stunden nicht überschritten wird.

Zu Zwischen- und Abschlussprüfungen und an dem Arbeitstag, der der schriftlichen Abschlussprüfung unmittelbar vorausgeht, ist der jugendliche Auszubildende freizustellen. Das gilt aber nicht, wenn dieser Tag auf einen Sonn- oder Feiertag fällt. Wichtig ist auch eine besondere Pausenregelung für Jugendliche, und zwar mindestens 30 Minuten bei mehr als 4$\frac{1}{2}$-stündiger und 60 Minuten bei mehr als 6-stündiger Arbeitszeit. Als Pause wird eine Arbeitsunterbrechung nur gewertet, wenn sie mindestens 15 Minuten beträgt. Das Jugendarbeitsschutzgesetz gibt auch die zeitliche Lage der Pausen vor: Sie darf frühestens eine Stunde nach Beginn und spätestens eine Stunde vor Ende der Arbeitszeit liegen. Um die Erholung in den Pausen zu gewährleisten, darf in den Pausenräumen nicht gearbeitet werden.

In der Zeit von 20.00 bis 6.00 Uhr herrscht für die Jugendlichen Nachtruhe. In Ausnahmefällen, wie z. B. im Gastgewerbe, in der Landwirtschaft und in Bäckereien können Jugendliche bereits um 5 Uhr beginnen, 17-jährige Bäckerlehrlinge sogar um 4 Uhr. Nach Arbeitsende haben Arbeitnehmer unter 18 Jahren Anrecht auf eine mindestens 12-stündige Freizeit. Für Jugendliche gilt die 5-Tage-Woche von Montag bis Freitag. Zahlreiche Sonderregelungen ermöglichen aber vor allem Auszubildenden eine betriebsspezifische Ausbildung. Beispielhaft darf im Hotel- und Gastgewerbe an Samstagen, Sonn- und Feiertagen gearbeitet werden, wenn durch geeigneten Zeitausgleich eine 40-Stunden-Woche gewährleistet ist und jeder 2. Samstag bzw. Sonntag beschäftigungsfrei bleibt. Ein absolutes Muss ist jedoch die Freistellung am 25.12., am Neujahrstag, anlässlich des 1. Mai sowie jeweils am Heiligen Abend und Silvester nach 14.00 Uhr.

Für den Urlaubsanspruch gelten folgende Regelungen: Ist der Jugendliche zu Beginn des Kalenderjahres noch nicht 16 Jahre alt, so stehen ihm als Jahresurlaub mindestens 30 Werktage zu, 27 Tage bei einem noch nicht 17-Jährigen und 25, wenn der Jugendliche zu Beginn des Jahres noch nicht 18 Jahre alt ist. Häufig werden aber in den Tarifverträgen mehr Urlaubstage vereinbart. Der Urlaub soll nach Möglichkeit in den Berufsschulferien genommen werden. Ansonsten ist für jeden Berufsschultag ein weiterer Urlaubstag zu gewähren.

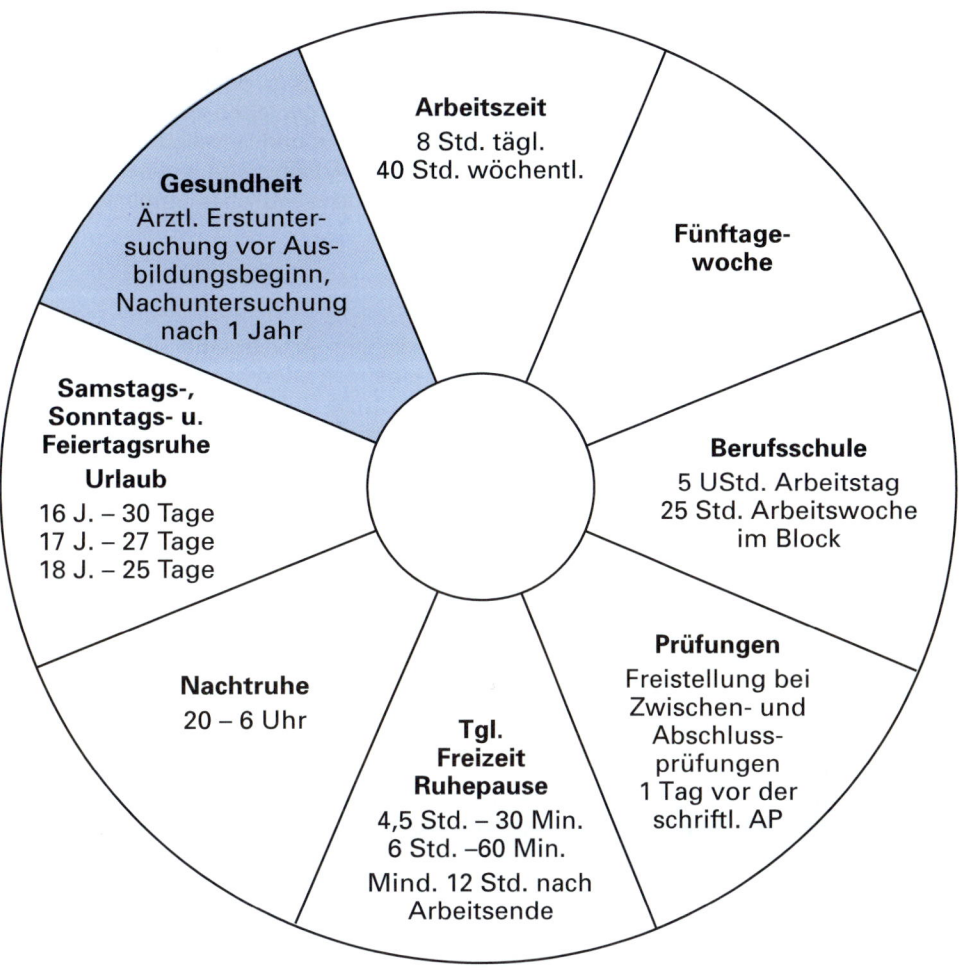

Wichtig ist auch die Gewährleistung des Gesundheitsschutzes Jugendlicher. Zu Beginn einer Ausbildung muss deswegen dem Arbeitgeber eine ärztliche Bescheinigung über eine Untersuchung (Erstuntersuchung) vorgelegt werden, die innerhalb der letzten 14 Monaten erfolgt sein muss. Ein Jahr nach Aufnahme der Ausbildung hat der jugendliche Auszubildende eine Bescheinigung über eine Nachuntersuchung vorzulegen, wobei der Arbeitgeber nach 9 Monaten eine Erinnerungspflicht hat. Liegt eine solche Bescheinigung nach 14 Monaten noch nicht vor, besteht ein Beschäftigungsverbot. Weitere Vorschriften des Jugendarbeitsschutzgesetzes sollen Jugendliche vor Arbeiten schützen, die ihre Leistungsfähigkeit übersteigen, vor sittlichen Gefahren, vor Unfallgefahren und vor gesundheitsgefährdenden und schädlichen Einwirkungen. Untersagt ist auch Akkordarbeit. Vermerkt ist sowohl ein Züchtigungsverbot als auch das Verabreichen von Alkohol und Tabakwaren (für unter 16-Jährige) und Branntwein für Jugendliche über 16 Jahren. Für den Arbeitgeber hat das Gesetz eine besondere Unterweisungsverpflichtung vorgesehen. Hier muss nicht nur zu Beginn der Beschäftigung auf mögliche Gefahren hingewiesen werden, sondern in angemessenen Zeitabständen, mindestens aber halbjährlich.

6.3.2 Mutterschutzgesetz

Die Aufgabe des Mutterschutzes besteht darin, werdende und stillende Mütter vor Gesundheitsschäden zu bewahren. Es gibt deswegen Beschäftigungsverbote, Schutzfristen, Kündigungsverbote und den Mutterschaftsurlaub. Werdende Mütter dürfen nicht für schwere körperliche Arbeiten und solche Arbeiten eingesetzt werden, bei denen die schwangere Frau schädlichen Einwirkungen ausgesetzt ist, wie z. B. Lärm, gesundheitsgefährdenden Stoffen, Hitze, Kälte und Nässe. Schwere Lasten von mehr als 5 kg bzw. gelegentlich mehr als 10 kg sind ebenso untersagt wie Fließband- und Akkordarbeiten nach dem dritten Schwangerschaftsmonat. In den sechs Wochen vor der Entbindung und acht Wochen danach ist eine Beschäftigung nicht zugelassen. Bei Früh- und Mehrlingsgeburten ist nach der Geburt eine 12-wöchige beschäftigungsfreie Zeit vorgesehen. Für die Stillzeit ist den Müttern eine Freistellung zu gewähren, die nicht auf die Ruhepausen angerechnet wird und für die kein Verdienstausfall geltend gemacht werden darf. Für schwangere Frauen und für Mütter bis zum Ablauf von 4 Monaten nach der Entbindung besteht grundsätzlich ein Kündigungsverbot.

6.3.3 Schwerbehindertengesetz

Personen, die aufgrund ihrer Behinderung, körperlich, geistig oder seelisch in ihrer Erwerbsfähigkeit um wenigstens 50 % beeinträchtigt sind, genießen einen besonderen Schutz. Sie sollen nach ihren Möglichkeiten in Arbeit, Beruf und Gesellschaft eingegliedert werden und möglichst schwerbehindertengerechte Arbeitsplätze erhalten. Schwerbehinderte erhalten für ihre Tätigkeit den vollen Lohn und zusätzlichen Erholungsurlaub von 5 Tagen.

6.3.4 Heimarbeitergesetz

Heimarbeiter sind Personen, die in ihrer selbstgewählten Arbeitsstätte allein oder mit Familienangehörigen im Auftrag eines Gewerbetreibenden erwerbsmäßig arbeiten. Sie können ihre Arbeit selbstständig einteilen, woraus sich die Gefahr einer übermäßig langen Arbeitszeit mit einer möglichen Gesundheitsschädigung ergibt. Der Arbeitgeber muss nach dem Heimarbeitergesetz die Menge der Arbeit möglichst gleichmäßig verteilen, zu Beginn der Arbeit ausführlich über die zu verrichtende Arbeit informieren und auf Gesundheitsgefahren hinweisen.

6.6	Welche Arbeitsmöglichkeiten bestehen für einen 14-Jährigen? Nennen Sie zwei Beispiele.
6.7	Im Verlauf einer 5-stündigen Arbeitszeit sollen zwei 10-minütige und eine 20-minütige Pause gewährt werden. Zu Recht?
6.8	Ein Auszubildender wird am 3. August eines Jahres 18 Jahre alt. Wie viel Urlaub steht ihm zu? Stellen Sie fest, welche Regelung in Ihrem Betrieb gilt.
6.9	Eine Jugendliche kann 13 Monate nach Aufnahme der Ausbildung keine ärztliche Bescheinigung über eine Untersuchung vorweisen. Darf sie weiter beschäftigt werden?

6.4 Bestimmungen des Arbeitssicherheitsgesetzes

In Abhängigkeit von der Betriebsart, der Mitarbeiteranzahl und der Betriebsorganisation verlangt das **Arbeitssicherheitsgesetz** die Bestellung von Fachkräften für Arbeitssicherheit, wie z. B. Sicherheitsingenieure und Betriebsärzte, die den Arbeitgeber beim Arbeitsschutz unterstützen und beraten. Je nach Betrieb sind auch Daten-, Strahlen- und Gewässer-, Immissionsschutz- und Abfallbeauftragte zu bestellen. Dem Anliegen der Schwerbehinderten ist ebenfalls durch einen speziellen Beauftragten Rechnung zu tragen. Um zu garantieren, dass alle Schutzmaßnahmen in den Betrieben eingehalten werden, gibt es staatliche Aufsichtsstellen, Gewerbeaufsichtsämter, die für die Überwachung der gesetzlichen Schutzvorschriften verantwortlich sind. Sie sind Behörden der Bundesländer. Ihre Mitarbeiter haben das Recht, Arbeitsstätten zu betreten und zu besichtigen, Unterlagen einzusehen, Auskünfte zu verlangen sowie technische Prüfungen vorzunehmen. Dazu können sie auch Sachverständige hinzuziehen.

Berufsgenossenschaften haben die Aufgabe, Unfallverhütungsvorschriften für die Unternehmen zu erlassen, die in ihr zusammengeschlossen sind.

6.5 Arbeitsstättenverordnung

In diesem Gesetz sind allgemeine Anforderungen an die Arbeitgeber aufgeführt. Er hat die Arbeitsstätte so zu betreiben, dass der Arbeitsschutz und die Unfallverhütung gewährleistet und hygienische, sicherheitstechnische sowie arbeitsmedizinische Erkenntnisse berücksichtigt werden. Die Arbeitsstättenverordnung geht besonders konkret auf Bestimmungen über Lüftung, Raumtemparatur, Beleuchtung und Inneneinrichtung ein. Schutz gegen Entstehungsbrände, Gase, Dämpfe, Nebel, Stäube und Lärm sind ebenso vorgesehen wie die Gestaltung von Arbeits-, Pausen-, Bereitschafts- und Sanitätsräumen. Von besonderer Bedeutung ist die Vorschrift über Sicherheitsausgänge, -wege, -treppen, Türe und Tore. Je nach Art der Nutzung der Räume und der Anzahl der darin beschäftigten Personen müssen Fluchtwege genau festgelegt werden. Bei brandgefährdeten Räumen z. B. darf die maximale Entfernung bis zum Ausgang höchstens 35 Meter betragen. Selbst die Türdurchgangsbreite ist in Abhängigkeit von der Nutzung vorgeschrieben.

6.6 Sonstige gesetzliche Grundlagen und Aufgabenbereiche

6.6.1 Bildschirmverordnung

Ein aktuelles Beispiel für die Umsetzung einer europäischen Richtlinie über Mindestvorschriften zu Sicherheit und Gesundheitsschutz bei der Arbeit an Bildschirmgeräten in deutsches Recht ist die Bildschirmverordnung. Neu ist hier im Gegensatz zu bisherigen Vorschriften der weite Anwendungsbereich, der vom klassischen Büro-Schreibarbeitsplatz über den Arbeitsplatz von Fluglotsen bis hin zu industriellen Leitständen und CAD-Arbeitsplätzen reicht. Dabei soll der Bildschirm flimmerfrei, der Arbeitsstuhl bequem und kippsicher und die Arbeitsumgebung ergonomisch sein. Auch die Lichtverhältnisse müssen zufriedenstellend sein; Lärm- und Strahlenschutz ist ebenso wie das Raumklima zu beachten. In diesem Zusammenhang mussten bis zum August 1997 alle PC-Arbeitsplätze einer Beurteilung der Arbeitsbedingungen unterzogen und festgestellte Mängel bis Ende 1999 beseitigt sein.

6.6.2 Gefahrstoffverordnung

Schutz vor arbeitsbedingten oder sonstigen Gesundheitsgefahren sind Inhalt dieser Regelung. Es wird darin bestimmt, wie gefährliche Stoffe in den Verkehr gebracht werden, wie der Umgang mit ihnen zu erfolgen hat, wie sie aufbewahrt, gelagert und vernichtet werden müssen. Gefahrstoffe haben die Eigenschaft, explosionsgefährlich, brandfördernd, entzündlich, giftig, ätzend, reizend und krebserzeugend zu sein bzw. giftige Gase zu entwickeln oder Missbildungen verursachen zu können.

Eine Reihe von Schutzmaßnahmen, wie z. B. die Aufbewahrung in geschlossenen Behältern, der Schutz vor Hitze und die Verwendung von Atemschutzgeräten sollen Beschäftigte vor diesen Gefahren schützen.

Gefahrstoffe sind auf der Verpackung entsprechend zu kennzeichnen. Neben der Stoffbezeichnung, bzw. der enthaltenden Bestandteile muss der Name des Herstellers, Einführers oder Vertreibers, das Gefahrensymbol (bei giftigen Stoffen ein Totenkopf) und die Gefahrenbezeichnung, Hinweise auf besondere Gefahren und Sicherheitsratschläge auf der Verpackung ersichtlich sein. Für krebserzeugende oder asbesthaltige Stoffe sind darüber hinaus besondere Aufschriften erforderlich. Für Jugendliche sind in der Gefahrstoffverordnung spezielle Beschäftigungsverbote vermerkt.

Stoff	Flusssäure	Methanol	Tetrachlorethen
Gefahrensymbol	C Ätzend / T+ Sehr giftig	F Leichtentzündlich / T Giftig	Xn Mindergiftig
Warnsymptome	Stechender, beißender Geruch	Typischer Alkoholgeruch	Ätherischer Geruch

6.6.3 Gerätesicherheitsgesetz

Arbeitsschutz soll auch durch technische Arbeitsmittel gewährleistet werden. Sie dürfen nur in den Verkehr gebracht werden, wenn sie den allgemein anerkannten Regeln der Technik sowie den Arbeitsschutz- und Unfallverhütungsvorschriften entsprechen. Dazu gibt es auf europäischer Ebene das Übereinstimmungszeichen CE (Commission European), das den gekennzeichneten Produkten die Einhaltung sicherheitstechnischer Anforderungen verbrieft. In Deutschland verleihen die Berufsgenossenschaften bereits seit einigen Jahren Produkten, die auf Sicherheit geprüft worden sind, das Sicherheitszeichen GS (Geprüfte Sicherheit).

6.6.4 Weitere typische Arbeitsschutzvorschriften

● Ladenschlussgesetz

● Arbeitnehmerüberlassungsgesetz

● Gesetz über Betriebsärzte, Sicherheitsingenieure und andere Fachkräfte für Arbeitssicherheit

● Siebtes Sozialgesetzbuch

● Persönliche Schutzausrüstungen – Benutzungsverordnung

● Lastenhandhabungsverordnung

● Baustellenverordnung

● EG-Maschinenrichtlinie

● Arbeitsmittelbenutzungsverordnung

● Biostoffverordnung

● Strahlenschutzverordnung

● Störfallverordnung

7 Umweltrecht

7.1 Aufgaben des Umweltschutzes

Die beabsichtigte Versenkung einer ausgedienten Erdölplattform im Meer durch eine bekannte Mineralölgesellschaft ist weltweit auf große Empörung gestossen mit dem Ergebnis, dass sich das Unternehmen alternative Entsorgungskonzepte überlegt hat. Das zeigt, dass das Umweltbewusstsein in den letzten Jahren international wesentlich ausgeprägter geworden ist.

Zum Umweltschutz gehören alle Schutzmaßnahmen, die der Erhaltung der natürlichen Lebensgrundlagen dienen. Seit Beginn der siebziger Jahre sind viele Gesetze und Verordnungen erlassen worden, die sich mit dem Umweltschutz befassen. Besonders die Emission von Schwefeldioxid, das Abfallproblem, die Schädigung der Ozonschicht, der Treibhauseffekt, die Überdüngung landwirtschaftlicher Nutzflächen, die Lärmerzeugung und die Wasserverschmutzung sind national und international Gegenstand der Gesetzgebung und Grund für zahlreicher Abkommen. Auch die Europäische Union hat spezielle Richtlinien für den Umweltschutz erarbeitet, die in den einzelnen Mitgliedsstaaten bereits umgesetzt worden sind oder noch umgesetzt werden müssen.

7.2 Umweltprinzipien

Im Umweltbereich wird zwischen dem **Verursacher-**, dem **Vorsorge-**, dem **Kooperations-** und dem **Gemeinlastprinzip** unterschieden. Das Verursacherprinzip besagt, dass derjenige für Umweltschäden zur Verantwortung gezogen werden muss, der sie verursacht hat. Natürlich ist es nicht immer leicht, festzustellen, wer zu welcher Zeit in welchem Ausmaß Verursacher gewesen ist. Möglich ist auch, dass die Umweltunverträglichkeit zum Zeitpunkt der Schädigung weder bekannt war, noch es gesetzliche Einschränkungen gegeben hat.

Im Wasserhaushaltsgesetz ist der Gedanke des Verursacherprinzips verwirklicht worden. Hier haftet derjenige, der das Wasser nachteilig beeinflusst hat. Wenn z. B. im Rhein eine deutliche Farbspur zu entdecken ist, und der Verursacher durch Luftüberwachung festgestellt werden kann, wird er voll für den Schaden und eventuelle Folgeschäden haftbar gemacht. Häufig lässt sich die Verantwortlichkeit, gerade bei Altlasten, wie z. B. bei Bodenverseuchungen, nicht oder nicht mehr ermitteln. Hier setzt das Gemeinlastprinzip ein. Für die Beseitigung von Umweltschäden der Vergangenheit treten Bund, Länder und Gemeinden ein. Nationale und internationale Umweltpolitik sind bereits seit einiger Zeit vom Maßstab der Gefahrenabwehr zum Vorsorgeprinzip übergeschwenkt. Das heißt, der Beweis der Schädlichkeit eines Stoffes muss nicht abgewartet werden, um eine Maßnahme zu legitimieren. In zahlreichen Bestimmungen wird versucht, schädliche Umwelteinwirkungen von Anfang an zu verhindern oder wenigstens zu verringern. Das gilt z. B. für die Reduzierung des Ausstoßes von Schwefeldioxiden bei Großfeuerungsanlagen oder für die Pflicht zur Ausrüstung von Katalysatoren bei Neuwagen. Zu diesem Konzept gehört auch die Einbeziehung aller Beteiligten in die Umweltverantwortung. Freiwillige Verpflichtungen der gewerblichen Wirtschaft mit der Rücknahme von Batterien, die Grüne-Punkt-Aktion, getrennte Entsorgung von Abfall und die Wiederverwendung von Altmaterialien sind nur einige Beispiele dafür. Inzwischen gibt es bei den Kammern Tausch- und Abfallbörsen, um Ökologie und Ökonomie sinnvoll miteinander zu verbinden.

Nach dem Kooperationsprinzip sollen Staat und Unternehmen zusammenarbeiten, um gemeinsam Umweltbelastungen zu verhindern bzw. zu bekämpfen. Betroffene werden in umweltbedeutsame Entscheidungen einbezogen.

Nach dem Prinzip des weltweiten Programmes „Verantwortliches Handeln (Responsible Care)" berücksichtigen viele Unternehmen die Produktverantwortung, die den gesamten Lebenszyklus eines Produktes umfasst:

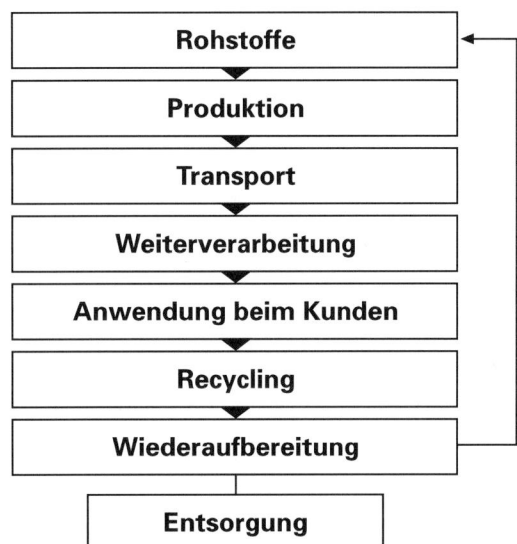

7.3 Gesetze und Verordnungen zum Umweltschutz

7.3.1 Bundesimmissionsgesetz

Die Umweltbelastung wird durch die Begriffe Emission und Immission gekennzeichnet. Emission ist dabei der Ausstoß von Stoffen in die Umwelt, die regelmäßig bei Anlagen gemessen wird, um festzustellen, ob festgelegte Grenzwerte überschritten werden. Problematisch wird dieses Verfahren dadurch, dass einzelne Grenzwerte zwar durchaus eingehalten werden können, durch die gleichzeitige Emission von Schadstoffen mehrerer Betriebe aber zu hohe Schadstoffkonzentrationen auftreten können. Deswegen wird es vorgezogen, umweltschädliche Einwirkungen, Immissionen, zu messen. Damit kann die Luft- und Wasserqualität festgestellt werden.

Dieses Gesetz ist von besonderer Bedeutung. Es bestimmt, dass der Betrieb von Produktionsanlagen von gewisser Größe und Kapazität standortbezogen genehmigt werden muss. Damit sollen nicht nur schädliche Umwelteinwirkungen auf Menschen, Tiere und Pflanzen verhindert werden, sondern es besteht auch ein Vorbeugungsanspruch. Der Antragsteller wird darüber hinaus verpflichtet, Reststoffe nach Möglichkeit zu vermeiden oder zu verwerten. Um das Gesetz umzusetzen, gibt es Verordnungen, wie z. B. die

Großfeuerungsanlagenverordnung oder die Störfall-Verordnung, die eine schnelle Reaktion ermöglichen soll, wenn gefährliche Stoffe frei werden, bei Brand- oder Explosionsgefahr. Nach der Neufassung dieser Verordnung sind die Betreiber von Anlagen mit besonderem Gefahrenpotential, wie z. B. Raffinerien, verpflichtet, nicht nur Behörden, sondern auch die Öffentlichkeit über die bei einem Störfall möglicherweise ausgehenden Gefahren hinzuweisen und über Vorsorgemaßnahmen zu informieren. Das hat etwa alle drei Jahre zu erfolgen.

Maßgebliche allgemeine Verwaltungsvorschriften des Bundesimmissionsgesetzes sind die Technische Anleitung zur Reinhaltung der Luft, kurz TA-Luft genannt und die TA-Lärm. Sie legen Emissions- und Immissionswerte fest und beschreiben Verfahren zur Ermittlung dieser Werte. Für den Lärmschutz sind z. B. verschiedene Lärmstufen definiert worden, die jeweils bestimmte Auswirkungen auf Menschen haben. Sie werden in der Maßeinheit Dezibel gemessen.

Lärmstufe	Messwert [dB (A)]	Auswirkungen
I	30 – 65	Einschlaf- und Schlafstörungen
II	65 – 85	psych. und phys. Reaktion
III	85 – 120	Gefahr der Gehörschädigung
IV	> 120	unmittelbare Einwirkung auf die Nervenzellen

Für Wohn- und Gewerbegebiete gibt es nach der TA-Lärm verbindliche Vorgaben. Bei reinen Wohngebieten darf der Lärmrichtwert 50 dB (A) tagsüber und 35 dB (A) nachts nicht überschritten werden. Mit dieser Verwaltungsvorschrift soll sowohl der Arbeitslärm und seine Folgen als auch die Einwirkung auf die „Nachbarschaft" begrenzt werden.

7.3.2 Wasserrecht

Das Wasserhaushaltsgesetz beinhaltet den Grundsatz, dass Gewässer so zu bewirtschaften sind, dass damit dem Wohl der Allgemeinheit gedient wird. Jede vermeidbare Beeinträchtigung hat danach zu unterbleiben. Das gilt für Oberflächengewässer genauso wie für Küstengewässer und das Grundwasser. Das Wasserrecht geht dabei auf die Aspekte des Entnehmens und des Einleitens ein. Die Benutzung von Gewässern ist erlaubnispflichtig. Selbst der Kleingartenbesitzer muss sich die Nutzung von Grundwasser durch einen Brunnen genehmigen lassen. Die Abwasserbeseitigung wird besonders streng gehandhabt, das Wohl der Allgemeinheit steht hier an vorderster Stelle. Dazu werden auch bestimmte Abgaben erhoben (Abwasserabgabengesetz). Wasch- und Reinigungsmittel sollen nach ihrem Gebrauch die Beschaffenheit der Gewässer möglichst wenig beeinträchtigen. Das Wasch- und Reinigungsmittelgesetz sieht deswegen besondere Regelungen für die Dosierung, Abbaubarkeit und den Phosphorgehalt dieser Mittel vor. In Deutschland werden viele Wasserschutzgebiete ausgewiesen. Sie sind besonders gekennzeichnet und dienen häufig der Wasserversorgung einer Region. Es gibt einen Katalog wassergefährdender Stoffe, wie Säuren, Laugen, Alkalimetalle, Halogene, Mineral- und Teeröle, Kohlenwasserstoffe, Gifte und viele organische Verbindungen, die in vier Klassen eingeteilt sind. So bedeutet die Wassergefährdungsklasse (WGK) 0 keine Gefährdung des Wassers und die WGK 4 stark wassergefährdende Stoffe.

7.3.3 Abfallrecht

Abfälle sind nach der Definition des **Kreislaufwirtschafts- und Abfallgesetzes** von 1996 alle beweglichen Sachen, die in bestimmten Abfallgruppen aufgeführt werden, und deren sich ihr Besitzer entledigt, entledigen will oder entledigen muss. Der neue Abfallbegriff unterscheidet nur noch Abfälle zur Verwertung und zur Beseitigung. Das Gesetz sieht eine eindeutige Prioritätenfolge vor. Abfälle sollen zunächst einmal vermieden werden, an zweiter Stelle steht die stoffliche Verwertung oder die Nutzung zur Energiegewinnung. Zuletzt geht es um die dauerhafte und umweltverträgliche Beseitigung. Damit ist ein Verwertungsgebot vor der Abfallbeseitigung formuliert worden. Abfälle sollen solange wie möglich in der Kreislaufwirtschaft gehalten werden.

7.3.4 Produktverantwortung

Von den Unternehmen wird die Verwertung von Abfällen bis zur wirtschaftlichen Zumutbarkeit verlangt. Die Verantwortlichkeit für die Entsorgung liegt grundsätzlich bei dem Erzeuger oder Besitzer von Abfällen. Gesetzlich vorgeschrieben ist auch das Erstellen eines Abfallwirtschaftskonzeptes und einer Abfallbilanz, wenn jährlich mehr als 2.000 kg besonders überwachungsbedürftige oder 2.000 t überwachungsbedürftige Abfälle je Abfallschlüssel anfallen. Gedacht als internes betriebliches Planungsinstrument muss es jedoch auf Verlangen der zuständigen Behörde vorgelegt werden. Das Konzept ist fünfjährig angelegt und enthält Angaben über getroffene und künftige Maßnahmen. Die Abfallbilanz muss jährlich aufgestellt werden und dient als Ist-Vergleich für die Umsetzung der geplanten Maßnahmen.

Abfallwirtschaftskonzept:

– Art, Menge und Verbleib von besonders überwachungsbedürftigen Abfällen, überwachungsbedürftige Abfälle zur Verwertung und Abfälle zur Beseitigung

– getroffene oder geplante Maßnahmen zur Vermeidung, Verwertung und Beseitigung von Abfällen

– Begründung der Abfallbeseitigung, Zumutbarkeitsüberprüfung der Nichtverwertung

– Entsorgungsmenge in der fünfjährigen Laufzeit des Konzeptes

– Darstellung, warum Abfälle grenzüberschreitend verwertet oder beseitigt werden

---

Das Keislaufwirtschafts- und Abfallgesetz enthält neue und umfassende **Produktverantwortungen**. So sollen nach Möglichkeit Erzeugnisse entwickelt und hergestellt werden, die mehrfach verwendbar und technisch langlebig sind. Darüber hinaus sollen sie gut verwertbar bzw. umweltverträglich zu beseitigen sein.

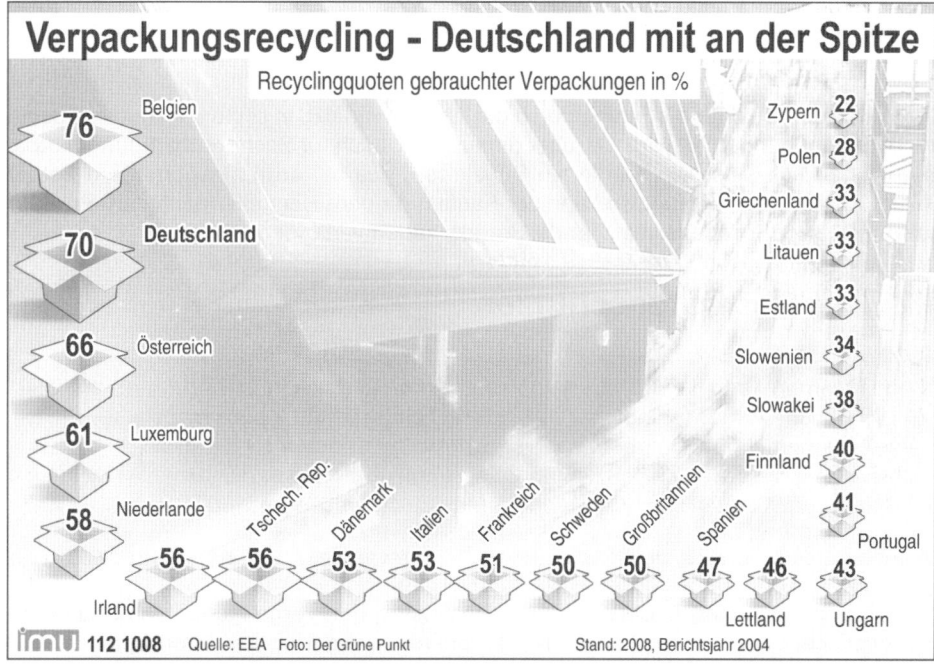

Ein Beispiel wird durch die **Verpackungsverordnung** gegeben. Hier wird der Vertreiber von Produkten verpflichtet, alle Verpackungen grundsätzlich zurückzunehmen und sie einer erneuten Verwendung oder Verwertung zuzuführen.

Sowohl in Supermärkten als auch in Elektronikgroßmärkten werden deswegen spezielle Behälter aufgestellt, in denen Papier, Pappe und Kunststoffverpackungen zurückgelassen werden können. Ein weiterer Baustein auf dem Weg zur Vermeidung vom Verpackungsmüll ist die Umsetzung des Zwangspfands auf Einweg-Getränkeverpackungen. Danach ist ein Pfand auf folgende Waren zu erheben: Einweg-Verpackungen für Bier, Mineralwasser und kohlensäurehaltige und -freie Erfrischungsgetränke sowie alkoholhaltige Mischgetränke (sogenannte Alkopops). Pfandfrei bleiben Frucht- und Gemüsesäfte, Milch und Wein sowie ökologisch vorteilhafte Einweggetränkeverpackungen.

Durch das **Altfahrzeug-Gesetz** von 2002 können Halter von Personenkraftwagen und leichten Nutzfahrzeugen ihre Schrottautos kostenlos an den Hersteller oder Importeur zurückgeben. Für Fahrzeuge, die sich bereits vor Inkrafttreten des Gesetzes im Verkehr befunden haben, gilt dies ab 2007. Damit soll sichergestellt werden, dass mindestens 85 % des durchschnittlichen Gewichtes eines Altfahrzeuges verwertet und mindestens 80 % stofflich verwertet oder wieder verwendet wird. Später sollen diese Ziele auf 95 % bzw. 85 % erhöht werden.

Pro Jahr fallen in Deutschland ca. 1,1 Mio. Tonnen Elektro- und Elektronik-Altgeräte an. Das ist ein großes Wertstoffreservoir vor allem an Metallen, Kunststoffen und Glas. Deshalb ist auch die Rücknahme und umweltverträgliche Entsorgung von Elektro- und Elektronikgeräten durch das neue Elektro- und Elektronikgerätegesetz umgesetzt worden. Ziel ist die Vermeidung von Abfällen aus Elektro- und Elektronikgeräten, die Reduzierung der Abfallmenge durch Wiederverwendung und die Verringerung des Schadstoffgehalts der Geräte. Damit sollen die Hersteller gezwungen werden, den gesamten Lebenszyklus ihrer Produkte in ihre Kalkulation einzubeziehen. Vorgesehen ist, dass die Hersteller Elektro- und Elektronik-Altgeräte zurücknehmen, die von den Kommunen aus privaten Haushalten gesammelt worden sind. Sie sollen nach ökologischen Standards behandelt, wieder verwendet oder entsorgt werden. Dabei sind bestimmte Grundsätze zu beachten.

8 Produkthaftung und Datenschutz

8.1 Produkthaftungsgesetz (PHG)

Produkthaftung bedeutet, dass der Hersteller für Folgeschäden aus der Benutzung eines Produktes haftet, und zwar sowohl für Personen- und Sachschäden. Hierbei geht es ausschließlich um die Sicherheit des Produktes.

Der Hersteller haftet für die Fehler, durch die jemand verletzt, in seiner Gesundheit beeinträchtigt oder gar getötet wird. Darüber hinaus ist er auch für Sachbeschädigung haftbar. Erwirbt beispielsweise ein Kunde ein Bügeleisen, das bei ordnungsgemäßem Betrieb einen Zimmerbrand erzeugt, so kann der Käufer von dem Hersteller nach dem **Produkthaftungsgesetz** Schadensersatz für die Brandschäden verlangen.

8.2 Ziele des Datenschutzes

Heinz Willmann erhält eines Tages von einem ihm nicht bekannten Automobilhändler die schriftliche Aufforderung über den Neukauf ein Kraftfahrzeuges nachzudenken, da sein Auto bereits fünf Jahre alt sei. Verdutzt wendet er sich an die örtliche Kraftverkehrszulassungsstelle, die ihm einen Zulassungsantrag zeigt, bei dem die Nichtverwendung der persönlichen Daten speziell durch Ankreuzen kenntlich gemacht werden muss.

Situation

Der Informationsbedarf in Staat und Wirtschaft ist in den vergangenen Jahren sprunghaft gestiegen. Durch die geradezu revolutionäre Entwicklung der Informationstechnik hat sich der Umgang mit Informationen besonders vereinfacht. Daraus ergeben sich aber auch Risiken. Der Einzelne kann die Sammlung, Auswertung und Weitergabe seiner Daten durch die verschiedenen Institutionen des Staates, der Versicherungen, der Wirtschaft und anderer nicht mehr nachvollziehen, verliert die Kontrolle und büßt so einen Teil seiner Mündigkeit ein. Deswegen ist es erforderlich, dass der Umgang mit personenbezogenen Daten reguliert wird und bestimmte unabhängige Stellen darüber wachen, dass mit ihnen kein Missbrauch betrieben wird. Die gesetzliche Grundlage dazu bietet das Bundesdatenschutzgesetz, in das bereits europäische Richtlinien und entsprechende Landesregelungen eingeflossen sind. Im Grundgesetz ist der Schutz des Persönlichkeitsrechts verankert und in anderen Gesetzen gibt es datenschutzrechtliche Spezialregelungen, wie z. B. im Sozialgesetzbuch, im Straßenverkehrsgesetz, im Ausländer- und Bundesverfassungsgesetz. In den Bundesländern und beim Bund werden Landes- bzw. ein Bundesbeauftragten für den Datenschutz berufen. Ein aktuelles Beispiel bietet das **Tele-**

mediengesetz, das auf den Schutz personenbezogener Daten bei Telediensten eingeht. Kundendaten dürfen danach von Teleshopping-Anbieter oder Internetprovidern weder weitergegeben noch für Werbungszwecke verwertet werden.

8.2.1 Grundsätze des Bundesdatenschutzgesetzes

§ 1 des Gesetzes übernimmt die Wahrung des Persönlichkeitsrechts des Grundgesetzes. Das Problem des Informationsbereiches besteht darin, dass auf der einen Seite der moderne Rechts- und Sozialstaat in großem Umfang über personenbezogene Daten verfügen muss, um seine vielfältigen Aufgaben erfüllen zu können. Das gilt z. B. für die Schulen, die Sozialämter, die Steuerbehörden, die Polizei und für die Wirtschaft. Auf der anderen Seite existiert ein Recht auf informationelle Selbstbestimmung, damit die Privatsphäre des Einzelnen erhalten bleibt. Das Bundesdatenschutzgesetz hat deswegen folgendes festgelegt:

● Nur das erforderliche Minimum an Daten darf verlangt werden.

● Die Daten dürfen grundsätzlich nur für den Erhebungszweck verwendet werden.

● Der Gesetzgeber muss durch Mitwirkungs- und Kontrollrechte dafür sorgen, dass die Rechte des Individuums gewahrt bleiben.

Datenverarbeitung heißt aber nicht, dass es sich um automatisierte Verfahren handelt. Auch Karteien, Bücher, Listen, Bild- und Tonträger sowie Filme können Dateien sein, auch der Umgang mit Daten in Akten kann Datenverarbeitung sein.

8.2.2 Berufs- und Amtsgeheimnisse

Besonders schützenswert sind Geheimnisse, wie z. B. die ärztliche Schweigepflicht, das Post- und Fernmeldegeheimnis. Hier ist besonders auf das Steuergeheimnis und den aktuellen Konflikt mit Sprachkodierungen bei Handys und der staatlichen Überwachung krimineller Machenschaften hinzuweisen, u. a. m.

Der Umgang mit personenbezogenen Daten verlangt die ausdrückliche gesetzliche Erlaubnis und das schriftliche Einverständnis des Betroffenen, der vor der Datenerhebung gründlich über die Tragweite seiner Einwilligung aufzuklären ist. Das Gesetz legt fest, dass Daten grundsätzlich beim Betroffenen zu erheben sind mit einigen Ausnahmen, z. B. bei Strafregisterauszügen.

8.2.3 Verarbeitung von Daten

Auch die Speicherung, Veränderung und Nutzung von personenbezogenen Daten durch öffentliche Stellen ist nur zweckbestimmt zulässig. Ausnahmsweise kann zur Gefahrenabwehr davon Abstand genommen werden, z. B. das Abhören von Telefonen von Terrorismusverdächtigen. Werden Daten für Prüfungs- und Ausbildungszwecke erhoben, so liegt keine Zweckentfremdung vor. Beispielsweise müssen Prüfungsteilnehmer der Industriemeisterprüfung einen Zulassungsantrag stellen, der Lebenslauf, Prüfungs- und Arbeitszeugnisse und eine aktuelle Arbeitsbescheinigung enthält.

Das Übermitteln von Daten wird besonders streng gehandhabt. Dabei wird unterschieden, ob z. B. eine öffentliche Stelle an eine andere Daten übermittelt oder an eine nichtöffentliche oder gar an das Ausland.

Eine neue Dimension des Datenschutzes ergibt sich durch die Benutzung des Internets. Im Internet-Umfeld gilt das Datenschutzrecht nicht nur für Internetdienste-Anbieter sondern für alle Unternehmen, die mit dem Internet verbunden sind. Neben dem Bundesdatenschutzgesetz gibt es eine Fülle weiterer Vorschriften, wie z. B. das Teledienstdatenschutzgesetz, das Informations- und Kommunikationsdienstegesetz, die EG-Datenschutzrichtlinie und die Telekommunikationsdienstunternehmen-Datenschutzverordnung. Es gilt hier der Grundsatz der Datensparsamkeit und der Zweckbestimmung. Besondere Bedeutung ergibt sich in diesem Zusammenhang mit dem E-Banking und ganz allgemein mit E-Mail-Diensten.

8.2.4 Erhebung von Daten

Das Erheben von Daten basiert auf dem Grundsatz von Treu und Glauben. Heimlichkeit und Täuschung sind damit nicht vereinbar. Bei Adressenlisten dürfen nur folgende Angaben vorhanden sein:

- Berufs-, Branchen- oder Geschäftsbezeichnung
- Namen
- akademische Grade
- Anschrift
- Geburtsjahr

Nicht zulässig sind hingegen Angaben über gesundheitliche Verhältnisse, strafbare Handlungen, Ordnungswidrigkeiten, religiöse und politische Anschauungen und arbeitsrechtliche Rechtsverhältnisse. Um terroristische Gefahren abzuwehren, sind Online-Untersuchungen in Gesetzesentwürfen vorgesehen. Dazu hat das Bundesverfassungsgericht ein Grundrecht auf Gewährleistung der Vertraulichkeit und Integrität informationstechnischer Systeme formuliert.

8.2.5 Auskunftsrecht

Das Bundesdatenschutzgesetz gesteht dem Betroffenen ausdrücklich ein Recht auf Auskunft zu. Bekannt ist die Möglichkeit, den eigenen „Punktestand" der Flensburger Verkehrssünderkartei zu erfragen. Weitere Rechte beziehen sich auf die Berichtigung, Sperrung und Löschung personenbezogener Daten. Ist z. B. die Kenntnis bestimmter Daten für die Aufgabenerfüllung nicht mehr erforderlich, so sind sie zu löschen.

Der Datenschutz wird durch Datenschutzbeauftragte gewährleistet. Das gilt auch für Unternehmen, die von einer gewissen Größe an einen Fachmann berufen müssen. Seine Aufgaben bestehen darin, den Umgang mit Daten auf Zuverlässigkeit zu prüfen, die ordnungsgemäße Programmanwendung zu überwachen und die Mitarbeiter über die Anforderung des Datenschutzes zu unterrichten.

Fragen

8.1	Beschreiben Sie drei besonders starke Umweltbeeinträchtigungen.
8.2	In welcher Weise wird das Vorsorgeprinzip durch Unternehmen umgesetzt?
8.3	Erklären Sie den Unterschied zwischen Immission und Emission.
8.4	Was verstehen wir unter der informationellen Selbstbestimmung?
8.5	Was wird unter der TA Lärm verstanden? Geben Sie maximal zulässige Werte für Gewerbegebiete an.
8.6	Was verstehen Sie unter dem Lebenszyklus eines Produktes?
8.7	Worin besteht die neue Produktverantwortung?

1. Lösungen zu den Wiederholungsfragen im Text

1.1 Individuelles Recht, Kollektives Recht, Arbeitsschutz und Arbeitsgerichtsbarkeit.

1.2 Der Begriff Dienstvertrag stammt aus dem Bürgerlichen Gesetzbuch (BGB) und beinhaltet die Erbringung von Diensten. Diese können von Selbstständigen genauso erbracht werden wie von abhängig Beschäftigten. Für den Arbeitnehmer ist ein Arbeitsvertrag ein Dienstvertrag.

1.3 Arbeitnehmer sind alle Personen, die abhängig beschäftigt sind. Sie sind gegenüber dem Arbeitgeber zur Erbringung von Diensten verpflichtet, weisungsgebunden und erhalten ein Entgelt.

1.4 Ein Arbeitsvertrag kann zunächst mündlich erfolgen, muss aber nach dem Nachweisgesetz spätestens einen Monat nach Beginn des Arbeitsverhältnisses schriftlich ausgehändigt werden.

1.5 Das Fragerecht darf sich nur auf die zu leistende Arbeit bzw. den Arbeitsplatz beziehen. Zulässig sind Fragen nach beruflichen Fähigkeiten und nach dem beruflichen Werdegang.

1.6 Befristete Verträge enden ohne Kündigung, wie z. B. Arbeitsverträge zur Probe, Aushilfsverträge und auch Ausbildungsverträge.

1.7 Für den Arbeitnehmer besteht eine Arbeitspflicht für eine Tätigkeit, die durch den Arbeitsvertrag festgelegt wird. Die hier angesprochene Tätigkeit ist sicherlich nicht Bestandteil seines Vertrages und damit auch nicht zulässig.

1.8 Wenn die Arbeitnehmerin in einem Restaurant beschäftigt wäre, darf sie natürlich nicht in einer anderen Gaststätte kellnern. Ansonsten ist entscheidend, dass sie vertragsgemäß ihrer Arbeitspflicht nachkommt.

1.9 Pausen sind bei mehr als 6 Stunden Arbeit mit 30 Minuten und bei mehr als 9 Stunden mit mindestens 45 Minuten zu gewähren.

1.10 Ein Wettbewerbsverbot ist zwar grundsätzlich zulässig, aber drei Jahre sind zu hoch angesetzt, selbst, wenn eine angemessene Entschädigung angeboten wird.

1.11 Es wird unterschieden in Zeitlohn, Akkordlohn, Mindestlohn, Prämiensystem, Provision und Gratifikation.

1.12 Beim Übergang eines Betriebes auf einen Nachfolger sind die Arbeitsverträge nach wie vor gültig. Das gilt bei einer Vererbung ebenso wie bei einem Verkauf.

1.13 Ein befristeter Arbeitsvertrag endet ohne Kündigung nach Ablauf der vereinbarten Zeit. Er muss schriftlich abgefasst werden. Beispiele sind Saisonarbeiten im Gastgewerbe oder Schwangerschaftsvertretungen.

1.14 Eine einvernehmliche Auflösung eines Arbeitsverhältnisses kann durch einen Aufhebungsvertrag vorgenommen werden. Dazu ist der gesamte Vertragsinhalt mit Nebenabreden (z. B. Abfindungen) schriftlich aufzuführen.

1.15 Es handelt sich um eine ordentliche Kündigung. Da hier eine mehr als 12-jährige Betriebszugehörigkeit vorhanden ist, besteht eine Kündigungsfrist von 5 Monaten (zum Monatsende). Die Kündigung muss also spätestens am 31. Mai 2013 zugehen.

1.16 Eine Kündigung ist unwirksam, wenn nicht der Betriebsrat vorher darüber unterrichtet worden ist.

1.17 Für die fristlose Kündigung ist ein so wichtiger Grund erforderlich, dass eine Fortsetzung des Arbeitsverhältnisses nicht mehr zumutbar ist. Beispiel: Diebstahl beim Einzelhandel, grobe Beleidigung des Vorgesetzten, Missbrauch von Betriebsgeheimnissen.

1.18 Ein einfaches Zeugnis enthält Angaben über Art und Dauer der Beschäftigung, ein qualifiziertes enthält darüber hinaus die Bewertung von Leistung und Führung. Die Aussagen müssen wahrheitsgetreu, klar und wohlwollend sein.

1.19 Streik bedeutet, dass eine größere Anzahl von Arbeitnehmern gemeinsam und planmäßig ohne Kündigung des Arbeitsvertrages und ohne Einverständnis des Arbeitgebers die Arbeit niederlegt.

1.20 Bei rechtmäßigen Arbeitskämpfen ruhen die Hauptpflichten, Arbeitsleistung und Vergütung. Nach Ablauf des Arbeitskampfs wird das Arbeitsverhältnis wieder automatisch fortgeführt.

1.21 Wenn Verhandlungen zwischen den Sozialpartnern gescheitert sind, gibt es die Möglichkeit zu einer Schlichtung, bei der beide Parteien neutrale Schlichter vorschlagen können.

4.1 Das Grundprinzip besteht darin, dass der einzelne Versicherte nicht seinen Mitgliedsbeitrag bezahlt, damit er später etwas zurückfordern kann, sondern damit alle Mitglieder davon im Krankheitsfall profitieren können.

4.2 Der Prozentsatz aller gesetzlichen Krankenkassen beträgt ab 2009 einheitlich 15,5 %. Davon trägt der Arbeitgeber 7,3 % und der Versicherte 8,2 %.

4.3 Das gegliederte Krankenkassensystem besteht aus 7 Kassenarten mit über 500 Krankenkassen. Dazu zählen die allgemeinen Ortskrankenkassen (AOK) ebenso wie die Betriebskrankenkassen und die Ersatzkassen.

4.4 Häusliche Pflege kann aus Sachleistungen und Pflegegeld bzw. aus einer Kombination beider Leistungen bestehen. Eine Sachleistung ist z. B. die Inanspruchnahme von Pflegediensten. Wird die häusliche Pflege selbst vorgenommen, kann Pflegegeld bezahlt werden.

4.5 Ermitteln Sie die Gefahrenklasse durch eine Anfrage bei Ihrem Sicherheitsbeauftragten oder der Verwaltung!

4.6 Hier tritt die Unfallversicherung ein. Denkbar ist die Berufshilfe, die der Wiedereingliederung in die alte Berufstätigkeit oder in eine neue Arbeit dient. Es kann z. B. eine Umschulung vorgenommen werden. Träger sind die Berufsgenossenschaften.

4.7 Der 65-jährige tritt normal in die Rente ein, d. h. der Zugangsfaktor beträgt 1,0. Der Rentenartfaktor beträgt wegen der Altersrente ebenfalls 1,0. Der aktuelle Rentenwert (2012) beträgt in den alten Bundesländern 28,07 €. Insgesamt ergibt sich damit:
$$44,4 * 1,0 * 28,07 € = 1235,08 €.$$

4.8 Ein vorzeitiger Eintritt in die Rente ist möglich, wobei pro vorgezogenem Monat ein Abschlag von 0,3 % von der Rentenzahlung erfolgt. Geht also jemand bereits mit 64 Jahren in Rente, so wird der Rentenbetrag um 3,6 % gekürzt.

4.9 Durch die Rentenreform ist ein Drei-Säulen-Konzept erarbeitet worden mit der gesetzlichen Rentenversicherung, der betrieblichen und privaten Altersvorsorge, wie z.B. der so genannten Riester-Rente, die staatlich unterstützt wird. Außerdem kann eine Rentenanpassung in wirtschaftlich schlechten Zeiten ausgesetzt werden.

4.10 Ein 50-jähriger Arbeitnehmer, der in den letzten 7 Jahren 1080 Kalendertage versicherungspflichtig war, hat einen Anspruch auf Arbeitslosengeld von 450 Kalendertagen.

4.11 Erwerbsfähige Hilfebedürftige erhalten 382 € im Monat ohne die Unterstützung bei der Unterkunft und den Heizkosten. Für Kinder zwischen 6 und 14 Jahren beträgt das Sozialgeld 281 €.

6.1 Das Arbeitsschutzgesetz von 1996, das sich mit Sicherheit und Gesundheitsschutz der Beschäftigten bei der Arbeit befasst, basiert auf der Grundlage einer entsprechenden EU-Richtlinie.

6.2 Das Arbeitsschutzgesetz gilt für alle Tätigkeiten in der gewerblichen Wirtschaft, der Land- und Forstwirtschaft, der freien Berufe und im öffentlichen Dienst.

6.3 Beim Arbeitsschutz arbeiten Arbeitgeber mit den Arbeitnehmern, dem Betriebsrat, dem Gewerbeaufsichtsamt und den Berufsgenossenschaften zusammen. Das beinhaltet die Bestellung von Sicherheitsbeauftragten, die Umsicht am Arbeitsplatz, die Überwachung und den Erlass von Unfallverhütungsvorschriften.

6.4 Eine Überwachungsfunktion im Betrieb übt der Betriebsrat aus, technische Überprüfungen werden vom Gewerbeaufsichtsamt wahrgenommen.

6.5 Hier können z. B. die Verwendung von Schutzausrüstungen wie Schutzbrille oder Lärmschutzvorrichtungen aufgeführt werden.

6.6 Ein 14-Jähriger gilt nach dem Jugendarbeitsschutzgesetz als Kind und darf deswegen nur mit leichten und kindgerechten Arbeiten bis zu 2 Stunden täglich und bis zu 10 Stunden wöchentlich beschäftigt werden. Beispiele sind Zeitungsaustragen und Babysitten.

6.7 Eine Pause muss mindestens 15 Minuten lang sein. Für Jugendliche ist nach einer mehr als 4¹/₂-stündigen Arbeitszeit eine mindestens 30-minütige Pause vorgeschrieben.

6.8 Wenn der Auszubildende zu Beginn des Jahres noch keine 18 Jahre alt ist, hat er einen Urlaubsanspruch von 25 Werktagen. Häufig gehen die tariflichen Vereinbarungen über diese Anzahl weit hinaus.

6.9 Ein Beschäftigungsverbot tritt für Jugendliche ohne ärztliche Bescheinigung 14 Monate nach Ausbildungsbeginn ein. Da sie die Bescheinigung aber bereits nach 12 Monaten hätte vorlegen müssen, sollte der Betrieb Maßnahmen ergreifen, um die weitere Ausbildung zu gewährleisten (Gespräche, Ermahnung, Abmahnung).

8.1 Besonders starke Beeinträchtigungen ergeben sich durch die Schädigung der Ozonschicht, den Treibhauseffekt, die Wasserverschmutzung und das Abfallproblem.

8.2 Das Vorsorgeprinzip bedeutet, dass rechtzeitig versucht wird, schädliche Umwelteinwirkungen zu verhindern, indem z. B. für Kraftfahrzeuge Katalysatoren vorgeschrieben und Umweltzonen eingerichtet werden.

8.3 Emission ist der Ausstoß von Stoffen in die Umwelt, die bei Anlagen regelmäßig gemessen wird, um die vorgeschriebenen Grenzwerte zu kontrollieren. Immissionen sind umweltschädliche Einwirkungen auf Luft- und Wasserqualität.

8.4 Im Bundesdatenschutzgesetz ist das Recht auf informationelle Selbstbestimmung festgelegt. Danach darf nur das Minimum an erforderlichen Daten verlangt werden, muss der Erhebungszweck verbindlich sein, und ausreichende Kontrollrechte müssen für den Schutz des Individuums sorgen.

8.5 Die technische Anleitung TA Lärm beschreibt verschiedene Lärmstufen und wird in Dezibel gemessen. So kann ein Messwert von 85–120 dB (A) bereits zu Gehörschäden führen.

8.6 Der Lebenszyklus eines Produktes umfasst den gesamten Werdegang eines Produktes angefangen von den Rohstoffen über die Produktion, die Anwendung beim Kunden bis hin zur Entsorgung.

8.7 Produktverantwortung bedeutet, dass der Hersteller seine Produkte nach Möglichkeit so entwickelt und produziert, dass sie technisch langlebig, gut verwertbar sind und umweltverträglich beseitigt werden können. Dazu gehört auch, dass Verpackungen vom Vertreiber der Produkte grundsätzlich zurückzunehmen sind.

2. Übungsfragen

1. In welcher Form muss ein Arbeitsvertrag korrekt abgefasst sein?

2. Welche Fragen sind bei einem Einstellungsgespräch zulässig? Geben Sie zwei Beispiele an.

3. Ein Auszubildender wird nach erfolgreichem Abschluss seiner Ausbildung für ein Jahr weiterbeschäftigt. Ist das zulässig, und wird damit ein unbefristeter Arbeitsvertrag abgeschlossen?

4. Eine Arbeitnehmerin geht regelmäßig neben ihrer Tätigkeit kellnern. Ihr Arbeitgeber will ihr das verbieten. Nehmen Sie zu diesem Fall Stellung.

5. Welche Pflichten ergeben sich für Arbeitgeber und -nehmer aus einem Arbeitsverhältnis?

6. Was verstehen wir unter „Lohnzahlung ohne Arbeit"?

7. Einem Arbeitnehmer soll nach vierzehnjähriger Betriebsangehörigkeit zum 31. Oktober 2013 gekündigt werden. Beschreiben Sie den Kündigungsablauf.

8. In einem Betrieb mit Arbeitnehmervertretung wird einem Mitarbeiter gekündigt. Er erhebt Widerspruch, weil der Betriebsrat darüber nicht informiert war. Zu recht?

9. Einem Betriebsratsmitglied soll gekündigt werden. In welchen Fällen ist das möglich?

10. Wann kann ein Arbeitgeber Mitarbeiter aussperren?

11. Geben Sie ein Beispiel für einen rechtswidrigen Arbeitskampf. Beschreiben Sie die sich daraus ergebenden Rechtsfolgen.

12. Was bedeutet der Begriff „Manteltarifvertrag"?

13. Geben Sie zwei Beispiele für die Mitbestimmungsmöglichkeiten des Betriebsrates.

14. Beschreiben Sie zwei Beispiele für den Aufgabenbereich der Arbeitsgerichte. Wie viele Instanzen gibt es bei der Arbeitsgerichtsbarkeit?

15. Ein Arbeitnehmer hat ein sozialpflichtiges Einkommen von 3.100 € im Monat. Klären Sie, ob er pflichtversichert wird, und berechnen Sie gegebenenfalls seinen Beitragsanteil an der Krankenversicherung.

16. Ein ehemaliger Meister ist nicht mehr in der Lage, sich selbst zu versorgen. Er muss viermal am Tag mit insgesamt vier Stunden von einem Pflegedienst unterstützt werden. Ordnen Sie den Pflegebedürftigen der richtigen Pflegestufe zu.

17. Stellen Sie fest, welche Berufskrankheiten in Deutschland am häufigsten vorkommen.

18. Wie können die Renten zukünftig gesichert werden?

19. Wie lange erhält ein 45-jähriger Arbeitnehmer Arbeitslosengeld I?

20. Erläutern Sie an einem Beispiel, wie sich die Freizügigkeit in der Europäischen Union auf die Rentenversicherung eines Arbeitnehmers auswirkt.

21. Was ist unter der Dokumentationspflicht des Arbeitgebers zu verstehen?

22. Beschreiben Sie Stellung und Aufgabe des Sicherheitsbeauftragten.

23. Im Verlauf einer 5-stündigen Arbeitzeit sollen einem Jugendlichen zwei 10-minütige und eine 20-minütige Pause gewährt werden. Zu recht?

24. Ein Auszubildender wird am 3. August eines Jahres 18 Jahre alt. Wieviel Urlaub steht ihm zu? Stellen Sie fest, welche Regelung in Ihrem Betrieb gilt.

25. Beschreiben Sie mit 3 Beispielen, wie werdende Mütter vor Gesundheitsschäden bewahrt werden können.

26. Erläutern Sie die wesentlichen Bestimmungen der Bildschirmverordnung.

27. Eine Computerzeitung testet ständig, ob Monitore die Bezeichnung CE zu recht führen. Erklären Sie, was sich dahinter verbirgt.

28. Was verstehen Sie unter dem Verursacherprinzip?

29. Was wird unter der TA-Lärm verstanden. Geben Sie maximal zulässige Werte für reine Wohngebiete an.

30. Worin besteht die neue Produktverantwortung?

3. Fallstudie

Die Hillmann GmbH, ein mittelständisches Maschinenbauunternehmen mit 172 Beschäftigten, sucht per Zeitungsannonce neue Mitarbeiter für den Werkzeugbau, die Ausbildungsabteilung und das Lohnbüro. Es gehen eine große Anzahl von Bewerbungen ein. Zu einem ersten Auswahlgespräch werden zwölf Kandidaten eingeladen. Sie werden nach ihrer Ausbildung, Berufspraxis und Gewerkschaftszugehörigkeit befragt, die weiblichen Bewerber nach einer Schwangerschaft und der potentielle Ausbilder ganz allgemein nach Vorstrafen. Schließlich werden drei Werkzeugmechaniker, eine Sekretärin und ein Ausbilder eingestellt. Sie erhalten einen Arbeitsvertrag und es wird eine Probezeit von 6 Monaten vereinbart. Einer der abgewiesenen Bewerber erwartet die Bezahlung seiner Bewerbungsaufwendungen durch das Unternehmen. Das wird aber kategorisch abgelehnt. Nach drei Wochen beantragt der Betriebsrat, den neuen Ausbilder wegen pädagogischer Unfähigkeit wieder zu entlassen. Die Personalleitung meint, es sei allein ihre Aufgabe, darüber zu entscheiden.

Der Betriebsrat fordert alle neuen Kollegen auf, sich an der Betriebsarbeit zu beteiligen und nach Möglichkeit bereits an der in einer Woche anstehenden Betriebsratswahl als Wähler und als Kandidaten teilzunehmen.

Die acht Auszubildenden fordern von der Geschäftleitung eine eigene Interessenvertretung. Das wird aber vom Betriebsrat abgelehnt, weil er schließlich auch die Interessenvertretung der Nachwuchskräfte wahrnehme. Er nimmt die Anfrage aber zum Anlass, sich vermehrt um die Ausbildung zu kümmern. Insbesondere die Ausstattung des Unterrichtsraumes mit modernen PC's und neuen CAD-Programmen liegt ihm am Herzen. Eine Überwachung der Arbeitszeiten für Jugendliche und die Erarbeitung eines neuen Beurteilungsbogens werden in den Forderungskatalog für die Personalleitung aufgenommen.

Einige Zeit später erfährt die Betriebsleitung, dass ein Mitarbeiter in einer Gaststätte lauthals abfällige Bemerkungen über den Geschäftsführer gemacht habe. Kurz entschlossen wird er fristlos entlassen. Damit ist der Betriebsrat nicht einverstanden und der Betroffene will dagegen Klage erheben. Er ist besonders darüber empört, dass die schriftliche Kündigung während seines Urlaubs eingegangen ist.

Aus wirtschaftlichen Gründen müssen auch andere Mitarbeiter des Unternehmens entlassen werden. Einer von ihnen ist bereits seit 10 Jahren im Betrieb und meint, er sei deshalb unkündbar. Ein anderer gehört sogar dem Betriebsrat an. Sie erwarten im Fall einer betriebsbedingten Kündigung erhebliche finanzielle Einbußen und plädieren für eine vorübergehende Kurzarbeit.

Nach einer wirtschaftlichen Erholung schreibt die Hillmann GmbH wieder schwarze Zahlen. Die Mitarbeiter wären gerne an dem Erfolg finanziell beteiligt. Da die Tarifverhandlungen nur schleppend vorankommen, legen einige Mitarbeiter spontan auch ohne gewerkschaftlichen Segen die Arbeit nieder und streiken. Die Geschäftsleitung beschließt daraufhin, geeignete Gegenmaßnahmen zu ergreifen.

Bei einer Mitarbeiterversammlung wird der Arbeitsschutz angesprochen und der neue Sicherheitsbeauftragte vorgestellt. Der Personalleiter weist aber deutlich auf die Mitverantwortung der Kollegen hin. Der Betriebsrat sieht eine seiner Aufgaben ebenfalls im Arbeitsschutz. In der Konstruktionsabteilung wird der Wunsch geäußert, die EDV-Geräte und die andere Ausrüstung überprüfen zu lassen, weil einige Techniker körperliche Beschwerden (Kopfschmerzen, Rückenbeschwerden) hätten. Einer wäre jetzt schon seit drei Wochen krank und würde sich sowohl Sorgen um seine finanzielle Zukunft machen als auch wegen der Bezahlung der Heilbehandlung. Mit Hinweis auf die Sozialversicherung kann die Personalleitung alle Kollegen beruhigen.

Um Personal abzubauen, ohne jemandem kündigen zu müssen, wird über Alternativkonzepte nachgedacht. Es werden alle angesprochen, die bereits über 60 Jahre alt sind. Der 65-jährige Otto S. erklärt sich einverstanden, in den wohlverdienten Ruhestand zu gehen, möchte aber nach 40 Berufsjahren gerne wissen, wie hoch seine monatliche Altersrente sein wird. Im Vergleich zum Durchschnittseinkommen aller Arbeitnehmer lag sein Arbeitseinkommen bei 120 %. Die Firma ist in Nordrhein-Westfalen beheimatet.

1. Ist die Zeitungsannonce der Hillmann GmbH bereits ein Arbeitsangebot? Wie beurteilen Sie die Fragestellungen im Auswahlgespräch durch die Personalabteilung?

2. Hat ein Bewerber, der abgelehnt wird, ein Anrecht auf Kostenerstattung durch das Unternehmen?

3. Nehmen Sie zu der gewünschten Entlassung des Ausbilders durch den Betriebsrat Stellung und beschreiben Sie die Rechte des Betriebsrats in der Ausbildung.

4. Wie beurteilen Sie die Aufforderung an die „Neuen" sich passiv und aktiv an der Betriebsratswahl zu beteiligen und dem Wunsch der Auszubildenden nach einer eigenen Vertretung?

5. Kann die Geschäftsführung einen Mitarbeiter wegen abfälliger Äußerungen fristlos entlassen? Was muss dabei berücksichtigt werden und welches Gericht ist im Streitfall dafür zuständig?

6. Unter welchen Umständen kann eine ordentliche Kündigung erfolgen? Gilt das auch für Betriebsratsangehörige?

7. Ist eine spontane Arbeitsniederlegung zulässig? Welche Maßnahmen kann die Geschäftsleitung dagegen ergreifen?

8. Wer ist insgesamt in einem Betrieb für den Arbeitsschutz verantwortlich, welche Institutionen sind in den Prozess eingebunden und welche Regelung wird in der Konstruktionsabteilung angesprochen?

9. Wie wirkt die Sozialversicherung bei dem erkrankten Mitarbeiter?

10. Ermitteln Sie die monatliche Rente von Otto S. (48 Entgeltpunkte)

4. Lösungen zu den Übungsfragen

1. Nach dem Nachweisgesetz muss ein Arbeitsvertrag spätestens einen Monat nach Beginn des Arbeitsverhältnisses schriftlich vorliegen. Für den Vertrag gilt der Grundsatz der Vertragsfreiheit. Dabei sind Gesetze, Tarife und Betriebsvereinbarungen zu berücksichtigen.

2. Das Fragerecht des zukünftigen Arbeitgebers darf sich nur auf die zu leistende Arbeit bzw. den Arbeitsplatz beziehen. Dazu gehören Fragen nach beruflichen und fachlichen Fähigkeiten. Zulässige Fragen sind z. B. solche, die sich auf Vermögensdelikte beziehen, wenn ein Kassierer eingestellt werden soll oder die Frage nach einem Industriemeisterabschluss für einen künftigen Vorgesetzten.

3. Nach dem Beschäftigungsförderungsgesetz können für bestimmte Personen befristete Arbeitsverträge abgeschlossen werden. Das gilt auch für ehemalige Auszubildende bis zu zwei Jahren. Nach Ablauf der Zeit ist keine Kündigung erforderlich.

4. Die Arbeitnehmerin ist zunächst verpflichtet, ihre Arbeit für den Arbeitgeber bestmöglich zu leisten. Des weiteren darf sie in ihrer Freizeit nicht in Konkurrenz zu ihrem Betrieb treten. Wenn diese Einschränkungen nicht zutreffen, kann ihr die Nebentätigkeit nicht untersagt werden. Sie muss aber die Genehmigung einholen.

5.

Pflichten aus dem Arbeitsverhältnis	
Arbeitnehmer	Arbeitgeber
● Arbeitspflicht	● Lohnzahlungspflicht
● Nebenpflichten	● Lohnsicherung
– Verschwiegenheit	● Lohnzahlung ohne Arbeit
– Wettbewerbsverbot	● Gleichbehandlungsgrundsatz
– Treue	● Nebenpflichten

6. Zu der Lohnzahlung ohne Arbeit gehört die Entgeltfortzahlung im Krankheitsfall für bis zu 6 Wochen. Für familiäre Anlässe, Geburten, Hochzeiten, Sterbefälle und schwere Erkrankungen von Angehörigen besteht ebenfalls ein Lohnanspruch. Bei der Lehrlingsausbildung gibt es weitere Beispiele, wie die Freistellung bei Prüfungen u. a. m.

7. Es wird von einer ordentlichen Kündigung ausgegangen. Nach vierzehnjähriger Betriebsangehörigkeit hat er eine Kündigungsfrist von 5 Monaten, vorausgesetzt diese

Zeit ist vom 25. Lebensjahr an abgeleistet worden. Die Kündigung muss bis spätestens 31. Mai 2013 zugehen.

8. Der Mitarbeiter reklamiert zu recht, dass der Betriebsrat nicht gehört worden ist. Die Kündigung ist unwirksam. Der Betriebsrat muss sowohl bei ordentlichen als auch außerordentlichen Kündigungen gehört werden und kann gegebenenfalls schriftlich widersprechen.

9. Für Betriebratsmitglieder gelten besondere Kündigungsschutzbestimmungen, ihnen darf während der Amtszeit und ein Jahr danach nicht gekündigt werden. Im Fall einer außerordentlichen Kündigung muss der Betriebsrat nicht nur gehört werden sondern auch zustimmen.

10. Die Arbeitgeberseite hat in einer Streiksituation das Kampfmittel, Mitarbeiter auszusperren. D. h., dass Arbeitgeber ihre Mitarbeiter ohne Kündigung von der Arbeit ausschließen, um ihre Interessen durchzusetzen. Der ausgesperrte Arbeitnehmer hat nach Ablauf des Arbeitskampfes einen Anspruch auf Weiterbeschäftigung.

11. Ein sogenannter wilder Streik ist ein rechtswidriger Arbeitskampf. Wenn Arbeitnehmer ohne gewerkschaftliche Organisation und Abstimmung streiken, begehen sie eine Verletzung der Arbeitspflicht. Der Arbeitgeber kann diesen Mitarbeitern aus wichtigem Grund außerordentlich kündigen und gegebenenfalls Schadensersatz geltend machen.

12. Tarifverträge sind Vereinbarungen zwischen den Sozialparteien, Arbeitgeberverbänden und Gewerkschaften. Manteltarifverträge regeln die Arbeitszeit, den Urlaub und Kündigungen. Ihre Laufzeit beträgt häufig mehrere Jahre.

13. Mitbestimmungspflichtig sind z. B. Arbeitszeitvereinbarungen, die Durchführung der Berufsbildung, die Kündigung von Betriebsräten und Mitgliedern der Jugend- und Auszubildendenvertretung.

14. Zu den Aufgaben der Arbeitgerichte gehören Auseinandersetzungen bei Kündigungen, Löhnen, Streiks und Mitbestimmungsfragen. Neben den Arbeitsgerichten gibt es die Landesarbeitsgerichte und das Bundesarbeitsgericht.

15. Da sich das Einkommen des Arbeitnehmers unter der Versicherungspflichtgrenze von 4.350 € befindet, ist er pflichtversichert und muss monatlich 7,3 + 0,9 % von seinem Einkommen, entrichten. Die Versicherungspflichtgrenze gilt gleichermaßen für die alten und die neuen Bundesländer.

16. Hier liegt ein Fall von Schwerpflegebedürftigkeit vor (Pflegestufe II), weil mehr als dreimal täglich Pflegebedarf mit insgesamt vier (größer als drei Stunden) vorliegt.

17. Hautkrankheiten zählen mit Lärmschwerhörigkeit und Bronchialerkrankungen zu den häufigsten Berufskrankheiten.

18. Durch das neue Rentenkonzept der Bundesregierung soll erreicht werden, dass auch zukünftig die Renten gesichert sind. Bestandteile sind die Förderung einer kapitalgedeckten Altersvorsorge mit Zuschüssen und Steuerentlastungen. Zusätzlich wird das Rentenniveau bis auf 67 % gesenkt und ein Eintritt in das Rentenalter als Regelfall mit 65 Jahren vorgesehen.

19. Der Arbeitnehmer hat lediglich einen Anspruch auf Arbeitslosengeld I bis zu 15 Monaten.

20. Ein Deutscher kann sich seine Rente auch ins Ausland überweisen lassen, z. B., wenn er seinen Alterssitz auf Mallorca verlegt hat. Wenn ein deutscher Arbeitnehmer in einem anderen europäischen Land arbeitet (z. B. als Koch), erwirbt er Rentenansprüche des jeweiligen Landes, die er sich nach Renteneintritt ausbezahlen lassen kann.

21. Die Dokumentationspflicht eines Arbeitgebers ergibt sich aus dem Arbeitsschutzgesetz. Er muss Unterlagen mit der Gefährdungsbeurteilung des Betriebes besitzen, den festgelegten Arbeitsschutzmaßnahmen und dem Ergebnis der Überprüfung. Diese Pflicht besteht für Unternehmen mit mehr als 10 Beschäftigten.

22. Hat ein Betrieb mehr als 20 Beschäftigte, besteht die Verpflichtung, einen Sicherheitsbeauftragten zu bestellen. Dieser Mitarbeiter des Betriebes muss den Arbeitgeber in allen Belangen des Arbeitsschutzes unterstützen und sich fortlaufend vom Vorhandensein der vorgeschriebenen Schutzeinrichtungen überzeugen. Die Beschäftigten sind gehalten, den Weisungen der Sicherheitsbeauftragten zu folgen.

23. Für Jugendliche gilt nach dem Jugendarbeitsschutzgesetz, dass sie nach einer Arbeitszeit von mehr als 4 $\frac{1}{2}$ Stunden einen Mindestanspruch auf 30 Minuten Pause haben. Eine Pause muss mindestens 15 Minuten lang sein.

24. Ist ein Auszubildender zu Beginn des Jahres noch keine 18 Jahre alt, stehen ihm 25 Werktage = 21 Arbeitstage zu. Meistens liegen die in den Tarifverträgen vereinbarten Urlaubstage darüber.

25. Werdende Mütter dürfen nach dem Mutterschutzgesetz nicht für schwere körperliche Arbeiten eingesetzt werden, insbesondere sind schwere Lasten von 5 kg, Fließband- und Akkordarbeit und der Einsatz mit Lärm, Kälte und Nässe verboten.

26. Der Bildschirm soll nach der Verordnung flimmerfrei sein, der Arbeitsstuhl bequem und kippsicher, die Arbeitsumgebung ergonomisch und die Lichtverhältnisse zufrie- denstellend. Die Mitarbeiter werden regelmäßig zu einer Augenuntersuchung ver- pflichtet.

27. Es geht hierbei um Gerätesicherheit. Die Bezeichnung CE (Commission European), ein Übereinstimmungzeichen auf europäischer Ebene, soll garantieren, dass die ge- kennzeichneten Produkte sicherheitstechnische Anforderungen erfüllt. Das ange- führte Beispiel bezieht sich auf die Untersuchung der Strahlungssicherheit von Monitoren.

28. Das Verursacherprinzip gehört zu den Umweltprinzipien. Es besagt, dass derjenige, der Umweltschäden verursacht hat, zur Verantwortung gezogen wird. Die Wasserpo- lizei kontrolliert z. B. Flüsse und Seen, um Umweltverschmutzungen festzustellen und Umweltsünder zu überführen.

29. Die TA (Technische Anleitung) Lärm ist eine Maßeinheit für die Lärmeinwirkung und wird in „dezibel (dB (A))" gemessen. Für reine Wohngebiete darf der Lärmrichtwert tagsüber 50 dB (A) und nachts 35 dB (A) nicht überschreiten. Darüberliegende Werte können bereits zu Einschlaf- und Schlafstörungen führen.

30. Unternehmen werden immer mehr für die Verwertung von Abfällen bis zur wirt- schaftlichen Zumutbarkeit verantwortlich gemacht. Besonders deutlich wird dies durch die Verpackungsverordnung, nach der Verpackungsmaterial direkt nach dem Kauf eines Produktes in speziellen Behältern im Supermarkt gelassen werden kann. Aktuell lässt sich diese Handlunsweise durch das Altfahrzeug-Gesetz und das so genannte Elektronikschrott-Gesetz zeigen.

5. Lösung zur Fallstudie

1. Die Zeitungsannonce der Hillmann GmbH bedeutet die Aufforderung zur Abgabe eines Angebots (an Arbeitsleistung) durch Bewerber an den möglichen zukünfti- gen Arbeitgeber. Geht der Arbeitgeber nach einem Bewerbungsgespräch darauf ein, so wird durch zweiseitige Willenserklärung ein Arbeitsverhältnis begründet. Die Personalleitung hat ein begründetes Recht, bestimmte Fragen zu stellen. Dazu gehören bestimmt Fragen nach der Berufsausbildung und nach der Berufspraxis, nicht aber nach der Gewerkschaftszugehörigkeit. Auch Fragen nach einer Schwan- gerschaft sind heute nicht mehr zulässig, es sei denn, eine werdende Mutter werde durch die angebotene Berufstätigkeit gefährdet. Bei dem potentiellen Aus- bilder kann die Kenntnis von Vorstrafen von Bedeutung sein, wenn sie sich auf Verstöße gegen das Berufsbildungsgesetz, den Jugendarbeitsschutz und andere Gesetze beziehen, welche die persönliche Eignung einschränken.

2. Der Bewerber hat einen Anspruch auf Erstattung seiner notwendigen Auslagen, wie z. B. Fahrt-, Übernachtungs- und Verpflegungskosten. Das gilt sowohl für abgewiesene Bewerber als auch für künftige Mitarbeiter.

3. Der Betriebsrat hat in Bezug auf die Ausbildung starke Beteiligungsrechte. Bei der Bestellung eines Ausbilders kann der Betriebsrat sein Veto einlegen bzw. die Abbe- rufung verlangen. Das wird dann der Fall sein, wenn er der Meinung ist, der Aus- bilder sei berufs- und arbeitspädagogisch nicht geeignet.
Bei der Durchführung der Ausbildung hat der Betriebsrat Mitbestimmungsrechte. Er kann bei der Einstellung von Auszubildenden, beim Beurteilungswesen und bei Versetzungsplänen mitbestimmen. Bei der Einrichtung von Lehrräumen und bei außerbetrieblichen Maßnahmen kann er mitwirken.

4. Wahlberechtigt sind alle Arbeitnehmer, die das achtzehnte Lebensjahr vollendet haben. Für die Wählbarkeit hingegen wird eine sechsmonatige Beschäftigung im Betrieb vorausgesetzt, was in diesem Fall noch nicht gegeben ist. Die „Neuen" können zwar wählen aber noch nicht gewählt werden.

5. Für eine fristlose Kündigung ist ein wichtiger Grund erforderlich. Hier muss zunächst festgestellt werden, ob die Unzumutbarkeitsschwelle für den Arbeitgeber überschritten worden ist. Eine Herabwürdigung des Arbeitgebers kann zu einer außerordentlichen Kündigung führen. Denkbar ist auch, dass zunächst eine Abmahnung ausgesprochen wird und im Wiederholungsfall gekündigt wird. In jedem Fall muss der Betriebsrat vorher davon unterrichtet werden. Ansonsten ist die Kündigung unwirksam. Der Betriebsrat kann einer Kündigung innerhalb von drei Tagen schriftlich widersprechen und auf eine gerichtliche Klärung hinarbeiten. Das zuständige Gericht ist das Arbeitsgericht, das zunächst eine gütliche Einigung anstrebt. Die Empörung über die Zustellung während des Urlaubs ist ungerechtfertigt. Die Kündigung gilt als zugegangen, wenn sie in den Einflussbereich (Briefkasten) des Empfängers gelangt ist.

6. Eine ordentliche Kündigung ist der Regelfall für unbefristete Arbeitsverhältnisse. Hierbei müssen bestimmte Fristen eingehalten werden. Während der Probezeit beträgt die Frist zwei Wochen, danach vier Wochen zum 15. eines Monats oder zum Monatsende. Je nach Betriebszugehörigkeit verlängert sich diese Frist bis auf sieben Monate bei zwanzigjähriger Mitarbeit. Auch hier muss der Betriebsrat vorher unterrichtet werden und hat ein Widerspruchsrecht. Für Betriebsratsangehörige gilt ein besonderer Kündigungsschutz. Während der Amtszeit und bis einem Jahr nach Beendigung ihrer Tätigkeit darf ihnen nicht gekündigt werden. Bei einer außerordentlichen Kündigung muss der Betriebsrat zustimmen.

7. Hier kann von einem sogenannten wilden Streik gesprochen werden, der nicht zulässig ist. Es besteht eine Verletzung der Arbeitspflicht. Der Arbeitgeber kann den Arbeitnehmern außerordentlich kündigen und gegebenenfalls Schadensersatzansprüche geltend machen.

8. Verantwortlich für den Arbeitsschutz ist der Arbeitgeber. Er muss die Gesundheit und Sicherheit gewährleisten. Dazu gibt es eine Dokumentationspflicht für die Gefährdungsbeurteilung und festgelegte Arbeitsschutzmaßnahmen. Ihm stehen bei mehr als zwanzig Beschäftigten dazu bestellte Sicherheitsbeauftragte zur Seite. Die Beschäftigten sind aber auch in die Verantwortung mit einbezogen, ebenso wie der Betriebsrat, Gewerbeaufsichtsämter, Berufsgenossenschaften und Technische Überwachungsvereine. Nach dem Arbeitssicherheitsgesetz müssen z. B. Sicherheitsingenieure und Betriebsärzte und je nach Betrieb spezielle Beauftragte bestellt werden.

9. Der erkrankte Mitarbeiter ist krankenversichert. Diese Versicherung übernimmt seine ärztliche Betreuung und Heilbehandlung, Medizin und falls erforderlich auch eine Kur. Daneben gibt es die Lohnfortzahlung, die je nach Tarifvertrag zwischen 80 und 100 % des Arbeitseinkommens liegt und bis zu sechs Wochen vom Arbeitgeber gezahlt wird. Danach tritt die Krankenversicherung durch das Krankengeld ein.

10. Für Otto S. gilt: Mit 40 Arbeitsjahren bzw. anrechenbaren Zeiten, ein durchschnittliches Vergleichseinkommen von 120 % (daraus 48 Entgeltpunkte), einem Zugangsfaktor von 1,0, weil es sich um den normalen Eintritt in die Altersrente handelt. Der Rentenartfaktor beträgt ebenfalls 1,0 wegen der Altersrente. Der aktuelle Rentenwert (2012) beträgt 28,07 €.

   Daraus ergibt sich die folgende Rentenberechnung:

   $48 \cdot 1,0 \cdot 28,07 \text{ €} = 1347,36 \text{ €}$

Gemeinsames Stichwortverzeichnis für Betriebswirtschaftliches Handeln und Rechtsbewusstes Handeln